D0879533

La puissance de la pensée positive

Infographie : Luisa da Silva

Catalogage avant publication de
Bibliothèque et Archives Canada

Peale, Norman Vincent

    La puissance de la pensée positive

    Traduction de : The power of positive thinking.

1. Tranquillité d'esprit – Aspect religieux – Christianisme.
2. Succès – Aspect religieux – Christianisme.
3. Éducation et discipline mentales.   I. Titre.

BV4908.5.P4214 2006   248.4   C2006-940885-8

Pour en savoir davantage sur nos publications,
visitez notre site : **www.edhomme.com**
Autres sites à visiter : www.edjour.com
www.edtypo.com • www.edvlb.com
www.edhexagone.com • www.edutilis.com

06-06

© 1952, Prentice Hall Inc.
© 1980, Norman Vincent Peale
© 1987, Prentice Hall Press,
une division de Simon & Schuster, Inc.

Traduction française :
© 2006, Les Éditions de l'Homme,
une division du groupe Sogides
(Montréal, Québec)
© 1990, Le Jour, éditeur

Tous droits réservés

L'ouvrage original a été publié par Prentice Hall
sous le titre *The Power of Positive Thinking*

Dépôt légal : 2006
Bibliothèque et Archives nationales du Québec

ISBN 2-7619-2292-1
ISBN 978-2-7619-2292-0

DISTRIBUTEURS EXCLUSIFS :

• Pour le Canada et les États-Unis :
MESSAGERIES ADP*
955, rue Amherst
Montréal, Québec H2L 3K4
Tél. : (514) 523-1182
Télécopieur : (450) 674-6237
* Filiale de Sogides ltée

• Pour la France et les autres pays :
INTERFORUM
Immeuble Paryseine, 3, Allée de la Seine
94854 Ivry Cedex
Tél. : 01 49 59 11 89/91
Télécopieur : 01 49 59 11 33
Commandes :   Tél. : 02 38 32 71 00
                 Télécopieur- : 02 38 32 71 28

• Pour la Suisse :
INTERFORUM SUISSE
Case postale 69 – 1701 Fribourg – Suisse
Tél. : (41-26) 460-80-60
Télécopieur : (41-26) 460-80-68
Internet : www.havas.ch
Email : office@havas.ch
DISTRIBUTION- : OLF SA
Z.I. 3, Cormimbœuf
Case postale 1061
CH-1701 FRIBOURG
Commandes :   Tél. : (41-26) 467-53-33
                 Télécopieur : (41-26) 467-54-66
                 Email : commande@ofl.ch

• Pour la Belgique et le Luxembourg :
INTERFORUM BENELUX
Boulevard de l'Europe 117
B-1301 Wavre
Tél. : (010) 42-03-20
Télécopieur : (010) 41-20-24
http://www.vups.be
Email : info@vups.be

Gouvernement du Québec – Programme de crédit
d'impôt pour l'édition de livres – Gestion SODEC –
www.sodec.gouv.qc.ca

L'Éditeur bénéficie du soutien de la Société de
développement des entreprises culturelles du
Québec pour son programme d'édition.

Nous reconnaissons l'aide financière du
gouvernement du Canada par l'entremise du
Programme d'aide au développement de l'industrie
de l'édition (PADIÉ) pour nos activités d'édition.

NORMAN VINCENT PEALE

La puissance de la pensée positive

**Transformer les émotions négatives
en attitudes gagnantes**

*Traduit de l'américain
par Robert Pellerin*

LES ÉDITIONS DE
L'HOMME

Avant-propos de l'édition du 35ᵉ anniversaire

Au fil des ans, on m'a souvent demandé comment j'en étais venu à écrire le présent livre. La réponse en est bien simple : je l'ai fait par nécessité personnelle.

Enfant, j'étais si sensible et si timide que c'en était maladif. En fait, je souffrais d'un profond complexe d'infériorité. Je me dévalorisais sans cesse, me croyant dépourvu de toute intelligence et incapable de quoi que ce soit, convaincu, en plus, que je n'accomplirais jamais rien de valable. Puis je pris conscience que les gens, autour de moi, partageaient cette impression, car c'est un fait que les autres, instinctivement, nous considèrent tels que nous nous considérons nous-mêmes.

Il faut avoir souffert d'un complexe d'infériorité pour comprendre jusqu'à quel point cela peut être lourd à porter.

J'ai souffert de ce manque de confiance tout au long de mon enfance et de mes études. Lorsqu'un professeur m'interrogeait en classe, j'étais tellement intimidé que je bafouillais lamentablement, même si je connaissais parfaitement la réponse. Je n'étais capable de répondre correctement qu'aux examens écrits, ce qui me permit, fort heureusement, de réussir mes études.

Pendant toutes ces années, paradoxalement, malgré mon sentiment d'infériorité et ma très grande timidité, je nourrissais un projet : devenir conférencier et prédicateur. Dans mes rêves, je me voyais haranguant des foules avec éloquence et assurance. C'est ainsi que je vécus mon enfance : déchiré entre ce que je souhaitais être et ce que je croyais être.

Puis, un jour, un professeur me parla franchement : « Qu'est-ce qui ne va pas, Norman ? Pourquoi agis-tu comme un lièvre effarouché ? Tu as tout ce qu'il faut, intelligence et compétence, pour réussir. N'as-tu aucune confiance en Dieu ou en toi ? » Ces reproches, bien que formulés dans le but de m'aider, m'avaient littéralement terrassé. Si ce professeur m'avait parlé de cette façon, c'était simplement pour m'aider à me retrouver – et il y a réussi. Aujourd'hui encore, je lui en suis reconnaissant. Mais, sur le moment, je fus complètement défait, désespéré, en proie à la colère et aux larmes. Puis je me suis arrêté net! Une pensée avait jailli dans mon esprit comme une lumière qui s'allume soudain: «Il n'en tient qu'à moi d'en finir avec tout ça! Je peux changer si je le veux.»

Fils de parents religieux (mon père était pasteur), je savais où m'adresser pour obtenir de l'aide, mais je ne l'avais pas fait jusqu'alors. Je me décidai enfin à m'adresser à Dieu, à lui demander de prendre ma vie en main et je m'en remis entièrement à lui.

Non seulement je changeai de vie à partir de ce moment, mais ma façon de penser se transforma radicalement. À la suggestion de mes parents, j'entrepris la lecture d'auteurs tels qu'Emerson, Thoreau, Marc-Aurèle et d'autres, qui croyaient au pouvoir de la pensée humaine. Je pris conscience, grâce à eux, d'une vérité essentielle, fort bien formulée par William James: «La plus grande découverte de notre génération a été de s'apercevoir qu'un homme peut changer sa vie en modifiant sa façon de penser.» Je savais que ma tournure d'esprit négative ne pouvait que me nuire. Je m'efforçai donc de changer et, peu à peu, je devins plus positif. J'avais lu quelque part une réflexion d'un philosophe: «Prenez en charge vos pensées. Vous pouvez en faire ce que vous voulez.» Je me mis donc en devoir de me créer un système de pensée bien personnel, car je voulais me dépasser.

Devenu pasteur, je prêchai ces nouvelles vérités qui révolutionnaient ma propre vie. Je fus à même de découvrir que bien des gens souffraient d'un manque de confiance en eux et d'un sentiment d'infériorité. Accablés par la peur et la culpabilité, ils échouaient dans toutes leurs entreprises alors qu'ils auraient pu réussir s'ils avaient été conscients de leur vraie nature. Je prêchai et enseignai la foi et l'espoir. Plusieurs comprirent mon message et trouvèrent les mêmes réponses que moi.

Puis, un jour, je décidai de mettre mes découvertes et celles des autres au service d'un public plus large. Le livre me sembla être un bon moyen de diffusion. Il serait simple, contiendrait des conseils concrets, qui serviraient à transmettre une façon de penser que j'avais, pour ma part, acquise durement. Mon seul désir était de partager avec d'autres, qui avaient souffert autant que moi, une façon de vivre qui m'avait véritablement sorti du marasme.

J'intitulai d'abord cet ouvrage *La puissance de la foi*. Mais comme je voulais qu'il s'adresse à tous, et non pas seulement aux croyants pratiquants, il devint *La puissance de la pensée positive*. Je remercie Dieu d'avoir permis à ce livre d'aider des millions de gens à vivre une vie constructive et positive.

Je suis heureux de savoir aussi que, près d'un tiers de siècle plus tard, mon livre aide encore des gens de toutes les nationalités. Les lettres de reconnaissance que je reçois de jeunes qui n'étaient même pas nés au moment de sa parution me font particulièrement plaisir.

Je n'avais, en 1952, aucune idée de l'immense succès que connaîtrait ce livre. Tout ce que je voulais, c'était rejoindre les gens qui connaissaient l'échec, le doute, la timidité, la peur, car j'étais convaincu que le secret d'une vie réussie réside dans une pensée positive. Comme il est dit dans le Nouveau Testament : «Je puis tout par Celui qui me fortifie.» (Philippiens 4,13)

Quand le doute m'envahissait, je trouvais toute l'aide nécessaire dans un passage des Saintes Écritures qui résume à merveille mon enseignement et ma façon de penser : «Moi, je suis venu afin que les brebis aient la vie et qu'elles l'aient en abondance.» (Jean 10,10)

À tous ceux qui mènent une existence terne et sans espoir, à ces gens qui vivotent plus qu'ils ne vivent, je dis : il n'est pas nécessaire d'en rester là. La vie, remplie de joie et d'exubérance, est à votre portée.

Avec le présent livre, j'ai voulu montrer que chacun peut transformer son existence semée de douleurs et de luttes en une vie réussie et bien remplie. Puissiez-vous y arriver !

Introduction

Comment ce livre peut vous rendre service

Le présent ouvrage, par son enseignement et ses exemples, tente de prouver que nul n'est condamné à l'échec et que chacun peut, au contraire, atteindre la paix intérieure, jouir d'une meilleure santé et profiter d'une énergie débordante. Il montre que la vie peut être remplie de joie et de satisfactions. J'ai acquis cette certitude en voyant un nombre incalculable de gens apprendre et mettre en pratique une méthode simple et efficace. Ces affirmations, qui peuvent sembler extravagantes de prime abord, reposent sur des témoignages et des expériences véridiques.

Trop de gens se laissent abattre par les problèmes de la vie quotidienne. Ils passent leurs journées à lutter, à gémir, pleins de ressentiment contre le mauvais sort qui les accable, disent-ils. Or, le sort, s'il existe, peut être apprivoisé et même influencé si l'on sait adopter un état d'esprit approprié et utiliser la bonne méthode. Il est regrettable et inutile que tant de gens se laissent terrasser par les problèmes, les soucis et les difficultés de l'existence.

Il ne s'agit pas d'ignorer ou de minimiser les épreuves et les tragédies de ce monde, mais plutôt de les empêcher d'avoir une emprise totale sur vous-même. Si vous apprenez à les chasser de votre esprit, à vous en détacher, et si vous canalisez votre énergie spirituelle, vous franchirez des obstacles autrement insurmontables. Grâce à certaines méthodes, que je vais vous exposer tout au long du présent livre, il vous sera possible de préserver votre bonheur et votre bien-être malgré ces obstacles. Vous ne connaissez l'échec que parce que vous y consentez. Mon livre vous apprendra au contraire à le combattre et à le vaincre.

Je n'ai ici aucune prétention littéraire et ne cherche pas à faire étalage d'une érudition exceptionnelle. Il s'agit simplement d'un manuel de développement personnel, écrit dans le seul but d'aider le lecteur à connaître une vie heureuse, satisfaisante et bien remplie. Je crois fermement à certains principes éprouvés qui sont garants d'une existence réussie. Je me propose de les présenter ici d'une manière logique et compréhensible, pour que le lecteur puisse, grâce à une méthode simple et pratique, se forger, Dieu aidant, le genre de vie auquel il aspire profondément.

Si vous lisez les pages qui suivent avec attention et si vous en appliquez les enseignements à la lettre, vous constaterez une nette amélioration dans votre comportement. L'utilisation des méthodes présentées vous permettra de modifier radicalement vos conditions d'existence actuelles et de maîtriser les événements au lieu d'être dirigé par eux; vos relations avec les autres s'amélioreront; vous serez plus estimé, plus apprécié et plus aimé. L'adoption de ces principes vous fera découvrir un merveilleux bien-être inconnu de vous jusqu'ici et goûter pleinement la joie de vivre. Vous deviendrez du coup une personne plus utile et plus influente.

Si j'affirme avec certitude que l'application de ces principes donne de tels résultats, c'est que j'ai été témoin de leur efficacité à la Marble Collegiate Church de New York, où nous enseignons depuis des années un mode de vie créateur, fondé sur des règles spirituelles: la vie de centaines de gens s'en est trouvée transformée. Je n'énonce donc pas ici des formules vides à caractère purement théorique. Ces principes ont prouvé leur pouvoir de façon irréfutable: leur application est le gage d'une vie réussie.

Mon enseignement se résume à une méthode scientifique, quoique simple, qui permet de réussir et d'acquérir santé et bonheur. Les milliers de gens qui l'ont mise en pratique ont tous obtenu les mêmes résultats: vie nouvelle, pouvoir nouveau, rendement accru, bonheur plus grand.

C'est pour répondre à tous ceux qui m'ont prié de réunir ces principes sous la forme d'un livre afin d'en faciliter l'étude et l'application que je publie *La puissance de la pensée positive*. Point n'est besoin de souligner que les principes énoncés ici ne sont pas de moi, mais qu'ils nous ont été donnés par le plus grand Maître de tous les temps. Ce livre enseigne une méthode simple et efficace qui permet de réussir sa vie.

NORMAN VINCENT PEALE

CHAPITRE 1
Croyez en vous

Croyez en vous et en vos capacités! Pour réussir et être heureux, il faut avoir confiance en soi. Le sentiment d'infériorité empêche la réalisation des rêves, alors qu'une juste estime de soi permet au contraire leur entière réalisation; on voit donc l'importance qu'il y a à avoir une attitude positive. Cet ouvrage vous aidera à croire en vous-même et à libérer vos forces intérieures.

Un nombre effarant de malheureux souffrent d'un complexe d'infériorité. Pourtant, nul n'est tenu de subir un tel handicap; et sachez que, si l'on sait s'y prendre, on peut parfaitement s'en défaire. Tout est question de confiance en soi. Et vous pouvez, vous aussi, profiter de cette force créatrice présente en vous.

Une formule efficace

Je fus abordé un jour par un homme d'affaires qui venait d'assister à une de mes conférences. Il était désespéré: «Je traite actuellement l'affaire la plus importante de ma vie, me dit-il. Si je réussis, c'est la consécration. Si j'échoue, je suis un homme fini.»

Je lui conseillai de se détendre et de dédramatiser la situation. S'il réussissait, tant mieux. S'il échouait... Eh bien! la Terre continuerait de tourner.

«Je manque de confiance en moi, dit-il, accablé. Je me sens incapable de réussir quoi que ce soit. Je suis profondément découragé et déprimé. En fait, j'ai l'impression d'être fini, et je n'ai que quarante ans. Pourquoi ai-je souffert toute ma vie d'un tel manque de confiance en moi-même? Vous parliez dans votre conférence de ce soir du pouvoir incontestable de la pensée positive; pouvez-vous m'aider à acquérir un peu de confiance en moi?

— Il y a deux mesures à prendre, répondis-je. Vous devez d'abord découvrir la cause de votre sentiment d'impuissance, ce qui nécessite une longue analyse. Les troubles émotionnels doivent être traités comme le sont les maladies physiques, ce qui, évidemment, ne peut se faire pendant un court entretien comme celui de ce soir ; d'ailleurs, la guérison définitive pourrait nécessiter un traitement particulier. Mais pour vous aider à résoudre votre problème actuel, je vais vous donner une formule efficace à coup sûr.

« Il s'agira pour vous de répéter certains mots tout au long de la soirée et au coucher. Au réveil, demain matin, redites-les trois fois, et trois fois encore en vous rendant à votre rendez-vous important. Si vous faites cela avec foi, vous aurez suffisamment de force et d'habileté pour mener à bien votre entreprise. Plus tard, si vous le désirez, nous pourrons entreprendre l'analyse en profondeur de votre problème ; de toute façon, la formule suivante jouera déjà un rôle important dans votre guérison. »

Voici ce que je lui conseillai de répéter : « Je puis tout par Celui qui me fortifie. » (Philippiens 4,13) J'écrivis ces mots sur une feuille pour qu'il ne les oublie pas et les lui fis lire trois fois à haute voix.

« Si vous observez cette prescription, lui dis-je, je suis certain que tout se déroulera pour le mieux. »

Il se leva et, après un moment d'hésitation, répondit avec émotion : « D'accord, docteur, d'accord. » Je le regardai s'éloigner. À le voir redresser les épaules, il était clair que la foi faisait déjà son œuvre. Il m'apprit par la suite que ces quelques mots avaient « fait merveille » dans son cas. « J'ai peine à croire que quelques paroles tirées de la Bible aient tant de pouvoir », ajouta-t-il.

Plus tard, cet homme entreprit de cerner les racines de son complexe d'infériorité. Il en vint à bout grâce à des conseils éclairés et à la foi qu'il apprit à cultiver. Il acquit, en observant les directives qu'on lui donna (voir à la fin du présent chapitre), une confiance inébranlable en ses moyens. Depuis, il ne cesse de s'étonner d'attirer le succès au lieu de le repousser comme autrefois. Et il n'y a rien d'étonnant à cela si l'on considère sa nouvelle attitude positive.

Les causes du complexe d'infériorité

Il existe plusieurs causes au complexe d'infériorité, dont un bon nombre tirent leur origine de l'enfance.

Un chef d'entreprise vint me consulter un jour au sujet d'un employé à qui il aurait aimé confier un poste de direction. « Ce jeune homme, me dit-il, a toutes les qualités requises pour devenir mon adjoint. Malheureusement, il est si indiscret qu'on ne peut lui faire confiance ; sa manie de trop parler lui fait divulguer la moindre information, fût-elle confidentielle. »

Après analyse, j'en conclus que ce jeune homme avait « la langue bien pendue » parce qu'il souffrait d'un complexe d'infériorité à l'égard de ses collègues. Contrairement à ces derniers, il venait d'un milieu pauvre, n'avait pas fait d'études poussées et, pour pallier son sentiment d'infériorité, divulguait ainsi de petits secrets. C'était le moyen qu'il avait trouvé, inconsciemment (l'inconscient utilise fréquemment de tels mécanismes), pour s'élever au niveau de ses collègues et renforcer son estime de soi. Comme il accompagnait son supérieur à des réunions de gens influents et qu'il était témoin d'importantes conversations confidentielles, il en laissait filtrer juste assez pour éveiller l'admiration et l'envie de ses collègues. C'était sa façon à lui de se mettre en valeur.

Quand l'employeur, homme bienveillant et compréhensif, saisit les causes profondes de ce comportement pour le moins embarrassant, il fit entrevoir à son employé le brillant avenir auquel il était promis, n'eût été son sentiment d'infériorité qui le poussait à dévoiler systématiquement les secrets de l'entreprise. Après avoir pris conscience des raisons qui le poussaient à agir de cette manière, le jeune homme se servit de la prière et de la foi pour libérer ses véritables pouvoirs et devint un rouage important de la compagnie.

L'exposé de mon expérience personnelle permettra peut-être d'illustrer de quelle manière nombre de jeunes gens en arrivent à souffrir d'un complexe d'infériorité. Enfant, j'étais terriblement maigre. Je débordais d'énergie, appartenais à une équipe d'athlétisme, j'étais bien portant, mais maigre alors que je voulais être gros. On me surnommait, à mon grand désespoir, « maigrichon », quand je rêvais d'être un dur, costaud et musclé. Je faisais tout pour gagner du poids : je prenais de l'huile de foie de morue, je buvais quantité de *milk-shakes,* j'avalais des milliers de *sundaes* (au chocolat) garnis de crème fouettée et de noix, je me gavais de gâteaux et de tartes. Mais rien n'y faisait ! Je restais maigre et j'en souffrais jour et nuit. J'essayai ainsi, par tous les moyens, de grossir. Mais voilà que, brusquement, dans la trentaine, je me mis à enfler au point d'éclater. Du coup, l'obésité devint mon nouveau tourment et, pour retrouver des proportions normales, je dus redoubler d'efforts pour perdre, cette fois-ci, vingt kilos excédentaires.

Mais il y a plus. Comme je l'ai déjà dit, mon père était pasteur et, à cause de cela, on ne me pardonnait pas le moindre écart de conduite. Un fils de pasteur se doit d'être gentil et poli. Moi, je voulais être considéré comme un dur. Jamais je ne deviendrais un prédicateur.

Par ailleurs, sous prétexte que j'appartenais à une famille d'orateurs, on me demandait sans cesse de parler en public, ce qui me terrorisait littéralement. Aujourd'hui encore, le trac me tenaille parfois quand je dois m'adresser à un auditoire. Je dus recourir à tous les moyens connus pour développer ma confiance en moi.

Les enseignements de la Bible

Je trouvai la solution à mon problème dans les enseignements de la Bible : les principes bibliques reposent sur des bases solides et scientifiques capables de guérir n'importe qui d'un complexe d'infériorité. Leur pratique permet de libérer les forces intérieures étouffées jusqu'alors par les sentiments d'impuissance.

L'origine du complexe d'infériorité, qui empêche le plein épanouissement de la personnalité, vient souvent de l'enfance. Peut-être aviez-vous une sœur ou un frère aîné qui réussissait mieux ses études que vous ? Inconsciemment, vous en avez conclu qu'il en serait de même toute votre vie ; jamais, pensiez-vous, vous ne connaîtriez vous aussi le succès. Croire cela, c'est ignorer que ceux qui réussissent ne sont pas nécessairement les élèves doués.

Pour éliminer un complexe d'infériorité, il suffit d'avoir la foi. Croire en Dieu aide à acquérir cette confiance en soi. La foi dynamique s'acquiert par la prière, par la lecture de la Bible et par l'application de ses enseignements. Je donnerai plus loin des exemples de prière, mais je tiens à souligner, à ce stade-ci, que, pour éveiller une foi suffisamment puissante pour vaincre le sentiment d'infériorité, il faut prier avec ferveur.

Une femme à qui l'on demandait comment elle surmontait toutes ses difficultés répondit : « Pour les obstacles ordinaires, une simple prière suffit. Mais les problèmes graves demandent des prières ferventes qui viennent du fond du cœur. »

Apprendre à prier

Voici ce que disait à ce sujet un de mes amis, Harlowe B. Andrews, homme d'affaires avisé et spiritualiste convaincu : « Pour progresser sur le chemin de la foi, il faut apprendre à bien prier. Dieu sera attentif à la qualité de votre prière et agira en conséquence. » Les saintes Écritures lui donnent raison : « Qu'il vous soit fait selon votre foi. » (Matthieu 9,29) Donc, plus grande est votre difficulté, meilleure doit être votre prière.

Le grand-père du chanteur Roland Hayes disait, dans toute sa sagesse : « Le problème de la plupart des prières, c'est qu'elles manquent de profondeur. » Faites pénétrer votre prière dans vos doutes, vos craintes et votre sentiment d'infériorité. Priez du fond du cœur et vous recevrez la foi toute-puissante.

Adressez-vous à un conseiller spirituel pour apprendre à cultiver la foi qui libère la puissance intérieure. Savoir acquérir et utiliser les pouvoirs de la foi est un art qui s'apprend et qui demande de la pratique pour atteindre la perfection.

Vous trouverez, à la fin du présent chapitre, dix conseils qui vous aideront à vous libérer de votre complexe d'infériorité et à stimuler votre foi. Si vous les suivez scrupuleusement, vous reprendrez confiance en vous ; votre sentiment d'infériorité, si profondément ancré soit-il, se dissipera.

La confiance en soi commence dans l'esprit. Comment, en effet, peut-on avoir confiance en ses moyens si on entretient sans cesse des pensées négatives et si on se dénigre constamment ? Tout est question d'attitude : il faut imprégner son esprit de pensées positives pour espérer profiter de cette force qui vit en chacun de nous. Et c'est chose possible, comme en fait foi l'exemple suivant. Il s'agit d'une personne qui y parvint grâce à une méthode toute personnelle.

Par un matin d'hiver, un homme vint me prendre à mon hôtel pour me conduire à la ville où je devais donner une conférence. Trouvant qu'il roulait trop vite sur la chaussée glissante, je lui rappelai que nous avions tout le temps devant nous.

« Ne vous inquiétez pas, me répondit-il. Il fut un temps où, moi aussi, j'avais peur de tout : d'un voyage en avion, d'une randonnée en auto ; quand un des miens s'absentait, je me faisais du souci jusqu'à son retour. Je vivais avec l'impression qu'un malheur me guettait et cela m'empoisonnait l'existence. J'étais saturé d'inquiétude et de doute, au point que mes affaires en souffraient. Et puis, un jour, j'ai trouvé un excellent moyen de chasser ces pensées négatives. Maintenant, j'ai confiance en moi et dans la vie. »

Voici sa méthode miracle : Me désignant deux pinces fixées sur le tableau de bord, il tira de la boîte à gants un paquet de petites cartes et en glissa une sous les pinces. Je lus alors : « [...] Si vous avez la foi [...] rien ne vous sera impossible. » (Matthieu 17,20) Puis il remplaça cette carte par une autre qui disait : « Si Dieu est pour nous, qui sera contre nous ? » (Romains 8,31)

« Mon emploi de représentant, me dit-il, m'oblige à me déplacer en voiture une bonne partie de la journée. Or j'ai découvert que les pensées se multiplient et se font harcelantes lorsqu'on est au volant. Et si on a une tournure d'esprit négative, c'est à son détriment ; or c'était mon cas. Du matin au soir, je roulais, ressassant sans arrêt des idées pessimistes et négatives ; il ne faut pas chercher plus loin les raisons de la baisse de mon chiffre d'affaires. Mais j'ai désormais appris à penser autrement depuis que j'ai ces cartes sous les yeux. L'ancien sentiment d'insécurité et les peurs qui me hantaient ont été remplacés par des pensées de foi et de courage. Cette méthode m'a miraculeusement transformé ; mes affaires elles-mêmes en bénéficient, pour la bonne raison qu'on ne peut s'attendre à décrocher une commande si on arrive chez le client découragé d'avance. »

Cet homme avait agi très sagement. En nourrissant son esprit de pensées positives, il avait véritablement changé sa façon de penser. Finis les sentiments d'insécurité et de crainte. Sa force intérieure était enfin libérée.

Avoir confiance en soi

Que nous nous sentions en sécurité ou non dépend uniquement de notre façon de penser. Si nous vivons dans la crainte constante de malheurs, comment pouvons-nous espérer être confiants ? Et il y a plus grave encore : à force d'y penser, on risque bel et bien de faire survenir les événements redoutés. C'est ce qu'avait compris mon « chauffeur ». À l'aide de ses cartes, il s'était imprégné de confiance et de courage, libérant du même coup l'énergie créatrice autrefois inhibée par ses pensées négatives.

Le manque de confiance en soi constitue l'un des problèmes majeurs qui affligent une bonne partie des gens. Dans le cadre d'une enquête menée dans une université, on demanda à six cents étudiants d'identifier leur problème personnel majeur ; 75 p. 100 d'entre eux considérèrent leur manque de confiance en eux comme leur plus grand handicap. On peut vraisemblablement avancer les mêmes chiffres pour la population en général. Partout, on rencontre des gens qui tremblent intérieurement, qui ont peur de vivre, qui souffrent d'un complexe d'infériorité, qui doutent de leur capacité de réussir. Ces gens sont obsédés par la crainte de l'échec. Devant le refus de leur propre valeur, ils se contentent d'une mesure inférieure à celle qu'ils pourraient donner. C'est ainsi que des milliers et des milliers de personnes vivent à quatre pattes, oppressées par la peur et par le sentiment d'échec. Or, dans la plupart des cas, ce sentiment d'impuissance n'a pas de raison d'être.

Les épreuves sapent, à la longue, l'énergie et la confiance des gens. Pour éviter de sombrer dans un découragement par ailleurs sans fondement, il suffit de réévaluer ses qualités ; cette démarche, si elle est faite honnêtement, redonne confiance en soi et permet de reprendre courage.

Un homme de cinquante-deux ans vint un jour me consulter. Il était désespéré. « Tout ce que j'ai édifié dans ma vie est détruit, me dit-il.

— Tout ? lui demandai-je.

— Tout. Il ne me reste rien, et je suis trop vieux pour recommencer à zéro. J'ai perdu tout espoir. »

Naturellement, je compatis avec lui, mais, de toute évidence, le problème majeur de cet homme résidait dans sa tournure d'esprit négative. Handicapé par le désespoir, il était coupé de sa force intérieure.

« Pour commencer, dis-je, dressons une liste de ce qui vous reste.

— C'est inutile, soupira mon visiteur. Il ne me reste rien. Je croyais vous l'avoir dit.

— Essayons toujours… Votre femme est-elle encore avec vous ?

— Oui, bien sûr. Voilà trente ans que nous sommes mariés. C'est une femme formidable. Je sais que je peux compter sur elle en cas de coup dur.

— Parfait. Notons sur la liste cette première richesse : votre femme restera à vos côtés quoi qu'il arrive. Et vos enfants ? Vous en avez ?

— J'ai trois merveilleux enfants qui m'ont d'ailleurs témoigné leur amour indéfectible en ces temps difficiles. J'en ai été très ému.

— On les ajoute donc sur la liste. Vous avez des amis ?

— Oui, me répondit-il, j'ai de très bons amis. Ils m'ont tous offert leur aide. Mais comment pourraient-ils m'aider ?

— Des amis fidèles et serviables, voilà bien une autre richesse. Avez-vous la conscience tranquille quant à votre conduite ?

— Oui. J'ai toujours été intègre.

— Parfait. J'ajoute à votre actif l'intégrité. Et qu'en est-il de votre santé ?

— Je jouis d'une bonne santé. Je ne suis pour ainsi dire jamais malade.

— J'inscris donc sur la liste : bonne santé. Et votre foi ? Croyez-vous en Dieu ? Croyez-vous qu'Il peut vous aider ?

— Oui. Sans Son soutien, je n'aurais pu passer à travers tout ce que j'ai vécu.

— Récapitulons, lui dis-je. Si j'en juge par vos réponses, vous avez une épouse parfaite, trois enfants dévoués, des amis fidèles, une conscience tranquille, une bonne santé et la foi. »

Je lui montrai la liste. « Ne m'aviez-vous pas dit que vous aviez tout perdu ? »

Mon visiteur sourit d'un air confus. «Je n'avais pas pensé à cela, avoua-t-il. Au fond, la situation n'est peut-être pas si critique que ça. Si seulement je reprenais confiance en mes moyens, je pourrais repartir à zéro, même à mon âge.»

Cet homme réussit à recommencer sa vie. Mais il dut pour cela changer sa tournure d'esprit. La foi balaya ses doutes, et il se découvrit une force intérieure toute-puissante.

Les attitudes importent plus que les faits

Cette anecdote illustre bien les propos du psychiatre Karl Menninger : «Les attitudes importent plus que les faits.» Voilà une vérité qu'il est indispensable de retenir. Le fait en soi, même hérissé de difficultés apparemment insurmontables, importe moins que l'attitude que nous adoptons à son égard. Attention! Votre façon d'envisager une situation peut vous vouer, d'avance, à l'échec. Par contre, la confiance et l'optimisme peuvent influencer les événements et même permettre de surmonter tout problème éventuel.

Je connais un homme qui, sans compétences exceptionnelles, mais grâce à une attitude invariablement positive et optimiste, rend d'immenses services à la maison qui l'emploie. Quand ses associés se montrent pessimistes à l'égard d'une proposition, il recourt à ce qu'il appelle la «méthode de l'aspirateur». Autrement dit, par une série de questions, il aspire, comme de la poussière, l'attitude négative de ses collègues. Puis, posément, il examine la proposition sous un angle positif, émettant des idées constructives et il réussit ainsi à créer une attitude favorable chez ses collègues.

Ceux-ci disent que les faits apparaissent sous un tout autre jour lorsque cet homme entreprend de les analyser. C'est la confiance dont il fait toujours preuve qui le différencie des autres, ce qui ne veut pas dire pour autant qu'il manque d'objectivité dans son appréciation des faits. Mais la victime d'un complexe d'infériorité déforme la réalité et, pour corriger cette tendance, il s'agit simplement d'aborder les événements sous un jour positif, ce qui ramène invariablement les événements à leur juste mesure.

Comptez ce qui joue en votre faveur

Un bon conseil : si vous vous sentez vaincu et prêt à abandonner la partie, prenez le temps de vous arrêter et dressez la liste des facteurs qui jouent en votre faveur. Ignorez les autres. Ne vous attachez pas aux forces apparemment hostiles, car elles prendront des proportions démesurées et, surtout, injustifiées. Ce serait une grave erreur. Au contraire, pensez à votre « actif », donnez-lui la première place et vous surmonterez les pires difficultés. Une fois libérées, vos forces intérieures, avec l'aide de Dieu, vous mèneront de la défaite à la victoire.

Si vous doutez de vous-même, pensez que le Dieu tout-puissant est avec vous et qu'Il vous aide. C'est un des préceptes fondamentaux de la religion et un antidote infaillible contre le manque de confiance. Répétez simplement : « Dieu est avec moi. Dieu m'aide. Dieu me guide. » Chaque jour, consacrez plusieurs minutes à cet exercice. Affirmez que Dieu est à vos côtés, sentez Sa présence, ayez la foi, et Dieu deviendra réellement votre appui. Le sentiment de force que vous tirerez de cette pratique vous surprendra.

La confiance dépend de votre façon habituelle de penser. Si des idées de défaite vous habitent, vous vous sentirez forcément vaincu. Alors prenez l'habitude de penser sainement. Ainsi, vous acquerrez la conviction intime que vous pouvez surmonter toutes les difficultés, si épineuses soient-elles. La confiance décuple les forces. L'expérience a démontré la vérité contenue dans ces mots : « Soyez audacieux, et une force formidable vous soutiendra. » Vous la sentirez grandir au fur et à mesure que votre confiance modifiera votre attitude face aux événements.

Une vérité fondamentale s'exprime à travers ces mots d'Emerson : « Conquièrent ceux qui se sentent capables de conquérir. » Et il ajoute : « Faites ce qui vous effraie, c'est le meilleur moyen de tuer la peur. » Si vous pratiquez la confiance et la foi, vos peurs et votre sentiment d'insécurité s'estomperont rapidement.

Un jour que Stonewall Jackson projetait une audacieuse attaque, un de ses généraux éleva de pusillanimes objections : « Je crains ceci… J'ai peur de cela… » La main sur l'épaule de son subordonné, Jackson déclara : « Général, n'oubliez jamais que la peur est mauvaise conseillère. »

Le secret de la réussite est d'emplir votre esprit de pensées inspirées par la foi et la confiance, pour en chasser toute trace de doute et de découragement. J'ai conseillé un jour à un homme victime d'insécurité chronique de lire la Bible de bout en bout, en soulignant au crayon rouge tous les passages relatifs au courage et à la confiance en soi. En les apprenant par cœur, il bourra son esprit des pensées les plus saines, les plus joyeuses et les plus dynamiques qui soient. En quelques semaines seulement, cet homme se transforma radicalement; aujourd'hui, il rayonne de courage et de dynamisme. En réformant sa tournure d'esprit, il a repris confiance en lui.

Neuf règles à suivre

Voici neuf règles à suivre qui vous aideront dès maintenant à vaincre votre sentiment d'infériorité et à mettre votre foi en pratique. Des milliers de personnes ont déjà éprouvé l'efficacité de ce programme; suivez-le vous aussi et vous sentirez votre force intérieure grandir.

1. Faites-vous une image de votre réussite et imprimez-la de façon indélébile dans votre esprit. Que cette image ne pâlisse jamais, qu'elle nourrisse constamment votre esprit, qui cherchera à son tour à la développer. Ne pensez jamais à vous comme à un vaincu. Ne doutez jamais de la réalité de cette image mentale. Pour espérer le succès, il faut y penser et y croire, quelles que soient les circonstances.

2. Quand une pensée négative vous traverse l'esprit, opposez-y volontairement une idée positive.

3. N'édifiez pas d'obstacles imaginaires. Par ailleurs, minimisez les prétendues difficultés éprouvées; analysez-les froidement et traitez-les judicieusement, vous verrez que vous en viendrez à bout. Que la peur ne vienne pas les dresser devant vous comme un obstacle infranchissable.

4. Ne cherchez pas à imiter autrui, même si quelqu'un vous en impose. Personne ne peut vous surpasser. Rappelez-vous que la plupart des gens, malgré leur apparente assurance,

sont souvent aussi effrayés que vous et qu'ils doutent tout autant d'eux-mêmes.

5. Dix fois par jour, répétez ces mots dynamiques: «Si Dieu est pour nous, qui sera *contre* nous?» (Romains 8,31) Arrêtez votre lecture et répétez-les MAINTENANT avec conviction.

6. Consultez un professionnel compétent qui saura vous renseigner sur les causes réelles de votre sentiment d'infériorité. La connaissance de soi est le premier pas vers la guérison.

7. Dix fois par jour, prononcez l'affirmation suivante à haute voix: «Je puis tout par Celui qui me fortifie.» (Philippiens 4,13) Répétez ces mots MAINTENANT; il n'y a pas de plus puissant antidote au monde contre le sentiment d'infériorité.

8. Faites une estimation honnête de vos forces personnelles, puis accordez-vous 10 p. 100 supplémentaires. Sans tomber dans le culte du moi, cultivez le respect de vous-même. Croyez en votre force libérée par Dieu.

9. Remettez votre sort entre les mains de Dieu. Pour cela, dites seulement: «Je suis entre les mains de Dieu.» Croyez que, dès MAINTENANT, vous recevez toute la force nécessaire; «sentez» son flot vivifiant couler en vous. Affirmez que «le royaume de Dieu est au-dedans de vous» (Luc 17,21) et qu'il vous fournit l'énergie nécessaire pour réussir votre vie.

Rappelez-vous que Dieu est avec vous et que rien ne peut vous abattre. Croyez que vous RECEVEZ MAINTENANT Sa force.

CHAPITRE 2

Un esprit paisible permet la libération des forces intérieures

Un jour, rassemblés autour du petit déjeuner dans la salle à manger d'un hôtel, nous étions trois à discuter d'un sujet très sérieux, c'est-à-dire de la façon dont nous avions passé la nuit.

L'un d'entre nous se plaignit de n'avoir pu fermer l'œil: «Il va falloir que je cesse d'écouter les nouvelles à la radio avant de me coucher. Je l'ai fait, hier soir, et je n'ai réussi qu'à m'encombrer l'esprit de soucis.»

«S'encombrer l'esprit de soucis»... Expression imagée, s'il en est, mais qui explique la nuit agitée de cette personne. «Le café que j'ai bu après le dîner y est peut-être pour quelque chose, ajouta-t-il, songeur.

— Quant à moi, j'ai dormi comme une marmotte, déclara l'autre. J'avais pourtant lu le journal du soir et écouté le bulletin de nouvelles; j'avais probablement eu le temps de digérer tout cela avant de me coucher. De toute façon, j'ai une méthode infaillible pour trouver le sommeil.»

Je le pressai de nous faire part de sa méthode. «Elle date de ma jeunesse, répondit-il. Mon père, qui était fermier, avait l'habitude de nous réunir le soir et de nous lire un passage de la Bible. Je l'entends encore... En fait, chaque fois que j'entends les passages qu'il récitait, il me semble reconnaître sa voix. Après la prière du soir, je montais dans ma chambre et m'endormais aussitôt.

«Mais après avoir quitté la maison paternelle, je perdis cette bonne habitude; pendant des années, je ne priai guère que pour demander à Dieu de me tirer des pétrins où je me mettais volontiers. Enfin, voici quelques mois, ma femme et moi avons décidé de revenir à cette coutume afin de surmonter les problèmes auxquels nous étions confrontés. Cette pratique s'est révélée si bénéfique que nous ne manquons jamais de lire un passage de la Bible et de prier ensemble avant de nous coucher. Je ne saurais dire à quoi cela tient, mais depuis que nous avons pris cette habitude, je dors beaucoup mieux et ma situation s'est améliorée. Même en voyage, comme maintenant, je reste fidèle à cet usage. Hier soir, au lit, j'ai lu le psaume XXIII à haute voix, pour mon plus grand bien.

«Je ne suis pas allé au lit l'esprit "encombré de soucis", conclut-il, tourné vers son collègue. Le sommeil est venu naturellement, car j'avais l'esprit en paix.»

«L'esprit encombré de soucis.» «L'esprit en paix.» Quelle formule choisissez-vous?

La paix de l'esprit

Le secret consiste à changer sa tournure d'esprit. Bien que cela exige un effort de volonté, il est plus facile de modifier sa façon de penser que de vivre avec un niveau de stress élevé. Parce qu'elle est harmonieuse et normale, une vie qui se déroule sous le signe de la paix intérieure est le mode d'existence le plus facile. Pour y arriver, le principal effort consiste donc à amener l'esprit à adopter une attitude génératrice de paix, c'est-à-dire à s'abandonner à Dieu.

Celui qui sait se détendre vit dans la paix. En voici pour preuve cette anecdote.

Juste avant une de mes conférences, alors que je jetais un dernier coup d'œil sur mes notes, un homme vint à moi pour me faire part de son problème.

Comme je devais être présenté d'un instant à l'autre à l'assistance, je priai mon visiteur de m'attendre, le temps de ma conférence. Durant mon discours, je le vis arpenter nerveusement les coulisses, mais il avait disparu quand je voulus lui accorder l'entretien demandé. Je savais, d'après sa carte de visite, qu'il s'agissait d'une personnalité en vue.

De retour à l'hôtel, hanté par le souvenir de cet homme, je lui téléphonai malgré l'heure tardive. Il fut surpris par mon appel et m'expliqua qu'il ne m'avait pas attendu parce qu'il n'avait pas voulu me déranger. «Je voulais simplement vous demander de prier avec moi, dit-il. J'espérais ainsi gagner un peu de paix intérieure.

— Rien ne nous empêche de prier ensemble, maintenant, au téléphone, dis-je.

— Vraiment ? répondit-il, visiblement surpris.

— Pourquoi pas ? Le téléphone est un moyen de communication. Il nous réunit. Malgré la distance qui nous sépare, nous sommes ensemble. De plus, continuai-je, le Seigneur est avec chacun de nous. Il est aux deux bouts de la ligne, et même entre nous deux. Dieu est avec vous et Il est avec moi.

— Je comprends, dit-il. Voulez-vous prier pour moi ? »

Fermant les yeux, je priai pour l'homme avec qui j'étais en communication téléphonique. Il m'entendait, le Seigneur m'entendait, et le fait que nous n'étions pas physiquement réunis n'avait aucune importance.

« Voulez-vous prier à votre tour ? » dis-je en terminant.

Après un moment de silence, j'entendis des sanglots. D'une voix étranglée, il me dit : « Je suis incapable de parler.

— Pleurez un bon coup et priez ensuite. Dites simplement au Seigneur tout ce qui vous tracasse. »

Encouragé, il se mit alors à prier. Avec hésitation d'abord ; puis, impétueusement, le malheureux ouvrit son cœur d'où sortit un flot de haine, d'amertume, de sentiment d'échec… Enfin, il s'adressa plaintivement à Dieu : « Cher Jésus, je sais que j'ai du culot de Vous demander de faire quelque chose pour moi, vu que je n'ai jamais rien fait pour Vous. J'imagine que Vous me voyez tel que je suis, un minus, malgré la poudre aux yeux que je jette à tout le monde. J'en ai plus qu'assez de tout ce cirque, je Vous en prie, aidez-moi.

— Seigneur, dis-je alors, daignez exaucer la prière de mon ami. Posez Votre main sur son front et donnez-lui la paix. Votre paix. »

Il y eut un silence prolongé, et je n'oublierai jamais le ton sur lequel mon ami termina notre étrange conversation :

« Cette expérience restera à jamais gravée dans ma mémoire. Pour la première fois, depuis des mois, je me sens propre intérieurement, léger et en paix. » Cet homme avait utilisé le bon moyen pour trouver la paix : il avait soulagé sa conscience, laissant l'occasion à Dieu de lui faire cadeau de Sa paix.

Apprendre à faire le vide

À ses patients qui ne souffrent que des tourments de l'esprit, et ils sont nombreux, un médecin prescrit judicieusement une ordonnance particulière : il écrit la référence d'un verset de la Bible, soit Romains 12,2. Il laisse aux patients le soin de le chercher dans le texte et de le lire. Le voici : « ... soyez transformés par le renouvellement de l'intelligence... » Pour être plus heureux et mieux portants, les « malades » de cette espèce ont besoin de changer leur façon de penser. Ceux qui acceptent de se conformer à cette ordonnance atteignent la paix, source de santé et de bien-être.

Un bon moyen pour atteindre cette précieuse source consiste à faire le vide dans son esprit. Il en est davantage question dans un autre chapitre, mais j'en glisse un mot ici pour souligner l'importance de cette forme de catharsis. Je recommande cette pratique au moins deux fois par jour, et davantage si nécessaire. Débarrassez-vous régulièrement des craintes et des rancunes, du sentiment d'insécurité et des regrets, et des sentiments de culpabilité qui encombrent votre esprit. L'effort de faire le vide dans votre esprit apporte à lui seul un soulagement, du même type que celui qu'on éprouve lorsque l'on s'est confié à une personne fiable. J'ai souvent observé, en ma qualité de pasteur, combien il est précieux d'avoir quelqu'un à qui on peut livrer ses secrets.

Un jour que je célébrais l'office religieux à bord d'un bateau qui se dirigeait vers Honolulu, je suggérai à tous ceux qui étaient préoccupés de se rendre à la poupe du navire et de procéder à un grand nettoyage spirituel imaginaire : « Extirpez, une à une, vos inquiétudes, jetez-les par-dessus bord et regardez-les disparaître dans le sillage du navire. » Si puéril qu'il puisse paraître, cet avis porta fruit, car un des passagers vint me trouver, le soir, et me dit : « J'ai suivi votre conseil et je suis stupéfait du soulagement qu'il m'a procuré. Chaque soir de cette traversée, je jetterai tous mes soucis par-dessus bord et je les regarderai disparaître dans l'océan du Temps. La Bible ne parle-t-elle pas, quelque part, d'oublier ce qu'on a laissé derrière soi ? »

Celui qui agit de la sorte n'est pas un rêveur sentimental. Au contraire. C'est un homme remarquablement équilibré, un leader dans son domaine.

Évidemment, faire le vide dans son esprit ne suffit pas. J'admets que certains parviennent à accomplir cette prouesse, mais l'esprit ne reste généralement pas «vide» bien longtemps. En règle générale, il faut remplacer les pensées négatives par des pensées positives, sinon elles ont tendance à ressurgir.

Pour prévenir ce phénomène, commencez dès maintenant à meubler votre esprit d'idées créatrices et saines. Ainsi, quand les vieilles craintes, les rancunes et les préoccupations vous assailliront, elles trouveront à la porte de votre esprit la pancarte «Occupé». Qu'elles luttent pour reprendre la place qu'elles ont si longtemps gardée, c'est possible. Mais les pensées saines et positives que vous nourrissez sauront bien les chasser. Bientôt, vous goûterez la douceur d'être en paix.

Le jour, prenez l'habitude de repasser dans votre esprit une sélection de scènes apaisantes : une vallée baignée dans la lumière du soir, un clair de lune sur les flots, ou encore une plage de sable fin caressée par la mer... Ces images mentales agiront comme un baume sur votre esprit.

La puissance de la suggestion

Appliquez la méthode de l'«articulation suggestive», qui consiste à répéter à haute voix des mots apaisants. Les mots sont très puissants; il suffit de les prononcer pour déclencher leur pouvoir de suggestion. La seule répétition de mots alarmistes vous rendra nerveux et pourra même affecter tout votre organisme. Au contraire, si vous prononcez des mots apaisants et rassurants, votre esprit se calmera. Apprenez à répéter le mot «tranquillité». Non seulement il compte parmi les plus harmonieux de notre langue, mais il crée l'état d'esprit correspondant. «Sérénité» est un autre mot porteur de guérison. Répétez-le lentement en vous imprégnant de son sens. Les mots de cette nature ont réellement un pouvoir apaisant.

La poésie de même que les passages de l'Écriture sainte ont également le pouvoir d'apporter la paix. Un de mes amis, qui a atteint une grande sérénité, a l'habitude de noter sur papier toutes les citations portant sur la paix intérieure. Il les lit jusqu'à ce qu'elles se gravent dans sa mémoire. Il dit que le message qu'elles véhiculent s'inscrit dans son subconscient et inonde son esprit de paix. Voici une citation qu'il emprunta à un mystique du XVIᵉ siècle et qui peut servir à chacun de nous : «Que rien ne vous trouble ni ne vous effraie. Tout est éphémère, sauf Dieu. Dieu seul suffit.»

Les paroles de la Bible ont une propriété thérapeutique puissante. Une fois imprégnées dans le subconscient, elles se répandent, tel un baume, dans l'esprit tout entier. C'est le moyen le plus simple et le plus efficace d'atteindre la paix intérieure.

Je tiens l'histoire suivante d'un représentant de commerce. Pendant une réunion d'affaires, un des participants manifestait une grande nervosité. Les gens, qui le connaissaient bien, mirent cela sur le compte du stress. Mais cette anxiété devint bientôt communicative. C'est alors que notre homme prit une bouteille de médicament dans son sac de voyage et en avala une forte dose ; quelqu'un lui demanda alors ce qu'il buvait.

«Oh ! c'est un calmant, répondit l'intéressé. J'ai l'impression que je vais éclater ; j'essaie de dissimuler mon anxiété, mais je n'y arrive pas. J'ai vidé plusieurs flacons de ce médicament, sans pour autant sentir la moindre amélioration.»

Tout le monde rit, puis l'un des hommes présents dit avec bonté : «Mon ami, je ne connais rien de votre potion et sans doute a-t-elle quelque valeur. Mais pour apaiser vos nerfs, j'ai un bien meilleur remède. Je parle en connaissance de cause : j'étais plus mal en point que vous, et il m'a guéri.

— Et de quoi s'agit-il ?» grogna l'autre, sceptique.

Son interlocuteur tira un livre de son porte-documents.

«Ceci vous guérira, dit-il, et je parle sérieusement. J'imagine que vous devez trouver étrange que je me promène avec une bible dans mon sac. Mais je n'en rougis pas, au contraire ! Depuis deux ans, elle me suit partout et j'y ai souligné beaucoup de passages qui m'aident à garder mon calme. Cela a fonctionné pour moi et je crois que vous y trouveriez également une aide. Pourquoi ne pas l'essayer ?»

Tout le monde écoutait attentivement ce discours inhabituel. L'interpellé s'était affaissé sur son siège. Encouragé, celui qui avait pris la parole continua :

«J'ai pris l'habitude de lire la Bible à la suite d'une expérience vécue il y a deux ans, au cours d'un voyage d'affaires. J'étais généralement assez tendu, mais lorsque je rentrai dans ma chambre, cet après-midi-là, j'avais vraiment les nerfs à vif. J'essayai de mettre mon courrier à jour, mais peine perdue ; je n'arrivais pas à me concentrer. J'arpentai la chambre de long en large, ouvris le journal que je repliai aussitôt et, finalement, décidai d'aller prendre un verre au bar… Dernier recours pour me sortir de cet état.

« J'étais debout devant la commode en train de me préparer lorsque mes yeux tombèrent sur une bible. J'en avais souvent vu de semblables, à l'hôtel, mais jamais je n'avais pensé m'en servir. J'ouvris pourtant celle-là et je tombai par hasard sur un psaume que je lus debout. Puis je m'assis et lus le suivant. Cela m'intéressait et j'étais très surpris de me trouver là, le nez dans la Bible ! N'empêche que je ne pensais plus à aller boire un verre.

« Lorsque j'étais jeune, j'avais appris le psaume XXIII à l'école du dimanche. À mon grand étonnement, je le savais encore presque par cœur. " Il me dirige près des eaux paisibles ; il restaure mon âme. " Cette ligne me plut. Je m'y arrêtai et la répétai sans me lasser et… le sommeil me surprit.

« Je dormis un quart d'heure environ, mais si profondément que je me sentis régénéré comme après une bonne nuit de repos. Puis je me rendis compte que j'étais détendu, en paix. " Comment ai-je pu me priver de cela pendant si longtemps ? " me suis-je demandé.

« Le lendemain, j'achetai une bible de poche, avec l'intention de la traîner dans mon sac de voyage. Depuis lors, elle me suit partout, je la lis avec joie et je suis beaucoup moins nerveux qu'avant. » Puis, s'adressant à son interlocuteur, il ajouta : « Essayez toujours. Vous verrez bien si cela vous réussit. »

Notre ami, jusque-là impuissant à se calmer, suivit ce conseil. Il rapporta qu'il avait eu de la difficulté, au début, à prendre cette habitude qu'il trouvait étrange. Il la lisait en cachette, de peur de passer pour un bigot. Mais maintenant, il sort sa bible partout… Dans le train, en avion… « Là où ça me chante », précise-t-il. Et il la lit pour son plus grand bien. « Je n'ai plus besoin de médicaments », a-t-il déclaré aux autres, au cours d'une réunion ultérieure.

Maintenant qu'il a retrouvé la maîtrise de ses émotions, cet homme est de commerce facile. En fait, ces deux hommes ont compris que la paix spirituelle est à la portée de tous : il suffit d'alimenter son esprit de pensées positives. Inondez votre esprit de paix ; c'est aussi simple que cela.

L'art de la conversation

Il existe d'autres moyens pratiques susceptibles de favoriser l'émergence de la sérénité et du calme. La conversation en est un. Les mots que nous employons et le ton sur lequel nous les prononçons sont déterminants. Notre façon de parler définit notre état d'âme. Pour être en paix, il suffit de parler calmement.

La prochaine fois que vous serez en groupe et que la conversation s'échauffera, essayez d'y glisser des idées apaisantes ; vous sentirez la tension baisser rapidement. Une conversation pessimiste, au petit déjeuner par exemple, donne souvent le ton à toute la journée. Il ne faut pas alors s'étonner de voir la journée se dérouler dans le droit fil des sombres prévisions matinales. Évitez d'influencer négativement les événements et de provoquer une agitation intérieure inutile en vous abstenant de prononcer des paroles négatives et stressantes.

Dès le matin, soyez paisible, heureux et optimiste. Votre journée n'en sera que meilleure. La confiance influence favorablement les événements. Si vous désirez goûter le repos de l'esprit, surveillez donc votre façon de vous exprimer. Il importe d'éliminer toutes les idées négatives, car elles tendent à provoquer l'ennui et le mécontentement. Par exemple, si vous déjeunez avec un groupe de personnes, évitez d'aborder l'actualité de façon négative et pessimiste, sinon vous risquez de créer, chez les gens, une réaction de tristesse ou d'inquiétude qui peut même affecter leur digestion. Les remarques déprimantes colorent le présent, et chacun risque de garder en soi un léger mais non moins réel sentiment d'insatisfaction. Nourrissez plutôt vos conversations d'expressions positives, optimistes et réconfortantes.

Les mots que nous utilisons exercent un effet direct sur nos pensées. Certes, la pensée crée les mots, agents transmetteurs d'idées ; mais les mots influencent également la pensée et aident à modifier, sinon à créer, les attitudes. En fait, la pensée émerge souvent de la parole. Par conséquent, si vous faites attention à la nature des mots que vous utilisez dans vos conversations, celles-ci engendreront spontanément des idées apaisantes.

Le pouvoir du silence

La pratique du silence est un autre moyen de connaître le repos de l'esprit. Tout le monde devrait faire une «cure de silence» de quinze minutes (au minimum) par jour. Isolez-vous dans un endroit paisible, asseyez-vous ou allongez-vous pendant un quart d'heure et cultivez l'art du silence. Ne parlez à personne. N'écrivez pas. Ne lisez pas. Pensez le moins possible. Débrayez intellectuellement. Imaginez que votre esprit est un lac, et cherchez à le rendre aussi lisse qu'un miroir. Ce ne sera pas facile, au début, parce que des pensées vous assailliront; mais vous en viendrez à bout avec de la persévérance. Lorsque vous aurez réussi, soyez à l'écoute de «la voix du silence», souffle profond de beauté, d'harmonie et rempli de la présence divine.

«Du silence émergent les grandes choses», a dit Thomas Carlyle. Malheureusement, nous sommes privés de ce qui aida nos aïeux à former leur caractère: le silence des grandes forêts et des vastes plaines.

Notre agitation intérieure tient probablement, pour une part, au tapage continuel dans lequel nous vivons. Notre système nerveux en souffre. Des expériences scientifiques ont révélé que le bruit, à la maison comme au travail, pendant la veille ou le sommeil, réduit sensiblement l'efficacité. Si habitués que nous soyons à un bruit familier, il n'échappe jamais au subconscient. Les klaxons des autos, les vrombissements des avions et les autres bruits stridents sont enregistrés pendant le sommeil et provoquent des contractions musculaires qui entravent le repos véritable et salutaire.

Le silence, au contraire, est un baume. Starr Daily dit ceci: «Aucun des hommes ou des femmes de ma connaissance, qui pratique régulièrement la cure de silence, n'a jamais été malade, que je sache. Personnellement, j'ai observé que mes petits problèmes ressurgissent quand j'omets de faire des exercices de détente.» Pour Starr Daily, silence et guérison spirituelle sont étroitement associés. La sensation de repos que procure la pratique du silence absolu est un agent thérapeutique très valable.

Avec le rythme trépidant de la vie moderne, la pratique du silence est certainement plus difficile de nos jours que du temps de nos ancêtres. Les bruits de toute nature se sont multipliés, l'horaire quotidien est plus chargé que jamais, les distances sont abolies, et l'on tente maintenant de faire subir le même sort au temps. Les occasions de se promener en forêt, de s'asseoir sur une plage tranquille, de méditer au sommet d'une montagne ou encore sur le pont d'un navire en plein océan se font de plus en plus rares. Mais, quand cela nous arrive, ne manquons pas de graver ces images dans notre mémoire pour pouvoir les faire «revivre» par la suite. En fait, il est parfois plus agréable de se souvenir d'un événement que de le vivre, car l'esprit tend à embellir la réalité, éliminant les détails superflus, parfois déplaisants, pour s'attacher à l'essentiel.

J'écris, par exemple, ces mots sur un balcon d'un des plus beaux hôtels du monde, qui donne sur la plage de Waikiki, à Honolulu. Je contemple un jardin rempli d'hibiscus et de gracieux palmiers qui ondulent sous une brise embaumée. Le parfum des fleurs exotiques monte jusqu'à moi. Sous mes fenêtres, les papayers sont chargés de fruits mûrissants, les acacias sont en fleurs et, partout, les flamboyants mettent leur touche de couleur éclatante.

L'océan d'un bleu profond s'étend à perte de vue. La mer monte paresseusement. Parmi les vagues ourlées d'écume, Hawaïens et touristes se livrent au plaisir du canotage et de l'aquaplane. La scène est enchanteresse. Pour celui qui écrit sur la force qui émerge d'un esprit tranquille, elle est un merveilleux calmant. Les impérieuses responsabilités qui m'incombent habituellement semblent lointaines. La paix de Hawaï m'enveloppe, bien que j'y sois venu pour faire des conférences et écrire le présent ouvrage. Mais il y a mieux. De retour à New York, chez moi, à 8000 km d'ici, je goûterai pleinement et à volonté la joie exquise que procurent ces instants de douceur et de beauté. Ces souvenirs resteront gravés dans ma mémoire, comme un précieux tableau auquel je jetterai un coup d'œil, dans le brouhaha de la vie quotidienne. Je reviendrai souvent, en pensée, à ce paradis lointain pour goûter la paix ressentie à admirer cette plage de Waikiki.

Emplissez votre esprit de scènes paisibles dont vous avez été témoin, puis attachez-vous à y revenir quand le besoin s'en fait sentir. Apprenez à discipliner votre esprit. Il obéit vite, et il sait rendre ce qu'on lui donne. Saturez vos pensées de souvenirs, d'idées et de mots apaisants. Ainsi, vous vous constituerez une puissante réserve de paix dans laquelle vous pourrez puiser pour vous rafraîchir et vous renouveler. Voilà la source d'une grande force.

J'ai un ami qui habite une merveilleuse demeure. Sa salle à manger est décorée d'un immense tableau mural représentant le décor où il a passé son enfance. C'est un panorama de collines ondoyantes et de vallées ensoleillées où courent des ruisseaux murmurants dans leur lit pierreux. Les routes tracent leurs lacets autour de vertes prairies. Çà et là, une petite maison surgit et, dominant l'ensemble, une église blanche se dresse, surmontée d'un clocher.

Mon ami me montra ce paysage, témoin de son enfance, et me dit: «Souvent, je fuis mes soucis pour me retremper dans le passé. Je me vois, par exemple, courant nu-pieds sur ce chemin… Et je sens la poussière entre mes orteils. Dans ce ruisseau, j'ai pêché la truite, en été. Et combien de fois ai-je dévalé la pente de ces collines en hiver?

«Il y a là l'église où j'accompagnais mes parents, le dimanche. J'y ai entendu plus d'un sermon interminable, dit mon hôte en souriant. Mais je me rappelle avec reconnaissance la gentillesse des gens et la sincérité qui illuminait leur vie. Je me vois assis dans la nef avec mes parents et j'entends les hymnes que les fidèles chantaient avec ferveur. Mes parents reposent depuis longtemps dans ce petit cimetière, blotti contre l'église. Je leur fais de fréquentes visites en imagination et, debout devant leurs tombes, je les écoute comme autrefois. Quand je suis las et nerveux, j'éprouve un grand bien-être à méditer ici, à revenir aux jours bénis de ma jeunesse et de mon innocence. Ces retours en arrière sont bénéfiques et générateurs de paix.»

Une salle à manger ornée de telle manière n'est pas à la portée de tous, soit. Mais, pour tapisser les murs de votre esprit, prenez les plus beaux tableaux qu'il vous ait été donné de contempler et, si occupé que vous puissiez être, visitez fréquemment cette galerie de souvenirs et retrempez-vous dans les pensées qu'ils évoquent. Cette méthode, facile à suivre, a aidé bon nombre de personnes et pourra vous aider, à votre tour. Je ne saurais trop vous la conseiller.

Se débarrasser de la culpabilité

J'ai découvert un obstacle important à la sérénité. J'ai souvent constaté que les gens anxieux souffrent d'un sentiment de culpabilité et s'infligent, même à leur insu, des punitions. Bien qu'ils aient imploré le pardon divin – et que Dieu le leur ait sûrement accordé, car Il l'accorde toujours à ceux qui le lui demandent sincèrement —, ils ne se sont pas pardonné à eux-mêmes.

Persuadés de mériter un châtiment, ils l'attendent toujours. Ainsi vivent-ils dans l'appréhension perpétuelle. Pour trouver la paix, dans ces conditions, il ne leur reste qu'un dérivatif : se tuer au travail. Un médecin m'a déjà dit que bon nombre de ses patients, affligés de dépression nerveuse, souffraient d'un sentiment de culpabilité qu'ils avaient inconsciemment essayé de combattre par le surmenage. « Naturellement, le patient n'attribue ses maux qu'à un excès de travail, sans remonter à la source, ajouta le docteur. Mais s'il s'était d'abord débarrassé du sentiment de culpabilité qui le hantait, il n'aurait pas abusé de ses forces pour oublier. » Dans ces cas-là, le repos de l'esprit peut seulement s'acquérir en offrant sa faute, et la tension qui en résulte, au Christ qui, lui, a le pouvoir de pardonner et de guérir.

Au cours d'une retraite de quelques jours, dans un hôtel où je m'étais retiré pour écrire tranquillement, je rencontrai un homme d'affaires new-yorkais que je connaissais vaguement. Il était allongé au soleil et il m'invita à prendre place à ses côtés.

« Je me réjouis de voir que vous vous reposez dans ce coin enchanteur, dis-je.

— Franchement, je me demande ce que je suis venu faire ici alors que j'ai tant de travail à abattre, répondit-il nerveusement. Mais la machine s'est emballée. J'en ai perdu le contrôle : je ne dors plus, et ma femme a fortement insisté pour que je prenne huit jours de repos ici… Les médecins déclarent que tout le mal est dans ma tête. " Pensez moins, détendez-vous ", me disent-ils. Mais comment y arriver ? Docteur, continua-t-il avec un regard pitoyable, je donnerais tout au monde pour connaître le calme de l'esprit. C'est mon plus cher désir. »

Nous bavardâmes un moment et, au fil de la conversation, il m'avoua qu'il vivait, depuis des années, dans un état d'appréhension perpétuelle, persuadé qu'un malheur menaçait sa femme, ses enfants, son foyer… Bref, il vivait constamment sur le qui-vive.

Son cas était facile à analyser. Son angoisse avait une double origine. D'une part, sa mère, une femme qui s'inquiétait à propos de tout et de rien, lui avait communiqué, dès l'enfance, un vif sentiment d'anxiété. Et, d'autre part, il avait commis des fautes pour lesquelles son subconscient réclamait un châtiment. Il en résultait qu'il ressentait maintenant une angoisse aiguë.

À la fin de notre entretien, je restai debout près de lui et jetai un coup d'œil sur la terrasse. Comme il n'y avait personne à proximité, je suggérai, avec une certaine hésitation : « Voulez-vous que nous priions ensemble ? »

Il accepta d'un signe de tête ; je posai la main sur son épaule et m'adressai au Fils de Dieu : « Seigneur, dis-je, comme Vous avez guéri et accordé la paix à plusieurs personnes pendant Votre séjour sur terre, guérissez cet homme. Accordez-lui Votre pardon. Aidez-le à se pardonner lui-même. Déchargez-le de toutes ses fautes et faites-lui savoir que Vous ne les retenez pas contre lui. Délivrez-le de ses péchés. Puis permettez à Votre paix de descendre en lui. »

Il me regarda avec une expression singulière, puis se détourna pour me cacher les larmes qui lui étaient montées aux yeux. Nous étions un peu gênés, l'un et l'autre ; aussi je m'éloignai. Je ne le revis que l'année suivante.

« Il s'est passé quelque chose en moi, là-bas, quand vous avez prié pour moi, me dit-il. Une paix étrange m'a pénétré et… m'a guéri. »

Maintenant, il va régulièrement à l'église et lit la Bible tous les jours de sa vie. Il suit les lois divines et reçoit toute la force dont il a besoin. C'est un homme dynamique, bien portant et heureux, car la paix règne dans son cœur et dans son esprit.

CHAPITRE 3
Comment disposer d'une énergie constante

Un joueur de base-ball professionnel avait déjà joué une partie sous une température de plus de 33 °C, ce qui lui avait fait perdre plusieurs kilos et même, à un moment donné, toute son énergie ; mais il avait une méthode à lui pour récupérer ses forces. Il se répétait tout simplement un passage de l'Ancien Testament : « Mais ceux qui espèrent en l'Éternel renouvellent [leur] force ; ils prennent leur vol comme les aigles ; ils courent et ne se lassent pas ; ils marchent et ne se fatiguent pas. » (Ésaïe 40,31)

Frank Hiller, le lanceur en question, m'a raconté que le fait de réciter ce verset, sur le monticule, lui donnait une force nouvelle qui lui permettait de terminer la partie avec de l'énergie à revendre. Il expliquait cela en disant : « Je me suis répété une pensée productrice d'énergie. »

Ce que nous croyons ressentir a un effet certain sur la façon dont nous nous sentons réellement. Si vous vous dites fatigué, le corps, les nerfs et les muscles acceptent ce fait. Si votre esprit est stimulé, vous pouvez maintenir indéfiniment un état d'activité intense. La religion alimente la pensée ; c'est, en fait, une discipline de l'esprit. Fournir à l'esprit un élan plein de foi augmente l'énergie intérieure. Si vous avez en main tous les éléments pour y parvenir, la foi vous aidera à réaliser une quantité incroyable d'activités.

Un ami, un homme énergique, plein de vigueur et de vitalité, me disait qu'il allait régulièrement à l'église pour « recharger ses batteries ». Son idée est excellente. Car Dieu est source de toute énergie – l'énergie de l'univers, l'énergie atomique, électrique et spirituelle ; en fait, toute forme d'énergie vient du Créateur. La Bible insiste sur ce point : « Il donne de la force à celui qui est fatigué et Il augmente la vigueur de celui qui est à bout de ressources. » (Ésaïe 40,29)

Un autre passage de la Bible décrit ce processus énergisant : «... car en Lui nous avons la vie [la vitalité], le mouvement [l'énergie] et l'être [complet]...» (Actes 17,28)

Le contact avec Dieu nous procure cette force dynamique qui recrée le monde et ramène le printemps chaque année. Lorsque nous sommes en contact spirituel avec Dieu, par la réflexion, l'énergie divine nous traverse et nous pénètre, renouvelant du même coup l'acte créateur originel. Lorsque ce contact est rompu, la personnalité de l'individu s'atrophie à tous les niveaux, corporel, spirituel et intellectuel. Une fois branchée, l'horloge électrique ne s'arrête pas et fonctionne indéfiniment pour donner l'heure exacte. Si vous la débranchez, elle s'arrête parce qu'elle a perdu contact avec la force de l'univers. En général, ce même processus se retrouve chez l'homme mais sous une forme moins mécanique.

J'assistais, il y a quelques années, à une causerie où le conférencier affirmait n'avoir connu aucune fatigue depuis plus de trente ans. Il expliquait avoir vécu un jour une expérience spirituelle au cours de laquelle il s'était complètement abandonné, et où il avait établi un contact avec la puissance divine. Depuis lors, il possédait assez d'énergie pour abattre son travail et assumer toutes ses activités, pourtant phénoménales. À le voir agir, chacun pouvait en convenir et en était impressionné.

Ce fut pour moi une révélation de voir que notre propre conscience contient un réservoir intarissable d'énergie où nous pouvons puiser toute celle dont nous avons besoin. Pendant des années, j'ai étudié et expérimenté ces idées, présentées par lui et par d'autres, et je reste convaincu que, développés scientifiquement, les principes du christianisme créent un courant ininterrompu d'énergie destinée à alimenter l'esprit et le corps.

J'ai pu corroborer ces faits au cours d'une conversation avec un éminent médecin. Nous discutions d'une connaissance commune, un homme qui, à cause de ses vastes responsabilités, travaille sans interruption du matin au soir et semble toujours prêt à assumer de nouvelles obligations. Il a en plus le don de faire son travail avec facilité et efficacité.

J'espérais, disais-je au médecin, que cet homme ne fût pas guetté, tôt ou tard, par une dépression nerveuse. Mais le médecin me rassura : «Non, dit-il, je ne le crois pas. Il n'y a aucun danger, parce que c'est une personne très bien organisée et qui ne s'essouffle jamais. Il fonctionne comme une machine parfaitement réglée ; il prend les choses positivement et accomplit ses tâches sans effort. Il ne perd jamais une seule once d'énergie, et travaille avec le maximum d'efficacité.

— Comment expliquez-vous cette efficacité, cette énergie illimitée ? » demandai-je.

Le médecin réfléchit un instant et répondit : « C'est un être normal, bien équilibré au point de vue émotionnel et, ce qui est encore plus important, profondément religieux. Sa religion constitue un mécanisme efficace et utile qui l'empêche de gaspiller son énergie. Ce n'est pas le travail qui exige de l'énergie, ce sont les bouleversements émotionnels, et cet homme en est totalement libéré. »

L'harmonie intérieure

De plus en plus de gens se rendent compte qu'avoir une vie spirituelle saine est important pour profiter au maximum de son énergie vitale et de sa personnalité.

Le corps est conçu pour produire tout au long de notre existence l'énergie nécessaire pour vivre de la façon la plus idéale possible. Si l'on s'occupe correctement de soi, si l'on a un régime équilibré, un sommeil suffisant, si l'on fait de l'exercice et si l'on évite les abus, l'organisme produira et conservera une énergie puissante et constante sans altérer la santé. Si l'on sait accorder la même attention à sa vie émotionnelle, il en ira de même. Mais si on laisse les réactions émotionnelles, innées ou non, affaiblir cette énergie, un manque de vitalité se fera sentir inévitablement. Lorsque le corps, l'esprit et l'âme fonctionnent de façon harmonieuse, l'individu parvient à vivifier continuellement l'énergie dont il a besoin.

Mᵐᵉ Thomas A. Edison, avec qui j'ai souvent discuté des habitudes de son célèbre mari, le plus grand des inventeurs, m'a révélé que ce dernier avait l'habitude, lorsqu'il rentrait à la maison après une grosse journée de travail au laboratoire, de s'étendre sur son vieux divan. Parfaitement détendu, il tombait alors dans un sommeil calme et profond.

Après trois ou quatre heures, quelquefois cinq, de sommeil profond, il se réveillait parfaitement reposé et prêt à retourner au travail.

En réponse à ma question, Mme Edison tenta d'analyser cette capacité qu'avait son mari de se reposer de façon aussi naturelle et satisfaisante. «C'est un homme de la nature», dit-elle. Elle voulait dire par là qu'il était en harmonie totale avec la nature et avec Dieu. Il n'avait ni obsession, ni conflit, ni excentricité, ni instabilité émotionnelle. Il travaillait jusqu'à ce qu'il s'endorme, puis il dormait profondément, se réveillait et reprenait le travail. Il a vécu longtemps et fut, sous bien des aspects, l'esprit le plus créatif du continent américain. Son énergie lui venait du contrôle qu'il avait de lui-même et de sa capacité de se détendre complètement. Son étonnante harmonie avec l'univers lui a permis de découvrir les secrets insondables de la nature.

Tous les grands personnages que j'ai rencontrés, et j'en ai connu beaucoup, tous ceux qui ont manifesté une prodigieuse capacité de travail, étaient en harmonie avec l'Infini. Tous semblaient en bons termes avec la nature et en contact avec l'énergie divine. Ils n'étaient pas nécessairement pieux, mais tous étaient extraordinairement bien équilibrés, tant du point de vue émotionnel que psychologique. Ce sont des sentiments comme la peur, le ressentiment, la culpabilité, les conflits intérieurs et les obsessions qui brisent cet équilibre fragile de la nature et provoquent un gaspillage des forces naturelles.

Plus je vieillis, plus je crois que ni l'âge ni les circonstances ne devraient nous priver de notre énergie et de notre vitalité. Nous nous éveillons finalement au lien étroit qui existe entre la religion et la santé. Nous commençons à comprendre une vérité fondamentale négligée jusqu'à maintenant: notre état physique dépend en très grande partie de notre état émotionnel, et notre vie émotionnelle est profondément régie par nos pensées.

Toute la Bible nous parle de vitalité, de force et de vie. Le mot suprême c'est la vie, et la vie signifie vitalité, vitalité à combler d'énergie. Jésus a donné l'expression clé: «... Moi, je suis venu afin que les brebis aient la vie et qu'elles l'aient en abondance.» (Jean 10,10) Ce qui n'empêche ni la douleur, ni la souffrance, ni les difficultés, mais cela implique clairement que, si l'on applique les principes de création et de recréation du christianisme, on peut vivre avec beaucoup d'énergie en soi.

La mise en pratique de ces principes permet d'adopter un rythme de vie satisfaisant. Trop souvent nous détruisons notre énergie parce que nous vivons à un rythme anormalement rapide. Pour sauvegarder notre énergie nous devons accorder notre pas à celui de Dieu. Dieu étant en nous, si nos rythmes ne concordent pas, nous nous déchirons et nous écartelons. «Même si les moulins de Dieu travaillent lentement, ils broient extrêmement petit.» La plupart de nos moulins à nous travaillent très vite mais broient mal. En marchant au même pas que Dieu, nous adoptons une démarche adaptée à nous et l'énergie circule du coup librement et harmonieusement en nous.

Notre mode de vie a sur nous des effets désastreux. L'un de mes amis me répétait l'observation de son père, qui se rappelait le temps où un jeune homme courtisait une demoiselle en passant la soirée au salon avec elle. Le temps était alors mesuré par le balancier régulier de l'horloge qui semblait dire: «On - a - le - temps. On - a - le - temps. On - a - le - temps.» Or, les horloges modernes semblent dire: «C'est le temps d'y aller! C'est le temps d'y aller! C'est le temps d'y aller! C'est le temps d'y aller!»

Au-delà de la fatigue

Tout va de plus en plus vite, et c'est pourquoi beaucoup de gens sont fatigués. Pour contrer cela, il faut s'adapter au rythme du Tout-Puissant. Et une façon d'y arriver est de sortir par une belle journée d'été, de s'étendre par terre et de coller son oreille sur le sol pour écouter. Vous entendrez alors toutes sortes de bruits: le bruit du vent dans les arbres et le murmure des insectes; et vous découvrirez que tous ces sons font partie d'une même respiration régulière. Vous ne pouvez saisir ces rythmes dans l'effervescence des villes, parce qu'ils sont perdus dans toute une cacophonie. Dans une église, vous pouvez cependant entendre la Parole de Dieu et les grands hymnes, car dans une église, la Vérité vibre au rythme de Dieu; mais vous pouvez tout aussi bien la découvrir dans une usine si vous décidez vraiment de la percevoir.

Un de mes amis, industriel, me racontait que, dans son usine, les travailleurs les plus efficaces étaient ceux qui arrivaient à adopter le rythme de la machine sur laquelle ils travaillaient. Si un ouvrier est en harmonie avec le rythme de sa machine, il atteint sans fatigue la fin de la journée. Mon ami me faisait observer que la machine est un assemblage de pièces conforme à la loi de Dieu. Lorsque vous aimez une machine et la connaissez, vous apprenez qu'elle a un pouls qui ne fait qu'un avec celui du corps, des nerfs et de l'âme. Si vous êtes en harmonie avec la machine, c'est-à-dire accordé au rythme de Dieu, vous pouvez travailler sans jamais vous fatiguer. La cuisinière, la machine à écrire, le bureau, l'automobile et le travail, tout a un rythme. Ainsi, pour éviter la fatigue et conserver votre énergie, vous devez vivre au pas du Tout-Puissant et de son œuvre.

Pour y arriver, vous devez d'abord vous détendre physiquement, puis amener votre esprit à se détendre aussi. Pour cela, représentez-vous votre âme en train de se décontracter et priez : « Dieu, Tu es la source de toute énergie. Tu es la source de l'énergie solaire et atomique, de la chair, du sang et de l'esprit. Par cette prière, je tire mon énergie de Toi, comme d'une source inépuisable. » Exercez-vous ensuite à croire que vous recevez cette énergie. Restez en harmonie avec l'Infini.

Bien sûr, beaucoup sont fatigués parce que rien ne les intéresse. Rien ne les touche. Leurs petits intérêts personnels passent avant tout. Une seule chose les préoccupe : leurs petits problèmes, leurs désirs et leurs haines. Ils s'épuisent à ressasser leurs tourments au point de devenir malades. La meilleure façon de ne pas être fatigué est de s'oublier dans une activité à laquelle on croit profondément.

J'ai déjà rencontré un homme d'État qui faisait plusieurs discours par jour avec une énergie sans bornes.

« Comment se fait-il qu'après sept discours de suite vous ne soyez toujours pas fatigué ? lui demandai-je.

— Parce que, dit-il, je suis vraiment convaincu de tout ce que je dis. Et cette conviction m'enthousiasme. »

Voilà le secret. Il avait le feu sacré. Il se donnait et, ce faisant, conservait toute sa vitalité et son énergie. Vous ne perdez votre énergie que lorsque la vie devient sans intérêt pour vous. Vous commencez alors à vous ennuyer et à vous sentir amorphe et apathique. Vous n'avez pas à être las. Intéressez-vous à quelque chose, engagez-vous dans une activité qui vous enthousiasme et sortez de vous-même. Soyez quelqu'un ;

agissez. Ne restez pas assis à broyer du noir, à lire des papiers et à dire : « Pourquoi ne font-ils pas quelque chose pour ça ? » Celui qui fait quelque chose, celui qui agit n'est jamais fatigué. Si vous ne vous engagez pas dans des causes justes, il est normal que vous soyez las. Vous vous désintégrez, vous vous détériorez, vous mourez avant même d'avoir vécu. Plus vous vous donnerez dans une activité importante, plus vous aurez d'énergie. Vous n'aurez pas le temps de penser à vous et de vous embourber dans vos problèmes émotionnels.

Le renouvellement de l'énergie

Pour vivre avec une énergie constante, il est nécessaire de corriger ses erreurs émotionnelles.

Knute Rockne, entraîneur de football connu, disait qu'un joueur ne pouvait fournir l'énergie suffisante pour jouer à moins que ses émotions ne soient complètement maîtrisées. En fait, il allait même jusqu'à dire qu'il n'accepterait pas, dans son équipe, un joueur qui n'ait un sentiment de camaraderie réel avec ses coéquipiers. « Je dois obtenir le maximum de chacun de mes hommes, disait-il, et j'ai découvert que c'est impossible si l'un déteste l'autre. La haine bloque l'énergie. » Les gens qui manquent d'énergie sont en quelque sorte déséquilibrés par leurs conflits intérieurs, émotifs et psychologiques. Quelquefois, les résultats de cette désorganisation sont extrêmes, mais on peut toujours y remédier.

On me demanda un jour de parler à un homme qui avait déjà joué un rôle très actif dans sa communauté et qui avait perdu beaucoup de sa vitalité. Ses associés croyaient qu'il avait subi une hémorragie cérébrale parce qu'il se déplaçait difficilement ; il était particulièrement léthargique et complètement détaché des activités qui, auparavant, prenaient une grande partie de son temps. Heure après heure, il restait assis sur sa chaise, découragé, et souvent se mettait à pleurer. Il donnait tous les signes d'une dépression nerveuse.

Je m'arrangeai pour le rencontrer dans ma chambre d'hôtel. La porte étant entrouverte, je voyais très bien l'ascenseur et regardai par hasard dans cette direction lorsque la porte s'ouvrit pour laisser passer un homme à la démarche traînante et vacillante. Je l'invitai à s'asseoir et engageai la conversation. Ce fut plutôt ennuyeux parce qu'il se plaignait sans cesse de son état et qu'il était incapable de se concentrer pour répondre à mes questions. Tout cela révélait une forme de délectation morose.

Lorsque je lui demandai s'il aimerait être à nouveau bien dans sa peau, il me regarda de façon intense et pathétique. Sa réponse révéla tout son désespoir : il donnerait n'importe quoi pour récupérer l'énergie et l'intérêt qu'il avait autrefois dans la vie.

Je commençai à écouter le récit de son existence. Quantité de détails, très intimes, étaient enfouis dans sa conscience ; il les libéra avec beaucoup de difficulté, évoquant de vieilles peurs enfantines liées, pour la plupart, à sa mère. Un sentiment de culpabilité se manifesta à plusieurs reprises. Tous ces sentiments négatifs s'étaient accumulés comme le sable sur le lit d'une rivière. Le flot de son énergie s'était graduellement affaibli pour ne laisser finalement passer qu'un mince filet d'énergie. Son esprit était si fermé que tout raisonnement et tout enrichissement intellectuel semblaient désormais impossibles.

Je demandai conseil à Dieu et, à ma grande surprise, me retrouvai à ses côtés, ma main posée sur sa tête. Je priai Dieu et Lui demandai de guérir cet homme. Je me rendis soudainement compte qu'une espèce d'énergie passait à travers ma main posée sur sa tête. Je me hâte d'ajouter que je n'ai aucun don de guérisseur, mais il arrive qu'un être humain serve de canal, et c'est évidemment ce qui se passa, parce que l'homme me regarda avec une expression de bonheur total et de paix, puis me dit simplement : « Il était ici. Il m'a touché. Je me sens complètement différent. »

Dès lors son état ne cessa de s'améliorer, et avec une plus grande confiance en lui, une plus grande sérénité et une certaine paix, il redevint l'homme qu'il avait toujours été. Il semblait que le canal qui avait bloqué le passage d'énergie s'était soudain ouvert par un acte de foi et que l'énergie circulait de nouveau librement.

Ces faits indiquent que de telles guérisons se produisent réellement, et qu'une accumulation de traumatismes psychologiques peut endiguer le flot énergétique. Cette anecdote révèle que ces mêmes facteurs peuvent se désintégrer sous la force de la foi et rouvrir le canal de l'énergie divine présente dans tout individu.

Les effets de la culpabilisation et de la crainte sur un individu sont bien connus des thérapeutes. La quantité de force vitale requise pour se libérer de ces sentiments néfastes est trop importante ; il ne reste donc à la fin qu'une infime fraction d'énergie pour vivre. Et cette demande en énergie est telle que la personne n'en a plus pour son travail ; elle se fatigue donc très vite et ne peut répondre aux exigences de ses fonctions. Elle se renferme alors en elle-même, devient apathique, morose, indifférente et même prête à tout abandonner, puis tombe dans un état de faiblesse.

Un psychiatre m'envoya un jour un homme d'affaires qui le consultait depuis un certain temps. Ce dernier, généralement considéré comme un être strict et droit, avait une aventure avec une femme mariée. Il avait tenté de rompre, mais avait beaucoup de mal à convaincre sa partenaire, même s'il avait invoqué le désir de se conformer à ses principes de respectabilité.

Elle l'avait menacé de mettre son mari au courant de cette aventure s'il insistait pour interrompre leur relation. Citoyen connu et apprécié au sein de sa communauté, il savait qu'une fois le mari au courant sa situation deviendrait précaire.

Cette crainte d'être dénoncé, jumelée à un sentiment de culpabilité, lui avait fait perdre le sommeil et le repos. Et comme cela durait déjà depuis deux ou trois mois, il était dans un état de fatigue extrême, privé de l'énergie nécessaire pour faire son travail efficacement, de sorte que certaines tâches restaient en suspens ; la situation s'aggravait de jour en jour.

Lorsque le psychiatre lui suggéra de me rencontrer, moi, homme du clergé, pour essayer de régler ce problème d'insomnie, il rétorqua qu'un ministre protestant ne pourrait jamais soigner un problème purement physiologique et qu'il lui fallait plutôt rencontrer un médecin qui lui fournirait les médicaments nécessaires.

Lorsqu'il me raconta cela, je lui demandai tout simplement comment il pouvait s'attendre à dormir alors qu'il avait deux compagnons de vie aussi importuns et désagréables à ses côtés.

« Des compagnons de vie ? dit-il, surpris. Je n'ai aucun compagnon de vie.

— Eh que oui, lui répondis-je. Et personne au monde ne pourrait dormir avec ces deux-là à ses côtés.

— Que voulez-vous dire ? demanda-t-il.

— Vous essayez chaque nuit de dormir entre la crainte d'un côté et la culpabilité de l'autre. Vous menez une bataille perdue d'avance. Quelle que soit la quantité de somnifères que vous preniez, et vous admettez en avoir pris beaucoup, je suis certain qu'ils n'ont aucun effet. Ils sont inefficaces parce qu'ils ne peuvent atteindre les causes réelles et profondes de votre manque de sommeil. Vous devez éliminer crainte et culpabilité avant de pouvoir arriver à dormir et retrouver vos forces.»

Nous avons commencé par aborder très simplement le problème de la crainte liée à la dénonciation, en envisageant toutes les éventualités, bonnes ou mauvaises, résultant de l'inéluctable rupture. Je lui assurai que tout ce qu'il ferait serait pour le mieux. On ne se trompe jamais lorsqu'on fait ce qu'il faut faire. Je le pressai de remettre tout cela entre les mains de Dieu et de faire simplement ce qu'il lui semblait devoir faire, puis de laisser Dieu décider.

C'est ce qu'il fit, non sans inquiétude, mais avec une grande sincérité. Soit perspicacité, soit effet de sa bonté naturelle, soit tout simplement transfert de son affection sur quelqu'un d'autre, la femme n'insista pas.

Le sentiment de culpabilité de cet homme se dissipa grâce à la clémence de Dieu. Lorsqu'on demande sincèrement pardon, on l'obtient toujours. Notre patient y trouva réconfort et soulagement. Il était fascinant de voir comment, une fois dégagé de ce double fardeau, il redevenait lui-même, arrivait à dormir ; il avait retrouvé la paix, ses forces, son énergie. C'était maintenant un homme plus sage et reconnaissant. Il fut de nouveau capable d'exercer ses tâches habituelles.

Forces vitales et contrôle de soi

Il n'est pas rare de voir ceux qui perdent leur énergie finir par devenir ternes et fades. Les tensions, la monotonie et les responsabilités continuelles étouffent l'initiative et l'enthousiasme qui permettent à une personne de réussir dans son travail. Comme un athlète peut être surentraîné, on peut connaître des périodes où on manque d'inspiration et d'enthousiasme. Lorsqu'on est dans cet état d'esprit, il faut encore plus d'énergie pour faire face aux difficultés. Les forces vitales sont alors mises à profit pour fournir l'énergie requise et on en arrive souvent à perdre le contrôle de soi-même et de son énergie.

Un homme d'affaires, président du conseil d'administration d'une université, a quant à lui trouvé un remède à cet état d'esprit. L'un de ses professeurs, autrefois exceptionnel et particulièrement populaire auprès des jeunes, commençait à perdre son brio d'enseignant et intéressait de moins en moins ses étudiants. Comme ces derniers, les administrateurs pensaient qu'il devait soit recouvrer ses capacités d'antan, soit être remplacé. Ils hésitaient toutefois à opter pour cette dernière solution parce qu'il lui restait quand même plusieurs années avant la retraite.

L'homme d'affaires rencontra le professeur pour lui annoncer que le conseil d'administration lui offrait un congé avec solde de six mois à une seule condition : qu'il parte se reposer et fasse tout ce qu'il fallait pour recouvrer ses forces et son énergie.

L'homme d'affaires l'invita à utiliser un chalet qu'il possédait en plein bois et lui fit la curieuse suggestion de n'apporter aucun livre avec lui, sauf la Bible. Il lui conseilla un programme quotidien de promenades, de pêche et de jardinage, lui suggéra de lire la Bible tous les jours, de façon à avoir le temps de la lire trois fois pendant ces six mois. Il lui conseilla en outre de mémoriser autant de passages que possible pour imprégner son esprit des paroles et des idées contenues dans le Livre saint.

L'homme d'affaires lui dit : «Je crois que si vous passez six mois en plein air à couper du bois, à creuser la terre, à lire la Bible et à pêcher dans le lac, vous deviendrez un homme nouveau.»

Le professeur accepta cette proposition saugrenue. Il s'adapta à un mode de vie aussi radical avec plus de facilité que lui ou les autres ne l'auraient cru. En fait, il était surpris de voir à quel point il aimait cette vie. Une fois habitué à la vie active en plein air, il découvrit qu'il avait pour elle une grande attirance. Ses collègues de travail vinrent à lui manquer et, par la suite, la lecture aussi ; il dut donc se rabattre sur la Bible, son seul livre, et s'en imprégna complètement. Il fut surpris de trouver «toute une bibliothèque à l'intérieur du même livre» où il découvrit la foi, la paix et l'énergie. En six mois, il était devenu un homme nouveau.

L'homme d'affaires me dit aujourd'hui que ce professeur fait maintenant preuve d'une «énergie foudroyante». Son indifférence à enseigner a disparu ; son énergie de jadis est revenue ; le pouvoir de vivre et l'intérêt qu'il porte à la vie sont réapparus, renouvelés.

CHAPITRE 4

Le pouvoir de la prière

Dans un bureau, au sommet d'un gratte-ciel, deux hommes discutaient sérieusement, loin de la rumeur de la rue. L'un deux, en crise personnelle et aux prises avec de graves problèmes professionnels, était venu voir l'autre qui avait la réputation de savoir écouter et d'aider ses semblables. Le premier, qui marchait nerveusement de long en large, s'effondra soudain, la tête entre les mains, en proie au désespoir. Ils avaient tous deux examiné la situation sous toutes les coutures, sans résultat aucun, ce qui avait accentué le découragement de l'homme en crise. « Aucune puissance au monde ne pourra jamais me sauver ! » soupira ce dernier.

L'autre réfléchit un moment, puis lança, un peu embarrassé : « Je n'envisage pas les choses de la même façon que toi ; je crois que tu as tort de penser qu'aucune puissance ne peut te venir en aide. Je suis convaincu qu'il y a une solution à tous les problèmes et qu'il existe, au contraire, une puissance qui peut te secourir. » Puis il ajouta doucement : « Pourquoi ne ferais-tu pas l'essai du pouvoir de la prière ? »

Quelque peu surpris, l'homme découragé répondit : « Bien sûr que je crois en la prière, mais je ne sais peut-être pas très bien comment m'y prendre. Je n'ai jamais abordé les choses sous cet angle, mais je veux bien essayer, si tu acceptes de me montrer comment faire. »

Après avoir, pendant quelque temps, mis en pratique de simples techniques de prière, les réponses à ses problèmes lui furent révélées. Tout rentra dans l'ordre, non sans mal cependant. Pour tout dire, il dut faire face à de sérieuses difficultés, mais il parvint néanmoins au bout de ses peines. Il a maintenant une telle confiance dans le pouvoir de la prière qu'il m'est récemment arrivé de l'entendre dire : « La prière peut résoudre tous les problèmes, *et de la meilleure façon.* »

Les professionnels de la santé ont souvent recours à la prière quand ils soignent leurs patients. L'absence d'harmonie intérieure se manifeste souvent par une incapacité d'agir, par des tensions et d'autres manifestations similaires. Il est remarquable de constater jusqu'à quel point la prière peut rétablir le fonctionnement harmonieux du corps et de l'âme. Un physiothérapeute de mes amis confia à un homme nerveux qu'il était en train de masser : « C'est Dieu qui se manifeste dans mes doigts, alors que j'essaie de détendre votre corps, qui est le temple de votre âme. Pendant que je travaille sur votre être extérieur, vous devez prier pour que Dieu vous détende intérieurement. » Pour le patient, l'idée était nouvelle ; comme il était d'humeur réceptive, il se laissa aller à des pensées de paix et fut surpris de la détente ainsi obtenue.

Ce physiothérapeute est propriétaire d'une salle d'exercice physique fréquentée par des gens connus ; il croit en la thérapie de la prière et il s'en sert. Il a été champion de boxe, camionneur, puis chauffeur de taxi, avant d'ouvrir son centre de conditionnement physique. Il raconte que, pendant qu'il repère les faiblesses physiques de ses clients, il recherche aussi leur faiblesse spirituelle, car, dit-il, « la santé spirituelle est essentielle à l'acquisition de la santé physique ».

Un jour, un acteur célèbre assis à son bureau remarqua une petite affiche sur laquelle figuraient les lettres L P S D D P P L O A D R P. Un peu intrigué, il en demanda la signification à mon ami. Ce dernier sourit, puis répondit : « La Prière Sincère Dégage Des Pouvoirs Par Lesquels On Atteint Des Résultats Positifs. »

Surpris, l'acteur répondit : « Je n'aurais jamais cru entendre quelque chose de semblable dans un endroit pareil. »

Le patron poursuivit : « Je me sers de cette méthode pour susciter la curiosité des gens qui me demandent invariablement la signification de ces lettres. Je profite alors de l'occasion pour leur dire que la prière, si elle est bien faite, porte toujours fruit. » Cet homme croit, d'ailleurs, que la prière est tout aussi importante, sinon plus, que l'exercice physique, les saunas et les massages. C'est, pour lui, une phase vitale du processus de libération des forces intérieures.

La force de la prière

De nos jours, les gens prient davantage, car ils ont découvert que la prière augmente l'efficacité dans tous les domaines. Elle permet d'aller puiser des forces autrement inaccessibles, puis d'y avoir recours par la suite. Un grand psychologue disait : « La prière est la plus grande force à laquelle chacun peut faire appel pour résoudre ses problèmes personnels. Sa puissance me stupéfie ! »

Le pouvoir de la prière est une manifestation d'énergie. De la même façon qu'il existe des techniques scientifiques donnant accès à l'énergie atomique, d'autres techniques, tout aussi scientifiques, comme la prière, permettent de libérer l'énergie spirituelle. Et les manifestations de cette force tranquille sont évidentes.

Il semble même que la prière ait le pouvoir de ralentir le processus de vieillissement et d'atténuer considérablement les infirmités et l'affaiblissement physiques. L'âge n'entraîne pas forcément une perte de l'énergie vitale, de la force intérieure ou physique, du dynamisme. L'esprit ne s'atrophie pas forcément au cours des ans et avec l'âge. La prière a un pouvoir régénérateur indéniable. Si vous la laissez envahir votre subconscient, siège des forces qui déterminent la justesse de vos actes, vous serez guidé dans la solution de vos problèmes. La prière a le pouvoir de susciter des réactions justes et saines. Profondément ancrée dans l'inconscient, elle vous fera renaître, libérera l'énergie présente en vous pour la laisser circuler librement.

Si vous n'avez pas encore fait l'expérience de ce pouvoir, c'est que vous avez peut-être besoin d'acquérir de nouvelles techniques de prière. Il n'est pas mauvais d'envisager la prière sous l'angle de l'efficacité. On met habituellement l'accent sur son aspect religieux, mais ces deux points de vue ne sont pas incompatibles. La pratique spirituelle scientifique exclut les procédés stéréotypés, tout comme c'est généralement le cas en science. Si vous avez toujours prié d'une manière qui vous a été profitable, peut-être pouvez-vous prier d'une autre façon, tout aussi efficace, en variant le modèle de vos prières et en les formulant autrement. Essayez de faire toujours mieux en adoptant et en améliorant de nouvelles techniques !

N'oubliez pas que la prière est la plus grande force mise à votre disposition aujourd'hui, dans le monde même où vous vivez. Vous n'auriez certainement pas recours à un vieux fanal pour vous éclairer. Une lampe halogène ferait mieux votre affaire, si vous aviez le choix. De la même manière, il est recommandé d'expérimenter le pouvoir de la prière en recourant à des méthodes qui ont fait leurs preuves, et qui ont été mises au point par des femmes et des hommes habités d'une grande force spirituelle. Si ces lignes vous semblent étrangement scientifiques ou ont un ton nouveau, souvenez-vous que le secret de la prière réside dans la découverte du procédé qui réussira le mieux à ouvrir humblement votre esprit à Dieu. Toute méthode qui parviendra à faire circuler la puissance de Dieu en vous est grandement recommandée.

Une illustration de l'utilisation scientifique de la prière m'est parvenue à travers l'expérience vécue par deux célèbres industriels dont plusieurs lecteurs reconnaîtraient les noms s'il m'était permis de les mentionner ; ces deux hommes participaient à une conférence portant sur des questions financières et techniques. On aurait pu croire qu'ils aborderaient de telles questions d'un point de vue strictement technique, ce qu'ils firent d'ailleurs en partie. Mais ils y ajoutèrent aussi la prière. Ils n'obtinrent cependant pas le succès escompté. Aussi invitèrent-ils un prédicateur rural à se joindre à eux. Leur raisonnement, assez simple, se fondait sur deux formules bibliques : « Car là où deux ou trois sont assemblés en mon nom, je suis au milieu d'eux. » (Matthieu 18,20) et : « Je vous dis encore que, si deux d'entre vous s'accordent sur la Terre pour demander quoi que ce soit, cela leur sera donné par mon Père qui est dans les cieux. » (Matthieu 18,19)

Ayant reçu une formation scientifique, ils tenaient pour acquis qu'il faut aborder le phénomène de la prière en observant à la lettre ce qui est écrit dans la Bible, qu'ils considéraient comme un ouvrage de référence fondamental en matière de science spirituelle. La façon adéquate de s'adonner à la pratique d'une science consiste à se servir des formules admises par les ouvrages de référence. Ils en concluaient que, si la Bible préconisait la prière en groupe de deux ou trois personnes, leur échec pouvait être attribuable à l'absence d'un tiers. D'où l'invitation faite au prédicateur.

Les trois hommes ont alors prié ensemble et, de façon à s'assurer un maximum d'efficacité, ont adopté la technique suggérée par les citations bibliques suivantes : « Qu'il vous soit fait selon votre foi » (Matthieu 9,29) et : « C'est pourquoi je vous le dis : tout ce que vous demanderez en priant, croyez que vous l'avez reçu, et cela vous sera accordé. » (Marc 11,24)

Après de nombreuses sessions intensives de prière, ils affirmèrent avoir reçu la réponse désirée. En effet, les résultats obtenus étaient tout à fait satisfaisants. D'autres, acquis plus tard, leur confirmèrent que l'aide divine leur était bien parvenue.

Ces hommes-là sont de grands scientifiques ; ils n'ont plus besoin d'exiger des explications précises quant à la façon dont fonctionnent les lois spirituelles, pas plus que les lois naturelles ; ils ne peuvent cependant s'empêcher de constater que toute loi fonctionne selon des techniques appropriées.

« Bien que nous ne puissions expliquer ce fonctionnement, il n'en demeure pas moins que nous avons été obsédés par ce problème et que nous avons expérimenté la prière selon la formule indiquée dans le Nouveau Testament. Cette méthode a fonctionné et nous avons obtenu de merveilleux résultats. » De plus, selon eux, la foi et l'harmonie constituent des éléments importants de toute démarche de prière.

Il y a plusieurs années de cela, à New York, un homme mettait sur pied une petite entreprise, installée dans de modestes locaux qu'il appelait « un petit trou dans le mur ». Il ne comptait qu'une seule personne à son service. Quelques années plus tard, l'entreprise s'installait dans des locaux plus spacieux, pour devenir de plus en plus florissante.

L'art de prier

La méthode de notre homme consistait à « remplir le petit trou dans le mur à l'aide de prières et de pensées optimistes ». À son avis, travail acharné, pensée positive, honnêteté, équité dans les rapports humains et ferveur dans la façon de prier donnent toujours de bons résultats. Cet homme inventif et exceptionnel mit au point une méthode toute personnelle pour prier qui lui permit de résoudre ses problèmes et de surmonter ses difficultés. Cette approche originale, que j'ai personnellement expérimentée, est réellement efficace. Je l'ai recommandée à bien des gens qui l'ont utilisée avec profit. Je vous la suggère également.

Cette manière de prier s'énonce ainsi, comme une formule:

1. VIVRE LA PRIÈRE   2. IMAGINER   3. RÉALISER

Vivre la prière est, pour notre homme d'affaires, l'adoption d'une habitude quotidienne de prière créative et inventive. Dès qu'un problème surgit, il s'agit de s'en remettre directement à Dieu, très simplement, dans une prière. Il ne faut pas s'adresser à Lui comme à une quelconque puissance lointaine et inaccessible, mais plutôt comme à un être familier qui nous accompagne au bureau, à l'usine, à la maison, dans la rue, en auto ou en métro, comme s'il s'agissait d'un partenaire, d'un associé ou d'un ami. Pour que la méthode soit efficace, il faut «prier sans cesse», c'est-à-dire nous entretenir jour après jour avec Dieu, de façon naturelle, de questions qui nous préoccupent et qui exigent de prendre des décisions. Il suffit d'emplir sa vie quotidienne de prière, de *vivre la prière.*

La présence divine finit alors par se manifester dans la conscience, puis dans l'inconscient. Grâce à cette technique, notre homme finit par *vivre la prière* dans sa vie quotidienne, en marchant, en conduisant sa voiture, ou en s'adonnant à l'une ou l'autre de ses activités habituelles. Il enveloppait sa vie de prière même s'il lui arrivait rarement de s'agenouiller pour offrir ses prières à Dieu. Il lui demandait cependant, comme à un ami: «Que dois-je faire dans cette situation, Seigneur?» ou encore: «Seigneur, aide-moi à y voir clair!» Il imprégnait de prière son esprit aussi bien que ses activités.

Le deuxième élément de cette formule de prière créatrice consiste à *imaginer*. En physique, le facteur de base, c'est la force. En psychologie, c'est le désir. Qui croit au succès et le veut est déjà en bonne position pour réussir; ceux qui envisagent l'échec ont tendance à échouer. L'image mentale que l'on se fait du succès ou de l'échec tend à se réaliser.

S'en remettre à Dieu

Pour vous assurer qu'un événement vaut la peine de se produire, priez, puis faites le test de vous en remettre à Dieu. Imaginez-le ensuite mentalement, en gardant cette image bien présente dans votre esprit. Continuez à abandonner cette image à la volonté de Dieu (à la remettre entre Ses mains), puis suivez Ses conseils. De votre côté, travaillez fort et intelligemment pour que vos souhaits se réalisent. Avec foi, maintenez fermement cette image vivante en vous. En agissant de cette façon, vous serez étonné de voir les chemins étranges que prend cette image qui finit par devenir réalité. Ce que vous avez *vécu en prière*, puis *imaginé*, se *réalise*, conformément à votre modèle initial et à ce que vous avez demandé dans vos prières, à plus forte raison si vous y avez investi des efforts personnels.

J'ai moi-même pratiqué cette méthode de prière en trois temps, et j'y ai puisé une grande force. D'autres, qui l'ont également utilisée, ont aussi fait état d'un sentiment de libération et de créativité étonnant.

Tel est le cas de cette femme qui voyait son mari s'éloigner d'elle. Leur mariage avait été heureux, mais au fil du temps le mari était devenu de plus en plus absorbé par son travail. Avant même qu'ils s'en rendent compte, leur complicité d'antan s'était envolée. Puis l'épouse découvrit que son mari avait des vues sur une autre femme; elle en fut indignée. Elle consulta un ministre du culte qui l'amena habilement à parler d'elle-même. Elle admit alors qu'elle avait délaissé sa maison, qu'elle était devenue égocentrique et acariâtre.

Elle reconnut aussi qu'elle ne s'était jamais perçue comme l'égale de son mari. Face à lui, elle se sentait inférieure, incapable d'être à la hauteur, aussi bien socialement qu'intellectuellement. Elle s'était donc repliée dans une attitude hostile qui se manifestait par de l'irritabilité et d'incessantes critiques.

Aux yeux de l'homme de religion, cette femme, manifestement, se sous-estimait. Il lui suggéra d'imaginer qu'elle était devenue compétente et attirante. Assez curieusement, il lui déclara que «Dieu tient un salon de beauté» et que des techniques basées sur la foi avaient le pouvoir d'embellir le visage et de redonner charme et aisance à tous ceux qui y recouraient. Il lui enseigna comment prier et comment en arriver à créer en soi une *image* spirituelle. Il lui recommanda de se représenter, mentalement, une complicité retrouvée avec son mari, de voir la bonté de celui-ci et de s'*imaginer* l'harmonie rétablie entre eux. Il lui fallait s'accrocher à cette image et y croire. De cette façon, elle traçait la voie à une franche victoire personnelle.

C'est à cette époque que son mari lui fit part de son intention de divorcer. Elle s'était si bien reprise en main qu'elle accueillit sa requête avec sang-froid ; elle se contenta de lui signifier son accord de principe mais lui proposa un moratoire de trois mois avant de prendre une décision finale, lui faisant simplement remarquer qu'un acte d'une telle importance méritait réflexion. « Si, au bout de cette période, tes intentions n'ont pas changé, je me plierai de bonne grâce à ton désir. » Elle lui dit cela très posément. Cela le laissa perplexe, car il s'attendait plutôt à une scène.

Nuit après nuit, il s'absentait tandis qu'elle restait seule à la maison. Mais elle tenait bon et n'abandonnait pas l'image de son mari assis auprès d'elle en train de lire. Elle se le représentait aussi en train de bricoler autour de la maison, comme au bon vieux temps. Elle l'imaginait même en train d'essuyer la vaisselle, comme il le faisait quand ils étaient jeunes mariés. Elle se voyait avec lui, jouant au golf ou en voiture, comme autrefois.

Avec une foi inébranlable, elle maintint ces images en elle et, un soir, voilà qu'il vint s'asseoir dans son fauteuil. Elle s'assura qu'elle ne rêvait pas. Sa représentation mentale était-elle devenue réalité ? Il continuait de s'absenter, à l'occasion, mais il retrouvait de plus en plus souvent son vieux fauteuil. Il en vint même à lui faire la lecture, tout comme aux beaux jours... puis, par un beau samedi après-midi ensoleillé, il murmura : « Qu'est-ce que tu dirais d'une petite partie de golf ? »

Les jours s'écoulaient délicieusement jusqu'à ce qu'elle se rendît compte que les trois mois étaient passés. Alors, le soir venu, elle lui dit calmement : « Chéri, c'est notre dernier soir ! »

— Quel dernier soir ? répondit-il, confus.

— Souviens-toi, nous avions convenu d'un délai de trois mois pour régler cette histoire de divorce. Alors, nous y voilà ! »

Il la regarda un moment puis, dissimulé derrière son journal, répondit : « Ne sois pas ridicule, je ne pourrai jamais me passer de toi. Où es-tu allée chercher l'idée que j'allais te quitter ? »

La formule s'était révélée un puissant mécanisme. Elle avait *vécu en prière, imaginé,* puis ses attentes s'étaient réalisées. Le pouvoir de la prière avait résolu son problème et celui de son mari.

Miser sur son potentiel personnel

J'ai connu plusieurs personnes qui ont eu recours à cette méthode avec succès, non seulement dans des domaines d'ordre personnel, mais aussi dans la conduite de leurs affaires. Lorsqu'elle est appliquée avec intelligence et sincérité, cette façon de prier produit de si remarquables résultats qu'on doit la considérer comme une méthode extraordinaire. Ceux qui la prennent au sérieux et qui l'utilisent obtiennent des résultats tout à fait étonnants.

Dans le cadre d'un banquet d'entrepreneurs, j'étais assis à la table d'honneur auprès d'un homme qui, quoique d'aspect un peu frustre, était très aimable. Sans doute s'était-il senti un peu mal à l'aise de se trouver assis à côté d'un prédicateur, ce qui n'était manifestement pas dans ses habitudes. Tout au long du repas, il émaillait ses phrases de termes théologiques curieusement utilisés. Chaque fois qu'il faisait une erreur et qu'il s'excusait, je le rassurais et lui disais que ce n'était pas grave.

Il me confia qu'il avait servi la messe dans sa jeunesse, mais que, depuis, il « avait laissé tombé tout ça ». Il me raconta cette histoire éculée que d'aucuns considèrent encore comme originale : « Quand j'étais jeune, on m'a gavé de religion de sorte que, plus tard, ayant quitté la maison familiale, je n'ai plus jamais voulu en entendre parler ; je n'ai à peu près jamais remis les pieds dans une église depuis. »

C'est à ce moment qu'un autre homme nous rejoignit à notre table et me confia, avec enthousiasme, que « quelque chose de merveilleux » venait de lui arriver. Il avait traversé, à la suite de difficultés, une période de profonde dépression et avait décidé de prendre une semaine ou deux de vacances pendant lesquelles il avait lu l'un de mes livres* où j'énonçais

---

* *A Guide to Confident Living* (« Ayez confiance en vous »), Prentice Hall Inc., 1948.

quelques techniques concernant la façon de vivre sa foi. Cette lecture, disait-il, lui avait apporté le premier sentiment de paix et de satisfaction jamais éprouvé. Cela l'encouragea à miser sur son potentiel personnel. Il en vint à croire que la pratique religieuse pouvait bien être la solution à ses problèmes.

«Alors, dit-il, j'ai petit à petit mis en pratique les principes spirituels présentés dans votre livre. J'ai commencé à croire et à soutenir l'idée que, avec l'aide de Dieu, les objectifs que je m'évertuais à poursuivre pouvaient être atteints. J'ai alors eu la certitude que mes problèmes se régleraient et que, désormais, plus rien ne pourrait me perturber, que tout allait s'arranger pour le meilleur. J'ai retrouvé le sommeil et je me suis mis à aller mieux. C'était comme si j'avais pris quelque chose de tonique et de vivifiant. Ma nouvelle manière d'agir et ma nouvelle compréhension des techniques spirituelles se révélèrent être un véritable déclencheur.»

Lorsqu'il nous quitta, mon voisin de table, qui avait prêté l'oreille à cette envolée verbale, me dit: «Je n'avais encore jamais rien entendu de tel. Ce type décrit la religion comme quelque chose de joyeux et de fonctionnel; or elle ne m'a jamais été présentée de cette façon. Et puis il laisse entendre que la religion est en quelque sorte une science pouvant très bien servir à améliorer la santé et le rendement au travail. Je n'avais jamais envisagé la religion sous cet angle.»

Puis il ajouta: «Mais savez-vous ce qui m'a le plus frappé? C'est le regard qui illuminait son visage.»

Ce qui m'a saisi, moi, c'est qu'à ce moment-là, en prononçant ces mots, mon voisin de table avait lui aussi quelque chose de radieux dans l'expression de son regard. Pour la première fois de sa vie, il s'ouvrait à l'idée que la foi religieuse n'est pas un ramassis de bondieuseries mais une méthode scientifique pour réussir sa vie. Il venait d'être témoin du pouvoir de la prière dans le cours d'une existence.

La prière régénératrice

Je crois, quant à moi, que la prière est une sorte d'émission de vibrations d'un être humain vers un autre, puis vers Dieu. Tout l'univers vibre en synergie. Il y a des vibrations dans les molécules d'une table ; l'air en est rempli. L'interaction entre êtres humains se compose de vibrations. Quand on prie pour une autre personne, on déploie une énergie spirituelle. On envoie vers autrui des ondes d'amour, d'entraide, de soutien – une sympathie puissante et une bienveillante compréhension – et, ce faisant, on met en action des vibrations dans l'univers, lesquelles tracent la voie vers Dieu, ce qui nous permettra d'atteindre les objectifs valables pour lesquels on a prié. Faites l'essai de cette expérience et constatez les résultats.

Ainsi, par exemple, j'ai l'habitude de prier fréquemment pour les gens qui croisent mon chemin. Je me rappelle une curieuse pensée qui me saisit un jour alors que je traversais, à bord d'un train, la Virginie-Occidentale. J'aperçus un homme sur le quai d'une gare. Puis la pluie se mit à tomber et il échappa soudain à mon regard. Je me rendis compte alors que j'avais vu cet inconnu pour la première et dernière fois de ma vie. Nos destinées s'étaient brièvement croisées, l'espace d'un instant. Il allait de son côté et moi du mien. J'étais curieux de savoir, tout à coup, ce qu'il allait advenir de lui.

Alors j'ai prié pour cet homme, pour que sa vie soit bénie. Et j'ai prié pour tous ces gens qui croisaient ma route. C'est ainsi que je priai pour un homme qui labourait son champ, demandant au Seigneur de lui accorder une bonne récolte. Je vis une femme en train d'étendre des vêtements sur une corde et, à en juger par la quantité de linge, je devinai qu'il s'agissait d'une mère de famille nombreuse. L'expression de son visage ainsi que sa façon d'accomplir ce modeste travail révélaient une personne heureuse. Je priai pour elle, pour que son existence soit remplie de bonheur, pour que son mari et elle soient toujours fidèles l'un à l'autre. Je priai pour que cette famille vive pleinement sa religion et que ses enfants grandissent et deviennent de jeunes personnes saines et équilibrées.

Dans une autre gare, je vis un homme à demi endormi, appuyé sur un mur, et je priai pour qu'à son réveil il puisse vaquer à ses occupations, libéré de tout ce qui pouvait l'oppresser.

Puis nous nous arrêtâmes dans une gare où j'aperçus un adorable bambin vêtu de vêtements trop amples, les cheveux en bataille et le visage barbouillé. Il était concentré sur le plaisir de manger une sucette. Je me mis à prier pour lui et, comme le train allait démarrer, il me fit un merveilleux sourire. Je sus que ma prière l'avait atteint ; je lui fis un signe de la main qu'il me renvoya. Sans doute n'allai-je jamais revoir cet enfant, mais une sorte de magie nous avait momentanément unis. Jusqu'à cet instant, la journée avait été nuageuse, mais voilà que le soleil se leva soudain ; je crois qu'une flamme brillait dans le cœur de cet enfant, car j'en vis le rayonnement sur son visage. Un sentiment de bonheur m'envahit parce que le pouvoir de Dieu empruntait un circuit qui allait de moi à l'enfant, puis retournait ensuite vers Dieu. Nous étions sous l'influence bénéfique du pouvoir de la prière.

Un des rôles primordiaux de la prière est d'agir comme un stimulus, comme un générateur d'idées créatrices. Notre esprit renferme toutes les ressources nécessaires à l'accomplissement d'une vie. Les idées sont présentes dans la conscience et, lorsqu'elles sont libérées de façon adéquate, pourront conduire à la réussite de toute entreprise. Quand le Nouveau Testament nous dit : « Le royaume de Dieu est au-dedans de vous » (Luc 17,21), cela signifie que Dieu, notre Créateur, a doté notre esprit et notre personnalité de tout ce dont nous avons besoin pour mener à bien notre existence. C'est à nous qu'incombe la tâche de faire fructifier toutes les richesses présentes en nous.

Je connais, par exemple, un homme d'affaires qui est à la tête d'une firme avec quatre autres administrateurs. À intervalles réguliers, ils tiennent des réunions qu'ils nomment « séances de remue-méninges » et qui sont l'occasion d'échanges d'idées originales. Ces rencontres ont lieu dans une salle sans téléphone ni interphone et dépouillée de tout ce qu'on trouve généralement dans un bureau. De plus, cette salle est insonorisée.

Avant chaque réunion, les cinq hommes se réservent une période de dix minutes de prière et de méditation. Ils ont en commun la conception que Dieu travaille en eux avec créativité. Chacun à sa façon prie en silence, certain que Dieu lui inspirera des idées profitables pour l'entreprise.

Cette brève période est suivie d'un échange de vues animé où chacun, à tour de rôle, expose ses idées qui sont ensuite notées sur des cartes déposées sur la table. Personne n'a le droit de les critiquer, car cela pourrait conduire à des discussions interminables qui briseraient le rythme de la réunion et nuiraient à l'inspiration des participants. Les cartes sont ensuite regroupées, puis chacune des idées est débattue au cours d'une réunion ultérieure. Ces réunions de remue-méninges sont stimulantes grâce au pouvoir de la prière.

Au début, les idées retenues étaient pour la plupart sans valeur. Mais peu à peu, le pourcentage d'idées intéressantes augmenta. Aujourd'hui, un grand nombre de trouvailles émises au cours de ces réunions de remue-méninges ont permis à l'entreprise de devenir prospère.

Comme l'explique l'un des administrateurs, «nous avons non seulement atteint une certaine perspicacité, ce dont témoigne le bilan de l'entreprise, mais la confiance s'est installée en nous. Qui plus est, un grand sentiment de camaraderie nous lie désormais, nous et tous les membres de l'entreprise.»

Que sont devenus ces hommes d'affaires pour qui la religion n'avait pas de place dans leur univers? De nos jours, les gens d'affaires avisés sont au fait des méthodes les plus efficaces et les plus modernes de production, de distribution et de gestion; beaucoup savent que le pouvoir de la prière est également un facteur important de réussite.

Un peu partout, les gens éveillés découvrent qu'en mettant cette méthode à l'épreuve ils se sentent, travaillent, agissent et dorment mieux; pour tout dire, ils se sont améliorés sur tous les fronts.

Un de mes amis, rédacteur en chef d'un grand journal, homme d'un remarquable dynamisme, soutient que son énergie lui vient en grande partie de la prière. Il aime, par exemple, s'endormir en priant parce qu'il croit que, à ce moment-là, son subconscient est plus détendu, donc plus réceptif; la prière agit donc avec plus de force et son effet est considérable. Ce journaliste raconte que, jadis, l'idée de tomber endormi en priant l'inquiétait. Il est aujourd'hui fier d'y arriver.

Prier pour les autres

Plusieurs manières de prier ont attiré mon attention, mais l'une des plus efficaces est celle que préconise Frank Laubach dans son excellent ouvrage intitulé *Prayer, the Mightiest Power in the World.* Je considère cet ouvrage comme l'un des plus pratiques jamais rédigés sur le thème de la prière parce qu'il propose des techniques efficaces et novatrices. Le Dr Laubach croit qu'un véritable pouvoir naît de la prière. Une de ses méthodes consiste à se promener dans la rue et à «lancer» des prières aux gens. Il les désigne sous le nom de «prières éclair». Il en «bombarde» littéralement les passants, leur envoyant des messages de bonne volonté et d'amour. Il dit que ses «victimes» se retournent très souvent vers lui et lui adressent un sourire. Ses «cibles» sentent la présence d'un pouvoir comme s'il s'agissait d'énergie électrique.

Dans l'autobus, il «lance des prières aux autres passagers». Un jour qu'il était assis derrière un homme apparemment très accablé, il entreprit de lui «envoyer» des prières de foi et de bonne volonté, pensant qu'elles apprivoiseraient et adouciraient son esprit. Tout à coup, l'homme se mit à se frapper l'arrière de la tête et, lorsqu'il fut rendu à destination, son air accablé avait fait place à un sourire. Le Dr Laubach croit qu'il lui est souvent arrivé de modifier complètement l'atmosphère d'un autobus ou d'un wagon de métro rempli de passagers en recourant simplement à la technique qui consiste à «vivifier l'air ambiant de prières et d'amour».

Dans un wagon-bar, un homme à moitié ivre vociférait et importunait son entourage qui, profondément irrité, s'apprêtait à réagir. Assis à une certaine distance de lui, j'entrepris de mettre à l'essai la méthode de Frank Laubach. Je me mis alors à prier pour cet homme tout en prenant soin de me le représenter sous un jour meilleur, lui «lançant» des messages d'amour et de bonne volonté. Bientôt, sans motif apparent, l'homme se tourna vers moi et me fit un sourire tout à fait désarmant. Son attitude changea du tout au tout et il se calma. J'ai toutes les raisons de croire que le pouvoir de la prière s'était manifesté et l'avait atteint.

J'ai l'habitude, avant de m'adresser à un auditoire, quel qu'il soit, de prier pour les gens qui le composent et de leur adresser des pensées d'amour et de bonne volonté. Il m'arrive de me concentrer plus précisément sur telle ou telle personne qui me semble déprimée ou hostile, et de lui dédier mes prières. Ainsi, alors que j'étais invité à adresser la parole aux membres de la chambre de commerce d'une ville du sud-ouest des États-Unis, je remarquai un homme qui me regardait avec mépris. Bien sûr, son air renfrogné pouvait ne pas m'être adressé, mais il me semblait néanmoins y percevoir une hostilité à mon égard. Aussi, avant d'entamer mon allocution, j'eus une bonne pensée pour lui et lui «lançai» sans arrêt des prières, tout en m'adressant à mon auditoire.

Une fois la réunion terminée, pendant que j'échangeais des poignées de main avec un groupe de participants, une main saisit la mienne avec intensité. Je me rendis aussitôt compte que ce monsieur qui s'était porté à ma rencontre était précisément celui qui avait occupé mon esprit tout au long de mon exposé. Il me souriait. «À vrai dire, commença-t-il, vous ne m'étiez pas très sympathique à votre arrivée ici. Je n'aime pas les prédicateurs et je ne voyais vraiment pas ce que vous, un ministre du culte, pouviez bien venir faire dans une réunion comme celle-ci. J'aurais préféré un autre conférencier. Franchement, j'espérais que votre discours serait un échec. Toutefois, à mesure que vous parliez, quelque chose a semblé me toucher. Je me sens tout neuf. J'ai été saisi d'un étrange sentiment de paix et, bon sang, je dois reconnaître que je vous aime bien.»

« Faire passer le courant »

Ce n'était pas la première fois que mes prières produisaient cet effet, car cela n'était certainement pas dû à la nature de mon allocution. C'était une émanation du pouvoir de la prière. Notre cerveau contient environ deux milliards de petits accumulateurs, prêts à déployer leur pouvoir par la pensée et la prière. Des études ont prouvé le pouvoir magnétique du corps humain. Nous disposons de milliers de petites stations émettrices qui, lorsqu'elles sont activées par la prière, dégagent un grand rayonnement vers ceux qui en sont la cible. En d'autres termes, il arrive que «le courant passe» entre deux êtres humains. Et ce n'est pas une simple image. Ainsi, nous pouvons nous communiquer des pouvoirs grâce à la prière, qui agit en somme comme une station émettrice-réceptrice.

Je me souviens d'un alcoolique avec qui j'ai déjà travaillé. Il était, comme disent les Alcooliques Anonymes, «abstinent» (ou mieux:

abstème) depuis environ six mois. Alors qu'il était en voyage d'affaires, j'eus soudain l'impression, un mardi après-midi vers 16 heures, qu'il était en péril. L'image de cet homme se mit à envahir mon esprit. Je sentis quelque chose en moi et, toutes affaires cessantes, je me mis à prier pour lui. Cela dura environ une demi-heure, puis cette impression se dissipa et je mis un terme à mes prières.

Quelques jours plus tard, il me téléphonait: «J'ai passé la semaine à Boston, me dit-il, et je voulais que tu saches que je suis toujours " sobre"; par contre, au début de la semaine, j'ai passé un mauvais moment.

— Était-ce mardi, vers 16 heures?» lui demandai-je.

Complètement abasourdi, il me répondit: «Qui t'a mis au courant?

— Mais personne ne m'a mis au courant, je veux dire aucun être humain. C'est comme ça, je l'ai senti.» Et je me suis mis à lui expliquer ce qui s'était produit en moi cet après-midi-là, sans oublier de lui dire que j'avais prié pour lui pendant une demi-heure.

Il était renversé par mes révélations et il me raconta sa mésaventure. «J'étais à l'hôtel et je m'étais assis au bar. J'étais déchiré, car je me sentais sur le point de commettre une bêtise. Je dus lutter de toutes mes forces pour ne pas céder à l'obsédante tentation de commander un verre. Et puis je me suis mis à penser à toi, car j'avais désespérément besoin d'aide sur-le-champ. Je me suis alors mis à prier.»

Ces prières, qui émanaient de lui, trouvèrent leur chemin jusqu'à mon esprit et c'est à ce moment que, à mon tour, je me suis mis à prier pour lui. Unis par la prière, nous avons tous deux établi une sorte de circuit fermé qui nous a amenés à Dieu. Alors, mon ami a senti une force tranquille l'habiter, force qui lui a permis de passer à travers cette crise. Et que s'est-il passé ensuite?...

Il s'est rendu dans une pharmacie où il a acheté une boîte de bonbons qu'il a dévorés d'un seul trait. «C'est ce qui m'a permis de m'en sortir, conclut-il: la prière et... les bonbons!»

Une jeune femme mariée admettait qu'elle se sentait pleine de haine, de jalousie et de ressentiment envers ses voisins et ses amis. C'était une personne pleine d'appréhensions, toujours inquiète à propos de ses enfants, se demandant sans cesse s'ils n'allaient pas tomber malades, être victimes d'un accident ou derniers de classe. Sa vie était un pathétique mélange d'insatisfaction, de peur, de haine et de malheur. Je lui demandai si elle avait déjà prié. Elle me répondit : «Pas très souvent, sauf quand tout va vraiment mal et que je suis absolument désespérée. Au fond, je n'y crois pas vraiment.»

Je lui laissai entendre que la pratique de la vraie prière pouvait changer sa vie. Je lui ai expliqué comment il était possible de transformer ses pensées haineuses en pensées d'amour et ses peurs en confiance. Je lui ai *suggéré* de s'adonner chaque jour à la prière, à l'heure où les enfants reviennent de l'école et de faire de ses prières des professions de foi envers la bonté protectrice de Dieu. D'abord sceptique, elle est vite devenue l'une des adeptes de la prière les plus enthousiastes qu'il m'ait été donné de rencontrer à ce jour. Elle dévore livres et brochures et s'adonne à toutes les techniques de prière. C'est ce qui lui a permis de transformer radicalement sa vie, ainsi qu'en témoigne cette lettre qu'elle m'adressait récemment :

> J'ai l'impression que mon mari et moi avons fait d'immenses progrès au cours de ces dernières semaines. Le plus grand de tous, je l'ai accompli la nuit qui a suivi ce fameux soir où vous m'avez dit que «chaque jour est une bonne journée pour la prière». J'ai commencé à mettre en pratique l'idée selon laquelle ma journée serait réussie dès mon réveil ; depuis que j'ai adopté cette attitude, je n'ai pas connu une seule mauvaise journée. Ce qu'il y a d'étonnant, c'est que mes journées n'ont jamais été aussi douces, plus jamais entravées par de petits soucis et sans le pouvoir qu'elles avaient de me mettre sur les nerfs. Chaque soir, je commence mes prières en dressant la liste de ce qui m'a comblée au cours de la journée et me l'a rendue agréable. Je sais que cette habitude m'a appris à voir le bon côté des choses et à en oublier le moins bon. Depuis six semaines, je n'ai pas connu une seule mauvaise journée et je me suis refusée à me laisser déprimer par quiconque ; c'est merveilleux et sans précédent pour moi.

Elle a découvert un pouvoir étonnant en expérimentant *le pouvoir de la prière*. Il peut vous arriver la même chose.

Voici dix règles d'or qui vous permettront de faire en sorte que vos prières produisent des résultats concrets :

1. Isolez-vous quelques minutes par jour. Ne dites rien. Exercez-vous simplement à penser à Dieu, selon la conception que vous en avez. Cela vous rendra réceptif.

2. Priez oralement en utilisant des mots simples et naturels. Confiez à Dieu ce qui vous préoccupe. Il n'est pas nécessaire de recourir à des prières toutes faites. Adressez-vous à Lui dans vos propres termes. Il comprendra.

3. Priez, quelle que soit votre activité du moment, dans le métro, dans l'autobus, au bureau, à l'usine. Faites de courtes prières en fermant les yeux afin de vous concentrer sur la présence de Dieu. Plus vous agirez ainsi, plus vous sentirez Sa présence.

4. Quand vous priez, évitez de Lui demander quelque chose. Appliquez-vous plutôt à sentir Sa bénédiction et consacrez la plus grande part de vos prières aux remerciements, à la reconnaissance.

5. Priez en restant convaincu que la prière sincère peut susciter l'amour et la protection de Dieu envers les êtres qui vous sont chers.

6. Évitez les pensées négatives quand vous priez. Seules les pensées positives donnent des résultats positifs.

7. Montrez-vous toujours prêt à accepter les desseins de Dieu. Demandez ce que vous voulez, mais préparez-vous à vous contenter de ce que Dieu vous accordera. Cela peut se révéler encore plus bénéfique que vos demandes.

8. Adoptez l'attitude qui consiste à remettre votre destinée entre les mains de Dieu. Demandez-Lui de vous accorder l'aptitude à faire toujours de votre mieux et laissez-Le assumer les résultats en toute confiance.

9. Priez pour les gens que vous n'aimez pas ou qui vous ont manqué d'égard. Le ressentiment est l'obstacle principal au pouvoir de la spiritualité.

10. Faites la liste des gens pour lesquels vous priez. Plus vous priez pour les autres, particulièrement ceux qui ne sont pas en rapport avec vous, plus les effets de la prière rejailliront sur vous.

Qui décide si vous serez heureux ou malheureux ? C'est vous seul qui détenez cet immense pouvoir !

Une célébrité de la télévision avait invité à son émission un vieil homme tout à fait original. Ses commentaires étaient spontanés et semblaient jaillir d'un être rayonnant de bonheur. Ses propos ingénus et pertinents déclenchaient l'hilarité générale. Tout le monde l'adorait. Fortement impressionné, son hôte prenait autant de plaisir que les autres à l'écouter.

Finalement, il demanda à son invité ce qui le rendait si heureux. « Vous devez sans doute détenir le secret du bonheur ! suggéra-t-il.

— Non, répondit le vieil homme, il n'y a pas de secret. C'est clair comme deux et deux font quatre. Quand je me lève le matin, expliqua-t-il, j'ai le choix d'être heureux ou d'être malheureux, et que croyez-vous que je choisisse ? Je choisis d'être heureux. C'est aussi simple que cela. »

Ce vieil homme peut sembler naïf, et ses paroles plutôt simplistes, mais je me rappelle qu'Abraham Lincoln, que personne n'oserait taxer de naïveté, disait que les gens peuvent être aussi heureux qu'ils décident de l'être. On peut donc être malheureux si on le veut. C'est une des choses les plus faciles à réaliser en fait ; il suffit de choisir le malheur. Répétez-vous constamment que tout va mal, que rien de ce qui vous arrive ne vous satisfait, et vous pouvez être certain de devenir réellement malheureux. Dites-vous plutôt : « Tout va merveilleusement bien, la vie est belle, je choisis le bonheur », et vous verrez vos affirmations se concrétiser de la même façon.

Garder un cœur d'enfant

Les enfants sont plus facilement heureux que les adultes. Celui qui réussit à conserver une âme d'enfant sa vie durant est un génie, car il aura réussi à garder intacte cette joie de vivre dont Dieu a doté la jeunesse. Jésus-Christ est remarquable de justesse quand Il nous dit que pour vivre en ce monde il nous faut avoir une âme d'enfant. En d'autres termes, il faut éviter de devenir vieux, borné ou blasé, pour s'efforcer plutôt de rester simple et de ne pas se compliquer l'existence.

Ma fille Elisabeth détient le secret du bonheur. Un jour, alors qu'elle avait neuf ans, je lui demandai : «Es-tu heureuse, mon trésor ?

— Bien sûr que je suis heureuse, répondit-elle.

— Es-tu toujours heureuse ? demandai-je.

— Bien sûr que je suis toujours heureuse, répliqua-t-elle.

— Et qu'est-ce qui te rend aussi heureuse ? lui demandai-je encore.

— Je ne sais pas, dit-elle, je suis tout simplement heureuse.

— Il doit sûrement y avoir quelque chose qui te rend heureuse ! insistai-je.

— Bon, je vais te le dire, décida-t-elle. Mes camarades me rendent heureuse et je les aime. Mon école me rend heureuse et j'aime aller à l'école. (Je n'ai rien dit et elle ne tient pas cela de moi.) J'aime mes professeurs et j'aime aller à l'église. J'aime ma sœur Margaret et mon frère John. J'aime mon père et ma mère qui s'occupent de moi lorsque je suis malade. Ils m'aiment et ils sont bons pour moi.»

C'est la recette du bonheur pour Elisabeth, et il me semble qu'elle contient tous les ingrédients nécessaires : ses camarades (ce sont ses associés), son école (l'endroit où elle travaille), son église (l'endroit où elle prie), sa sœur et son frère, sa mère et son père (le cercle familial où elle trouve de l'amour). C'est là que se tient la clé du bonheur, et les moments les plus heureux de votre vie sont directement reliés à ces facteurs.

Un groupe de garçons et de filles à qui l'on avait demandé de dresser la liste de ce qui les rendait heureux répondirent de façon très touchante. Voici les éléments contenus dans la liste des garçons : le vol d'une hirondelle ; la transparence d'une eau limpide et profonde ; l'étrave d'un bateau qui fend les flots ; un train rapide qui roule à toute vitesse ; une grue soulevant un objet très lourd ; les yeux de leur chien. Et voici ce qui rendait les filles heureuses : le reflet des lumières de la rue sur l'eau de la rivière ; des toits rouges à travers les arbres ; la fumée qui s'échappe d'une cheminée ; du velours rouge ; la lune dans les nuages. C'est un peu l'essence même de l'univers qui est exprimée ici, même si c'est suggéré par petites touches éparses. Pour être heureux, il faut avoir une âme pure et savoir découvrir la poésie dans les choses les plus ordinaires, c'est-à-dire posséder une âme d'enfant et faire preuve de simplicité.

La plupart des gens sont les artisans de leur propre malheur. Bien sûr, nous ne sommes pas responsables de tous nos maux qui sont, bien souvent, imputables aux conditions sociales. Malgré tout, il est incontestable que, dans une certaine mesure, nous tirons de nos pensées et de nos attitudes les éléments qui servent à fabriquer notre bonheur ou notre malheur.

«Quatre personnes sur cinq ne sont pas aussi heureuses qu'elles pourraient l'être», déclare une personne autorisée, et elle ajoute : «Le malheur est l'état d'esprit le plus communément partagé.» J'hésiterais à affirmer que la situation est réellement aussi triste, mais je constate qu'il y a effectivement plus de gens malheureux qu'on ne pourrait le croire. Comme le désir fondamental de l'être humain est de vivre heureux, il importe de travailler à la réalisation de ce désir. Le bonheur est accessible, et même facile à atteindre. Quiconque le veut vraiment, le désire ardemment et apprend à appliquer la bonne formule peut devenir une personne heureuse.

À bord d'un train, au wagon-restaurant, j'avais pris place en face d'un couple marié que je ne connaissais pas. La femme était richement vêtue comme le révélaient sa fourrure, ses diamants et son élégant tailleur. Mais on sentait qu'elle était bien mal dans sa peau. Elle déclarait à haute voix que le wagon était désagréable et plein de courants d'air, que le service était exécrable et la nourriture infecte. Elle se plaignait et s'énervait à tout bout de champ.

Son mari, au contraire, était un homme chaleureux, affable et apparemment facile à vivre. Il prenait, de toute évidence, les choses comme elles venaient. Il paraissait embarrassé par l'attitude désagréable de sa femme et même un peu déçu, puisqu'il l'emmenait en voyage pour le plaisir.

Pour détendre l'atmosphère, il me demanda ce que je faisais dans la vie et me confia ensuite qu'il était avocat. Mais il commit une grave erreur lorsqu'il ajouta avec un sourire : « Ma femme travaille dans une manufacture. »

Voilà qui était surprenant, car elle n'avait pas du tout le genre industriel ou administrateur. Je lui demandai alors : « Qu'y fabrique-t-elle donc ?

— Le malheur, répondit-il, elle fabrique son propre malheur. »

Malgré le silence de glace qui suivit cette observation malavisée, je lui fus reconnaissant d'avoir lancé cette remarque parce qu'elle décrivait tout à fait ce que bon nombre de gens font : « Ils fabriquent leur propre malheur. »

Et c'est d'ailleurs fort regrettable, car la vie comporte déjà suffisamment de problèmes qui troublent notre bonheur sans qu'il soit nécessaire d'en créer davantage. Il est insensé de forger ainsi son propre malheur pour l'ajouter aux innombrables difficultés de la vie contre lesquelles nous ne pouvons rien ou presque.

Devenir l'artisan de son propre bonheur

Plutôt que d'insister sur la manière dont les gens sont les artisans de leur propre malheur, examinons la formule qui permettra de mettre fin à ce processus. Qu'il suffise de souligner que nous créons notre malheur si nous avons des pensées tristes, si nous nous enlisons dans nos habitudes, si nous pensons que rien ne peut aller bien, que certaines gens ne méritent pas ce qu'elles ont, et que nous n'avons pas ce qui nous est dû.

Notre malheur s'accroît lorsque nous sommes pleins de rancune, de pensées néfastes et de haine. La fabrication du malheur fait toujours appel à la peur et à l'inquiétude. Chacun de ces sujets étant traité ailleurs dans cet ouvrage, nous ne désirons pour l'instant que faire passer notre message et insister fortement sur le fait que l'individu moyen forge lui-même en grande partie ses malheurs. Comment, dans ces circonstances, allons-nous procéder pour créer non pas du malheur, mais du bonheur ?

Un incident qui s'est produit au cours d'un de mes voyages en train pourrait être une réponse à cette question. Un matin, à bord d'une voiture Pullman, nous étions six à nous raser dans le cabinet de toilette. Comme souvent, dans des lieux clos et bondés, et qui plus est après une nuit passée en train, le groupe ne semblait pas particulièrement enclin à la gaieté ; la conversation se limitait à peu de chose, et les rares propos échangés étaient plutôt laconiques.

Puis voilà qu'entra un homme qui arborait un large sourire. Il nous salua tous d'un joyeux bonjour, mais ne récolta en retour que quelques grognements peu amènes. Pendant qu'il se rasait, il fredonnait, probablement sans s'en rendre compte, un air joyeux qui énervait quelques passagers. Au bout d'un moment, l'un des hommes s'adressa à lui d'un ton plutôt sarcastique : « Vous semblez bien heureux ce matin ! Qu'est-ce qui nous vaut toute cette gaieté ?

— Effectivement, répondit l'homme, je suis heureux. Je suis de bonne humeur. » Puis il ajouta : « Je me fais un devoir d'être heureux. »

C'est tout ce qu'il dit, mais je suis convaincu que chacun d'entre nous ce matin-là quitta le train avec cette phrase étonnante en tête : « Je me fais un devoir d'être heureux. »

La portée de cette déclaration est très grande. En effet, notre bonheur ou notre malheur dépend en grande partie des pensées que nous cultivons. Le Livre des Proverbes nous dit : «… mais le cœur content est un festin perpétuel. » (Proverbes 15,15) En d'autres mots, si nous savons garder notre cœur joyeux, c'est-à-dire prendre l'habitude du bonheur, la vie sera une perpétuelle fête où nous pourrons pleinement profiter de chaque instant. D'une habitude axée sur le bonheur naît une vie heureuse. Et comme il nous est possible de prendre de nouvelles habitudes, nous détenons le pouvoir de créer notre propre bonheur.

Une cure contre le malheur

L'habitude du bonheur s'acquiert tout simplement en pensant positivement. Dressez une liste de pensées positives et joyeuses, et répétez-les plusieurs fois par jour. Si une pensée négative traverse votre esprit, arrêtez-vous immédiatement, rejetez-la avec énergie et remplacez-la aussitôt par une pensée positive. Chaque matin avant de vous lever, restez étendu dans votre lit et imprégnez votre esprit conscient de pensées joyeuses. Laissez défiler dans votre tête l'image des expériences positives que vous espérez vivre au cours de la journée. Savourez la joie de chacun de ces moments. De telles pensées contribuent au déroulement harmonieux des événements de votre journée. Évitez de penser que les choses pourraient mal tourner, sinon vous risquez de voir se réaliser ces mauvais présages, car vous attirerez à vous tout ce qui contribue à créer des conditions défavorables. Vous finiriez alors par vous demander : « Pourquoi les choses vont-elles toujours mal pour moi ? Que se passe-t-il donc ? »

Cet état de fait peut être directement lié à la façon dont vous avez commencé votre journée.

Demain, essayez plutôt d'agir ainsi : dès votre lever, dites cette phrase tout haut à trois reprises : « C'est aujourd'hui la journée que l'Éternel a faite : grâce à elle, soyons dans l'allégresse et dans la joie ! » (Psaumes 118,24) Rendez-la plus spontanée en disant : « À moi l'allégresse et la joie ! » Répétez-la d'une voix forte et claire, sur un ton positif, en y mettant de l'insistance. Cet énoncé, tiré de la Bible, est une excellente cure contre le malheur. Si vous le répétez trois fois avant le petit déjeuner et que vous méditez sur le sens de chaque mot, vous changerez la nature de votre journée en la commençant avec des pensées résolument heureuses.

Pendant que vous vous habillez, que vous vous rasez, ou que vous prenez votre petit déjeuner, dites à voix haute des affirmations dans le genre de celles-ci : « Je crois que cette journée sera merveilleuse. Je crois que je peux faire face à tous les problèmes qui surviendront aujourd'hui. Je me sens très bien, physiquement et moralement. C'est fantastique d'être en vie. Je suis reconnaissant de tout ce que j'ai eu, de tout ce que j'ai et de tout ce que j'aurai. Tout va bien aller, Dieu est là, Il est avec moi, et Il m'apportera son aide ; je remercie Dieu pour toutes ses bontés. »

J'ai connu un jour un homme malheureux qui, chaque matin, au petit déjeuner, répétait à sa femme : « Encore une dure journée à passer ! » Il n'y croyait pas vraiment, mais il avait pris l'habitude étrange de s'imaginer que s'il disait que la journée allait être difficile, elle pourrait finalement bien tourner. Mais un jour, les choses ont commencé à se détériorer, ce qui n'est pas surprenant, compte tenu de son attitude négative de départ. Visualisez donc des événements heureux dès le début de la journée, et vous aurez l'agréable surprise de constater que les choses se déroulent souvent comme vous le souhaitiez.

Il ne sera toutefois pas suffisant d'imposer à votre esprit cette thérapie affirmative; il vous faudra aussi, tout au long de la journée, baser vos actions et vos attitudes sur les principes fondamentaux d'une vie heureuse.

Faites preuve de bonne volonté !

Un des principes les plus simples est l'amour humain accompagné de bonne volonté. Il est surprenant de constater combien une expression sincère de compassion et de tendresse peut engendrer le bonheur.

Mon ami le Dr Samuel Shoemaker écrivit un jour une histoire touchante à propos d'un ami commun, Ralston Young, connu sous le nom de Porteur n° 42 à la gare Centrale de New York. Ce dernier gagnait sa vie à transporter des bagages, mais son travail réel consistait à vivre la parole du Christ comme porteur de bagages dans une des plus grandes gares du monde. Tout en portant la valise d'un homme, il tentait de fraterniser avec lui en bon chrétien qu'il était. Il observait son client avec attention pour décider s'il n'y avait pas lieu de lui transmettre un peu de courage et d'espoir. Il était d'ailleurs passé maître dans l'art d'appréhender les gens.

Un jour, par exemple, on lui demanda de conduire une vieille dame toute menue à bord du train. Comme elle se déplaçait en fauteuil roulant, il dut la faire descendre par l'ascenseur. Au moment où il poussait sa chaise à l'intérieur de la cage, il remarqua qu'elle avait les larmes aux yeux. Pendant que l'ascenseur descendait, Ralston Young, les yeux fermés, demanda au Seigneur de lui montrer comment il pourrait aider la vieille dame, et le Seigneur lui souffla une idée. En poussant sa chaise hors de l'ascenseur, il lui dit avec le sourire: «Madame, si vous me le permettez, j'aimerais vous dire que vous portez un bien joli chapeau.»

Elle leva les yeux vers lui et le remercia.

«J'aimerais ajouter que vous avez également une très belle jupe, elle me plaît beaucoup. »

Elle fut flattée par ces remarques, et malgré son état précaire, son visage s'éclaira. Elle lui demanda : «Pourquoi me dites-vous de si belles choses ? C'est bien gentil à vous.

— Eh bien, vous avez l'air malheureuse. Je vous ai vue pleurer, et j'ai demandé au Seigneur comment je pourrais vous aider. "Parle-lui de son chapeau", m'a dit le Seigneur. La jupe, ajouta-t-il, c'est mon idée. » Ralston Young, avec l'aide de Dieu, avait su comment distraire une femme de ses ennuis.

«Vous ne vous sentez pas bien ? lui demanda-t-il.

— Non, répondit-elle, je souffre constamment. La douleur ne me quitte pratiquement jamais. Il m'arrive de penser que je ne tiendrai pas le coup. Avez-vous seulement idée de ce que c'est que d'avoir mal tout le temps ? »

Ralston avait sa réponse toute prête : «Oui, madame, je sais ce que c'est parce que j'ai perdu un œil, et je souffre jour et nuit comme si j'avais été brûlé au fer rouge.

— Mais, lui lança-t-elle, vous semblez heureux. Comment y arrivez-vous ?

— Uniquement par la prière, madame, répondit-il, uniquement par la prière. »

Elle lui demanda doucement : «Est-ce qu'une simple prière peut faire disparaître la douleur ?

— Eh bien, dit Ralston, je ne peux pas dire que ça marche toujours, mais ça m'aide à surmonter le mal au point qu'il ne me paraît plus aussi intense. Continuez de prier, madame, et je prierai pour vous aussi. »

Ses larmes séchées, la dame leva les yeux vers lui avec un délicieux sourire aux lèvres, lui prit la main et lui dit : «Vous m'avez fait le plus grand bien. »

Une année passa et un soir, à la gare, on demanda à Ralston Young de se présenter au bureau des renseignements. Une jeune femme s'approcha de lui et lui dit : «Je vous apporte un message de l'au-delà. Avant de mourir, ma mère m'a demandé de vous retrouver et de vous dire combien vous l'avez aidée l'année dernière lorsque vous l'avez conduite au train dans son fauteuil roulant. Elle se souviendra de vous pour l'éternité. Elle ne vous oubliera pas, car vous avez été tellement gentil, aimable et compréhensif.» Puis la jeune femme éclata en sanglots, submergée par le chagrin.

Ralston la regarda en silence, puis lui dit: «Ne pleurez pas, petite demoiselle, séchez vos larmes. Il ne faut pas pleurer. Rendez grâce à Dieu.»

Surprise, la jeune femme demanda: «Pourquoi devrais-je rendre grâce à Dieu?

— Parce que beaucoup de gens deviennent orphelins alors qu'ils sont bien plus jeunes que vous. Vous avez eu votre mère pendant très longtemps, et de plus elle est toujours près de vous. Vous la reverrez. Elle est à vos côtés et le sera toujours. Peut-être est-elle avec nous deux en ce moment même!» ajouta-t-il.

Elle cessa de sangloter et sécha ses larmes. La gentillesse de Ralston lui fit le même effet qu'à sa mère un an plus tôt. Dans cette immense gare, dans le va-et-vient de milliers de passants, elles avaient senti toutes les deux la présence de Celui qui avait inspiré à ce merveilleux porteur cette méthode pour dispenser l'amour.

Le don de soi

«Dieu est là où est l'amour», dit Tolstoï, et on devrait ajouter que là où l'on trouve Dieu et l'amour, le bonheur existe. Aimer est donc une merveilleuse façon de créer le bonheur.

Un de mes amis, un homme tout à fait heureux, H. C. Mattern, ainsi que sa femme, Mary, qui respire tout autant la joie de vivre, voyagent à travers le pays pour leur travail. Leur carte d'affaires est unique parce qu'au verso se trouve inscrite la philosophie qui leur procure le bonheur.

En voici le texte: «Le secret du bonheur: ne laissez pas la haine envahir votre cœur ni les inquiétudes torturer votre esprit. Vivez simplement, attendez peu et donnez beaucoup. Remplissez votre vie d'amour. Diffusez des rayons de soleil. Oubliez-vous et pensez aux autres. Faites ce que vous voudriez qu'on vous fasse. Essayez cela pendant une semaine, et vous serez agréablement surpris.»

En lisant cela, vous vous direz peut-être : « Il n'y a rien de neuf dans tout ça. » Mais si vous n'avez jamais essayé d'adopter ces principes, ce sera tout à fait nouveau pour vous. En mettant ces règles en pratique, vous comprendrez que c'est la plus nouvelle et la plus surprenante des méthodes pour trouver le bonheur et le succès que vous ayez jamais utilisée. Quel bienfait peut vous procurer la connaissance de ces principes si vous ne les mettez pas en pratique ? Il est fou de ne pas profiter d'une telle connaissance. On admettra facilement qu'une personne qui vit pauvrement alors que la richesse se trouve à sa portée a une attitude franchement stupide. Cette philosophie simple est la clé du bonheur. Appliquez ces principes pendant une semaine, comme le suggère M. Mattern, et si vous ne commencez pas à entrevoir le vrai bonheur, c'est que le malheur est profondément enraciné en vous.

Il est évident que, pour assurer l'efficacité des principes qui sont à la base d'une vie heureuse, il est indispensable d'entretenir un état d'esprit dynamique, car vous n'obtiendrez aucun résultat profitable sans la présence d'une force spirituelle. Quand on entreprend des changements intérieurs au niveau spirituel, il est plus facile d'obtenir des résultats en cultivant des pensées qui engendrent le bonheur. Si vous commencez à mettre en pratique, même maladroitement, des principes spirituels, vous sentirez grandir en vous une force spirituelle. Je puis vous assurer que vous vous sentirez envahi par une vague de bonheur comme vous n'en avez jamais connu. Et ce bonheur durera aussi longtemps que vous ferez de Dieu le centre de votre vie.

La métamorphose spirituelle

Au cours de mes voyages à travers le pays, je rencontre de plus en plus de gens heureux qui mettent en pratique les techniques expliquées dans cet ouvrage, techniques dont je parle dans d'autres livres ou d'autres écrits, ou au cours de conférences, techniques que d'autres écrivains ou conférenciers enseignent suivant le même modèle à des personnes avides d'en connaître davantage sur le sujet. Il est stupéfiant de voir à quel point les gens peuvent déborder de bonheur après avoir amorcé un changement spirituel. Toutes sortes de gens, à travers le monde, vivent cette expérience aujourd'hui. De fait, ce phénomène a acquis une popularité exceptionnelle, et s'il continue de se développer et de prendre de l'expansion, l'individu qui n'aura pas vécu d'expériences spirituelles sera considéré comme vieux jeu et inadapté à son époque. De nos jours, il est bien vu de vivre une vie axée sur la spiritualité. Il est désormais démodé d'ignorer cette tension vers le bonheur que vivent tant de gens.

Récemment, à la fin d'une de mes conférences, un bel homme s'approcha de moi et me donna une tape sur l'épaule avec une telle force qu'il faillit me renverser.

«Docteur, dit-il d'une voix forte, que diriez-vous d'une soirée avec notre groupe? Nous avons organisé une grande fête chez les Smith, et nous aimerions que vous soyez des nôtres. On va s'amuser comme des fous, vous devriez en profiter.»

Il me paraissait évident que cette fête ne convenait pas à un prédicateur, et j'hésitai à accepter l'invitation. J'avais peur de gêner les gens, alors je me mis à chercher des excuses.

«Allez, continua mon interlocuteur, ne vous en faites pas, c'est tout à fait le genre de fête qui vous convient. Vous serez surpris. Venez avec nous. Vous vivrez des émotions fortes.»

Je me laissai tenter et décidai de suivre mon éloquent ami qui possédait assurément la personnalité la plus communicative que j'eusse jamais rencontrée. Arrivés à la maison, située un peu en retrait de la ville, tapie parmi les arbres, nous entendîmes des cris joyeux qui fusaient des fenêtres grandes ouvertes; il n'y avait pas de doute, la fête battait son plein. Je me demandai soudain ce que je faisais là. Mais mon hôte m'entraîna bruyamment dans la pièce, et ce fut alors une longue série de poignées de main. Il me présenta à une foule de personnes joyeuses et exubérantes, toutes très sympathiques.

Je cherchai le bar des yeux, mais il n'y en avait pas. On ne servait que du café, des jus de fruits, une boisson gazeuse au gingembre, des sandwichs et de la crème glacée, mais tout cela en très grande quantité.

«Ces gens doivent s'être arrêtés quelque part avant de venir ici, non?» lançai-je à mon ami.

Il parut choqué et me dit: «Arrêtés quelque part? Pourquoi? Vous ne comprenez pas? Ces gens sont effectivement ivres, mais pas de l'ivresse à laquelle vous faites allusion. Ça m'étonne de votre part. Ne voyez-vous donc pas ce qui les rend si heureux ? Ils sont spirituellement régénérés. Quelle chance ils ont ! Ils se sont affranchis d'eux-mêmes. Ils ont découvert Dieu comme une réalité vivante, vitale, c'est la pure vérité. Oui, dit-il, ils sont ivres, mais ce n'est pas le genre d'ivresse que l'on trouve dans une bouteille. Ils sont ivres d'amour. »

Alors je compris ce qu'il voulait dire. Je n'avais pas devant moi des gens au visage triste et à l'esprit lourd. C'étaient les notables de la ville – des hommes d'affaires, des avocats, des médecins, des professeurs, des gens du monde ainsi que de simples citoyens – et ils s'amusaient follement à cette fête en parlant de Dieu en toute simplicité. Ils racontaient les changements qui s'étaient produits dans leur vie grâce à une renaissance de la force spirituelle présente en eux.

Ceux qui prétendent que l'on ne peut rire et s'amuser lorsque l'on est croyant et pratiquant auraient dû assister à cette fête.

Je pris finalement congé de mes hôtes avec en tête ce verset de la Bible : « [La Parole] était la vie et la vie était la lumière des hommes. » (Jean 1,4) Voilà la lumière qui illuminait le visage de mes joyeux amis. Cette lumière intérieure qui se réfléchissait dans leur regard provenait d'un bouillonnement spirituel intérieur. Vie signifie vitalité, et ces gens tiraient sans conteste leur vitalité de Dieu. Ils avaient découvert le pouvoir de créer le bonheur.

Chassez toute pensée négative !

Cette aventure n'est pas un cas isolé. Je me risque à affirmer que dans votre propre communauté, si vous regardez tout autour de vous, vous trouverez quantité de gens qui ressemblent à ceux dont je viens de vous parler. Et vous pouvez connaître la même ivresse en lisant ce livre si vous mettez en pratique les principes simples que nous vous proposons.

Croyez en tout ce qui est dit dans cet ouvrage parce que tout y est pure vérité ; ensuite commencez à mettre ces principes en pratique, et vous vivrez, vous aussi, une expérience spirituelle qui produira cette qualité de bonheur. Je sais que c'est vrai, parce que bon nombre des personnes auxquelles je me réfère et me référerai dans les prochains chapitres ont commencé leur nouvelle vie en faisant appel à nos méthodes. Alors, métamorphosé intérieurement, vous commencerez à créer non pas le malheur, mais un bonheur d'une telle qualité et d'une telle intensité que vous vous demanderez si vous vivez toujours sur la même planète. Vous ne ferez effectivement plus partie du même monde parce que vous ne serez plus la même personne, et comme ce que vous êtes détermine le monde dans lequel vous vivez, au fur et à mesure que vous changerez, le monde autour de vous changera aussi.

Si le bonheur est déterminé par nos pensées, il est essentiel de chasser toute pensée qui engendre dépression et découragement. On peut connaître la sérénité si l'on est déterminé à agir et si l'on utilise ensuite cette technique simple que je proposais un jour à un homme d'affaires. Je fis sa connaissance au cours d'un dîner, et jamais je n'avais rencontré quelqu'un d'aussi triste. Sa conversation aurait été extrêmement déprimante si je l'avais laissé faire. À l'écouter parler, on aurait pu croire que tout était voué à l'échec. Il était clair que l'homme était épuisé. L'accumulation des problèmes, dans sa vie, avait submergé son esprit à un point tel qu'il cherchait à se libérer en se repliant sur lui-même, tâchant de fuir un monde trop difficile pour lui. Son handicap majeur venait du mauvais fonctionnement de sa pensée. Il avait grand besoin de lumière et d'espoir.

Je lui lançai donc avec audace : « Si vous voulez vous sentir mieux et cesser d'être malheureux, je peux vous indiquer un remède qui arrangera tout.

— Que pouvez-vous faire ? grogna-t-il. Faites-vous des miracles ?

— Non, répliquai-je, mais je peux vous mettre en contact avec un faiseur de miracles qui vous purgera du malheur qui vous oppresse et permettra à votre vie de prendre une nouvelle tournure. Je suis très sérieux », conclus-je en le quittant.

Apparemment, mes paroles avaient attisé sa curiosité, car il rentra en communication avec moi un peu plus tard ; je lui remis alors un petit livre contenant quarante maximes axées sur la santé et le bonheur. Je lui suggérai de porter ce livre de poche sur lui pour pouvoir le consulter à loisir, et d'assimiler une pensée par jour, et ce, pendant quarante jours. Je lui recommandai aussi de mémoriser chaque pensée pour qu'elle puisse imprégner sa conscience, puis de la visualiser, ce qui produirait tout à coup un effet réconfortant. Je lui assurai que, s'il suivait ma suggestion à la lettre, ces pensées saines chasseraient les mauvaises qui sapaient sa joie, son énergie et ses habiletés créatrices.

L'idée lui sembla d'abord assez saugrenue. Il avait des doutes, mais il suivit tout de même mes instructions. Trois semaines plus tard environ, il me téléphona et me cria au bout du fil: «Bigre! Ça marche vraiment! C'est fantastique. J'ai réussi à sortir de mon marasme, jamais je n'aurais cru cela possible.»

Il suit toujours cette méthode, et il est vraiment heureux. Il arrive à le demeurer parce qu'il est passé maître dans l'art de créer son propre bonheur. Il avoua, par la suite, que le premier obstacle auquel il fut confronté fut de faire face, en toute honnêteté, au fait qu'il se complaisait finalement dans ses pensées moroses qui lui permettaient de s'apitoyer sur son sort et de s'autopunir. Il sentait combien cette délectation morose était cause de ses ennuis, mais il refusait de déployer l'effort nécessaire qui consiste à désirer suffisamment un changement pour le provoquer. Mais lorsqu'il commença à insuffler systématiquement des pensées spirituelles saines à son esprit, comme je le lui avais suggéré, il se mit à désirer ardemment une nouvelle vie; il constata alors qu'il pouvait l'obtenir, et finalement, le plus surprenant, qu'il l'atteignait déjà. Le résultat fut que, après trois semaines de pratique, un bonheur nouveau l'envahit.

Des exemples de transformation

Il existe partout des groupes de gens qui empruntent la route qui mène au bonheur. De quelle sorte de groupes parlons-nous? Laissez-moi vous expliquer.

Après une conférence donnée dans une ville de l'Ouest, je retrouvai assez tard ma chambre d'hôtel. Je voulais dormir un peu, car je devais me lever à cinq heures trente le lendemain matin pour prendre mon avion. Au moment où je m'apprêtais à me coucher, le téléphone sonna, et une dame me dit: «Nous sommes environ cinquante chez moi à attendre que vous arriviez.»

Je lui expliquai que c'était impossible, car je devais me lever très tôt le lendemain matin.

« Oh, fit-elle, deux hommes sont déjà en route pour aller vous chercher. Nous avons prié pour vous, et nous aimerions bien que vous veniez prier avec nous avant de quitter la ville. »

Je ne regrette pas d'y être allé, malgré ma courte nuit.

Les deux hommes qui vinrent me prendre, deux alcooliques guéris par le pouvoir de la foi, étaient les deux types les plus heureux que l'on puisse imaginer.

La maison où ils m'emmenèrent était bondée. Des gens étaient assis dans les escaliers, sur les tables, par terre. Un homme était même juché sur le piano. Que faisaient-ils ? Ils tenaient une réunion de prières. Ils m'apprirent que, dans cette ville, soixante groupes semblables se réunissaient régulièrement.

Je n'avais jamais participé à ce genre de réunion. Ces personnes étaient loin d'être vieux jeu. C'étaient des gens ouverts, libres et heureux. Je me sentis étrangement remué. L'atmosphère de la pièce était incroyablement électrisée. Le groupe se mit tout à coup à chanter, et jamais je n'avais entendu chanter de cette façon. La pièce était remplie d'éclats de rire et de gaieté.

Une femme se leva, et je remarquai qu'elle portait des appareils orthopédiques aux jambes. Elle me dit : « On m'avait dit que je ne marcherais jamais plus. Voulez-vous me voir marcher ? » Et elle se mit à arpenter la pièce de long en large.

« À quoi devez-vous votre guérison ? lui demandai-je.

— À Jésus », répondit-elle simplement.

Puis une autre jeune femme dit : « Avez-vous jamais rencontré une victime de la drogue ? Eh bien, j'en étais une, et je suis maintenant guérie. » J'avais devant moi une très jolie jeune femme, modeste, charmante, qui disait elle aussi : « C'est à Jésus que je le dois. »

Ensuite, un couple qui avait rompu me raconta qu'ils s'étaient réconciliés et qu'ils étaient heureux comme jamais auparavant.

« Comment cela s'est-il produit ? » leur demandai-je. « C'est grâce à Jésus », me dirent-ils.

Un homme relata qu'il avait été victime de l'alcool, qu'il avait traîné sa famille dans la misère la plus abjecte et qu'il était un raté. Et voilà que se tenait devant moi une personne vigoureuse et en bonne santé. Je m'apprêtais à lui demander comment tout cela était arrivé, mais il inclina la tête et me dit : « C'est grâce à Jésus. »

Le groupe se mit soudain à chanter, une personne se leva pour tamiser l'éclairage, et nous formâmes un grand cercle en nous tenant par la main. J'avais l'impression de tenir un fil électrique. L'énergie circulait dans la pièce. J'étais, sans aucun doute, la personne la moins évoluée, spirituellement, parmi mes compagnons. Je sus à cet instant que Jésus-Christ était là, dans cette maison, et que ces gens L'avaient découvert. Ils avaient été imprégnés de Sa force. Il leur avait insufflé une vie nouvelle. Cette vie bouillonnait dans une irrépressible effervescence.

Voilà le secret du bonheur. Tout le reste est secondaire. Vivez cette expérience et vous connaîtrez le vrai bonheur, le bonheur parfait, le plus intense qui soit. Ne passez pas à côté de Lui, quel que soit le genre de vie que vous menez, car là est la vérité !

CHAPITRE 6

Cessez de gémir et de vous lamenter!

Ceux qui se lamentent ou gémissent sans arrêt se rendent souvent la vie impossible, car cette manière d'être est une dépense inutile d'énergie.

Vous arrive-t-il de gémir et de vous lamenter? Si oui, voici ce dont vous avez l'air quand vous vous adonnez à ce «sport». «Se lamenter», c'est se plaindre bruyamment, récriminer, râler, bouillir de colère, en vouloir à tous, être perpétuellement hargneux. Le verbe «gémir» est tout aussi évocateur. Il rappelle l'enfant malade qui pleurniche et vagit au cours de la nuit. Il ne s'arrête que pour recommencer de plus belle. Ses gémissements sont irritants, perçants et agaçants. Vagir ou gémir sont des termes qui s'appliquent généralement aux enfants, mais qui définissent très bien les réactions émotives d'un grand nombre d'adultes.

La Bible nous dit: «Ne te mets pas en colère...» (Psaumes 37,1) Ce serait un bon conseil à donner à nos contemporains. Il faut cesser de se plaindre et de fulminer, et s'appliquer plutôt à trouver la sérénité si nous voulons vivre pleinement et efficacement. Mais comment y arriver?

La première étape consiste à ralentir notre rythme de vie. Nous ne nous rendons pas compte de la vitesse folle à laquelle nous vivons, ni à quel point le rythme de notre existence s'est accéléré. Beaucoup s'y épuisent physiquement, moralement et spirituellement. Une personne peut fort bien vivre physiquement une existence paisible tout en maintenant un rythme émotif effréné. De ce point de vue, même un invalide peut vivre à un rythme excessif. Cela se produit lorsque l'esprit passe fiévreusement et anarchiquement d'un comportement à un autre; il en résulte un état de surexcitation et de tension extrêmement néfaste qu'il importe de calmer à tout prix. Cette surexcitation favorise l'apparition de toxines dans l'organisme, entraîne un état de fatigue et un sentiment de frustration qui nous rend irascibles et excédés par tout, qu'il s'agisse de nos problèmes personnels, de la situation nationale ou des événements mondiaux. Si ces perturbations émotionnelles ont des répercussions si graves sur le plan physique, qu'en est-il de l'esprit et de l'âme ?

Le stress nécessaire ?

La sérénité ne peut s'acquérir dans le tumulte et la frénésie. Dieu, qui n'a pas ce rythme fou, dit : « S'il vous faut vivre cette course effrénée, allez-y ! Quand vous serez brûlé, je vous offrirai la guérison. Sachez cependant que je peux rendre votre vie tellement plus riche, si seulement vous ralentissiez vos activités dès maintenant et que vous mettiez votre espérance en Moi. » Dieu est imperturbable, calme, lent, mesuré et organisé. Pour vivre raisonnablement, le seul rythme à suivre est celui de Dieu. Il fait bien les choses, lui, sans précipitation aucune. Il ne gémit ni ne fulmine. Il est pacifique, donc efficace. Cette même paix vous est offerte : « Je vous laisse la paix, je vous donne ma paix… » (Jean 14,27)

Il est vrai qu'il y a quelque chose de pathétique à vivre dans les grandes villes, à cause de la tension nerveuse, de la stimulation artificielle constante et du bruit ; mais la maladie s'étend aussi à la campagne, car les vibrations de la ville finissent par s'y propager. Il y a quelque temps, j'ai été amusé par les propos d'une dame âgée qui, s'exprimant sur le sujet, disait : « La vie est si quotidienne. » Cette remarque en disait long sur la tension et le poids des responsabilités inhérents à la routine quotidienne. L'insistance, la persistance des obligations qui nous incombent créent de grandes tensions.

C'est à se demander si les gens, habitués qu'ils sont au stress, n'en ont pas besoin pour être heureux. Ils ignorent quasi totalement le silence profond des vallées et des bois, qui était si familier à nos aïeux. Leur rythme de vie est tel qu'il leur est impossible, dans un très grand nombre de cas, et qui plus est dans les villes, de trouver la paix et le silence.

Par un bel après-midi ensoleillé d'été, au cours d'une longue promenade dans un bois, ma femme et moi fîmes halte dans le magnifique chalet de montagne du lac Mohonk, qui se trouve au cœur de l'un des plus magnifiques parcs naturels d'Amérique du Nord. Imaginez, à flanc de montagne, 7500 acres de forêt vierge au centre de laquelle, tel un joyau, repose ce lac dont le nom, *mohonk,* signifie « lac dans le ciel ». Il y a très longtemps, un grand bouleversement de la croûte terrestre donnait naissance à ces falaises abruptes. À la sortie de la forêt, on accède à un promontoire d'où l'on peut observer de grandes vallées creusées dans les collines rocailleuses aussi âgées que le soleil lui-même. Ces forêts, ces montagnes et ces vallées constituent en quelque sorte la dernière retraite de l'homme pour échapper à la confusion du monde.

Cet après-midi-là, donc, nous nous promenions sous la pluie. Nous étions trempés et commencions à en être un peu irrités. Puis nous nous sommes regardés pour nous dire que, finalement, se faire mouiller par une pluie fine et fraîche n'était pas si grave que cela et que nous pourrions nous faire sécher quand le soleil réapparaîtrait. Nous avons donc continué à marcher sous les arbres en bavardant, pour laisser ensuite place au silence.

Nous *écoutions,* profondément, le silence. L'immobilité absolue n'existe pas dans les bois. Il y règne même une vitalité incroyable, mais il n'y a pas de bruits déchirants ou violents. Les vrais sons de la nature sont le silence et l'harmonie.

En ce bel après-midi, la nature posait sa main apaisante sur nous, et nous pouvions sentir nos tensions s'envoler.

Au moment précis où nous tombions sous le charme, des sons stridents qu'on a l'audace d'appeler *musique* parvinrent à nos oreilles. C'était une espèce de *rock,* de la variété dite *métal hurlant.* Trois adolescents surgirent alors des bois : deux jeunes filles et celui qui transportait un de ces gros appareils à transistors.

C'était un trio de citadins qui se payaient une balade dans les bois et qui, tragiquement, transportaient avec eux leurs propres bruits. Pas méchants pour autant. Ils se sont arrêtés et nous avons échangé quelques mots. J'ai d'ailleurs eu envie de leur dire de fermer leur truc et d'écouter la musique de la forêt, mais je me suis dit qu'il ne me revenait pas de faire leur éducation ; ils sont finalement repartis comme ils étaient venus.

Ma femme et moi avons ensuite commenté l'événement. Il est dommage de traverser ainsi un havre de silence qui existe depuis l'aube des temps sans prêter l'oreille à cette harmonie, à cette mélodie qui n'a jamais été égalée par aucun être humain: celle du vent dans les feuilles, celle du chant des oiseaux, celle de la musique de la terre qui respire.

Tout cela se trouve encore dans les forêts, dans la majesté des montagnes, dans les plaines et les vallées, dans l'écume de la mer et sur les douces plages de sable fin. Nous devrions profiter de cette vertu curative de la nature. Rappelez-vous les paroles de Jésus: « Venez à l'écart dans un lieu désert et reposez-vous un peu. » (Marc 6,31) Au moment précis où j'écris ces mots, j'ai souvenance de moments où il devenait nécessaire que je retrouve, pour les pratiquer, ces mêmes vérités, ce qui m'amène à souligner la nécessité constante de la discipline qui consiste à chercher le silence, si on désire y puiser un réconfort salutaire.

Le pouvoir de s'émerveiller

Par une journée d'automne, ma femme et moi avons effectué un voyage dans le Massachusetts pour rendre visite à notre fils qui y poursuit ses études. Nous lui avions promis que nous arriverions à 11 heures pile, selon cette bonne vieille habitude américaine à laquelle nous sommes scrupuleusement fidèles. Un peu en retard, nous filions à toute allure à travers le paysage automnal.

Ma femme me dit: « Norman, as-tu vu cette colline superbe?

— Quelle colline? lui demandai-je.

— On vient de la dépasser à gauche, me répondit-elle. Et là, regarde cet arbre magnifique!

— Quel arbre? » On l'avait perdu de vue depuis plus d'un kilomètre et demi…

« C'est l'une des plus merveilleuses journées de ma vie, me confia ma femme. Il est difficile d'imaginer des couleurs plus spectaculaires que celles du paysage vallonné de Nouvelle-Angleterre en automne. Ça me rend intérieurement heureuse », ajouta-t-elle.

Cette remarque m'a tellement sidéré que j'ai rebroussé chemin, un demi-kilomètre plus loin, et que j'ai arrêté la voiture sur le bord d'un lac donnant sur un mont couvert de splendides couleurs automnales. En admiration devant une telle beauté, nous avons médité quelque peu.

Dieu, dans son génie et son adresse, avait réalisé ce tableau à l'aide d'une palette somptueuse. Les eaux paisibles du lac servaient de miroir à Sa gloire, car le flanc du coteau y était magnifiquement reflété.

Pendant un long moment, nous restâmes assis là, sans mot dire, jusqu'à ce que ma femme rompe finalement le silence pour énoncer la seule phrase appropriée à de tels instants: «… Il me dirige près des eaux paisibles.» (Psaumes 23,2) À 11 heures, nullement fatigués, nous arrivions au collège où étudiait notre fils. Nous étions, au contraire, profondément revigorés.

Pour réduire cette tension qui semble être le lot de tout le monde, ces temps-ci, vous pouvez commencer par ralentir votre rythme de travail et d'activités. Pour y parvenir, ralentissez et taisez-vous. Ne criez pas. Ne geignez pas non plus. Cultivez la paix de l'âme. Laissez place à «la paix de Dieu qui surpasse toute intelligence…» (Philippiens 4,7) Observez ensuite cette force tranquille qui se bâtit en vous.

Forcé au repos à la suite d'un *burn-out* (épuisement moral et physique), un ami m'écrivait: «J'ai tiré plusieurs leçons de cette retraite obligatoire. Je sais maintenant jusqu'à quel point le silence nous révèle Sa présence. La vie peut devenir embrouillée comme l'eau d'une mare. Par contre, "laissez reposer l'eau boueuse, elle s'éclaircira", nous dit Lao-Tseu», ce philosophe chinois qui fonda le taoïsme.

Un homme d'affaires entreprenant et dynamique décrivait fébrilement à son médecin la somme énorme de travail qu'il devait abattre quotidiennement.

«Chaque jour, lorsque je quitte le bureau, ma serviette est remplie à craquer», disait-il nerveusement.

Le médecin lui demanda pourquoi il devait amener tout ce travail chez lui.

«Je *dois* le faire, hurla-t-il.

— Pourquoi ne pas confier ce travail à quelqu'un d'autre? suggéra le médecin.

— Mais, répliqua l'homme d'affaires, parce que je suis le seul qui puisse l'accomplir. Il faut qu'il soit bien fait, et je suis *le seul* qui puisse l'accomplir *comme il faut,* et rapidement. Tout repose sur mes épaules.

— Si je vous fais une ordonnance, allez-vous la suivre?» demanda le médecin.

Et voici la prescription, plutôt fantaisiste, que fit le médecin à son patient : deux heures durant, chaque jour ouvrable, il devait effectuer une longue promenade à pied. De plus, chaque semaine, il devait passer une demi-journée dans un cimetière.

« Mais pourquoi une demi-journée dans un cimetière ? s'insurgea l'homme.

— Premièrement, répondit le docteur, je veux que vous vous promeniez parmi les pierres tombales de personnes qui résident dans cet endroit en permanence. Deuxièmement, je veux que vous méditiez sur le fait que nombre d'entre elles croyaient, tout comme vous, que le monde reposait sur leurs seules épaules. Méditez aussi solennellement sur le fait que, quand vous y reposerez à votre tour en permanence, la Terre continuera de tourner et, quelque important que vous ayez pu être, d'autres s'occuperont d'effectuer le travail que vous faites maintenant. Troisièmement, je veux que vous vous asseyiez devant une tombe et que vous répétiez ceci : "... mille ans sont, à tes yeux, comme le jour d'hier, quand il passa, et comme une veille de la nuit." (Psaumes 90,4)

Le patient comprit vite. Il ralentit son rythme de travail, apprit à déléguer les tâches, c'est-à-dire relativisa son importance. Il a aujourd'hui cessé de gémir et de hurler. Il s'est calmé. Depuis, son travail est mieux fait. Il a mis au point un organigramme plus efficace et il admet maintenant que son entreprise est en meilleure santé.

Un industriel de renom souffrait de tension. En fait, il avait les nerfs tendus comme les cordes d'un violon. Comme il le disait lui-même, « en sortant du lit, je pars tout de suite en quatrième vitesse ». Il était tellement affolé et survolté qu'il prenait « des œufs durs au petit déjeuner parce qu'ils descendent rapidement ». Ce rythme infernal le laissait fourbu et éreinté dès midi. Tous les soirs, il s'écroulait de fatigue.

Sa maison se trouvait dans un bois. Un matin, très tôt, comme il était incapable de dormir, il s'accouda à la fenêtre. Son attention fut attirée par un oiseau qui s'extirpait de sa torpeur nocturne. Il remarqua alors qu'un oiseau dort la tête sous son aile, tout enveloppé de ses plumes. Au réveil, il sort la tête, regarde autour de lui, encore endormi, étire une patte au complet et ouvre, comme un éventail, l'aile qui se trouve du même côté. Puis il ramène la patte et l'aile à leur position initiale pour répéter les mêmes gestes avec l'autre aile et l'autre patte. Après cet exercice, il replace sa tête sous son aile pour savourer un petit supplément de sommeil. Puis il la ressort, la renvoie en arrière, regarde énergiquement autour de lui, s'étire encore, brièvement, comme la première fois, pour ensuite lancer un chant mélodieux à la gloire du jour, avant de quitter sa branche pour aller boire un peu d'eau et se mettre en quête de nourriture.

Notre homme se dit : « Si c'est là la façon qu'a un oiseau de s'éveiller, graduellement et simplement, pourquoi n'en serait-il pas de même pour moi, chaque matin ? » Il se mit à imiter l'oiseau, y compris son chant qui, selon lui, a des propriétés thérapeutiques particulières, des vertus libératrices notamment.

« Je ne chante pas bien, dit-il, mais je me suis astreint à m'asseoir calmement dans un fauteuil puis à chanter. Je chante surtout des hymnes et des chansons joyeuses. J'ai moi-même de la difficulté à m'imaginer en train de chanter, mais je le fais ; ma femme pense que je suis tombé sur la tête. J'ai ajouté un petit quelque chose au rituel original de l'oiseau : la prière. Puis je termine avec un petit déjeuner substantiel : œufs, bacon, pain grillé que je mange lentement. J'arrive ensuite au travail l'esprit détendu. Je commence ainsi la journée que je poursuis d'une manière calme et décontractée. »

Respectez le rythme divin

Un ex-membre d'une équipe championne d'aviron me confiait que l'entraîneur rappelait sans cesse à son équipe que, pour gagner une course, « il faut ramer lentement ». Le fait de ramer rapidement, disait-il, tend à déséquilibrer le rythme qu'il est alors très difficile de rétablir. Il est donc sage de « ramer lentement pour aller plus vite ».

Afin de ramer lentement (ou de travailler lentement) pour atteindre le rendement optimal, il importe, pour la victime nerveusement tendue, de se brancher sur le calme de Dieu afin d'y régler son esprit, son âme, aussi bien que ses nerfs et ses muscles.

Avez-vous déjà songé à l'importance qu'il y a à être pénétré de l'esprit de Dieu jusque dans vos muscles et vos articulations ? Ces dernières feraient peut-être moins mal si elles étaient remplies de paix divine. Et vos muscles? Leur coordination ne serait-elle pas améliorée si Dieu, qui est à l'origine de leur création, n'en gouvernait les mouvements? Parlez à vos muscles, à vos articulations et à vos nerfs chaque jour en leur disant: «Ne sois pas irrité...» (Psaumes 37,1) Relaxez-vous en vous étendant sur un divan ou sur un lit, concentrez-vous sur chaque muscle, sur chaque articulation et sur vos nerfs, à tour de rôle, et répétez chaque fois: «La paix de Dieu est avec toi.» Entraînez-vous à sentir cette paix qui envahit votre corps entier. Vous verrez disparaître graduellement la douleur que vous ressentiez dans vos muscles et vos articulations.

Ralentissez le rythme de vos activités. De toute façon, tout ce que vous désirez sera au rendez-vous si vous y travaillez sans stress, sans tension. Si, en vous laissant guider par le rythme doux et apaisant de Dieu, vous n'arrivez pas au résultat escompté, c'est qu'il n'était pas à votre portée. Recherchez donc le rythme normal et naturel inspiré par Dieu. Pratiquez et gardez la paix de l'âme. Apprenez l'art de laisser filer l'agitation nerveuse. Pour y arriver, cessez toute activité à intervalles réguliers et répétez: «Je renonce à toute agitation nerveuse. Je la remplace par la paix que je sens couler en moi.» Ne criez pas. Ne geignez pas non plus. Apprenez à garder la paix de l'âme.

Pour arriver à maîtriser ce mode de vie, je recommande la concentration sur des pensées paisibles. Chaque jour, nous posons des gestes destinés à notre corps. Nous nous baignons, nous nous brossons les dents, nous faisons de l'exercice. De la même manière, nous devrions prendre le temps de garder notre esprit en bonne santé. On peut y arriver en s'asseyant simplement et en se laissant aller à l'évocation d'images paisibles. Ce peut être un beau paysage montagneux, une douce vallée, un ruisseau à truites ou encore un rayon de lumière argenté se reflétant dans un cours d'eau.

Au moins une fois par jour, de préférence durant la partie la plus occupée de la journée, cessez toute activité et pratiquez votre pause sérénité.

À certains moments, il est absolument essentiel de vérifier votre rythme d'activités; observez-vous donc, toutes affaires cessantes.

J'allai donner un jour une conférence dans une ville étrangère, et un comité m'attendait à ma descente du train. On me conduisit en vitesse à une librairie pour une séance de signatures, puis de là, en toute hâte, à une seconde librairie. Un repas nous attendait ensuite, suivi d'une réunion, à la fin de laquelle on me raccompagna à mon hôtel où je dus me changer rapidement pour assister à une réception où plusieurs centaines de personnes m'attendaient. De retour à l'hôtel, on m'avisa que j'avais vingt minutes pour revêtir la tenue de rigueur pour le dîner. J'étais en train de me changer lorsque le téléphone sonna. Quelqu'un me dit: «Dépêchez-vous, le dîner sera bientôt servi!»

Tout excité, je répondis: «J'arrive tout de suite!»

J'étais tellement énervé que j'eus de la difficulté à verrouiller la porte. Je me regardai en hâte devant un miroir afin de m'assurer de n'avoir rien oublié, puis je me ruai vers l'ascenseur. Tout à coup, stop! Hors d'haleine, je m'arrêtai net. «Mais, qu'est-ce que c'est que ce cirque? me dis-je. C'est ridicule!»

Puis je fis ma déclaration d'indépendance: «Je me moque d'assister ou non à ce dîner. Et je ne donnerai pas de conférence si je ne le veux pas.» Alors, lentement et de façon délibérée, je regagnai ma chambre et pris tout mon temps pour ouvrir la porte. Je saisis le téléphone et dis: «Si vous désirez passer à table, faites-le sans moi. Si vous voulez me garder une place, je descendrai dans quelques minutes, mais j'en ai assez de me dépêcher!»

J'ai enlevé mon veston et mes souliers, et dénoué ma cravate, puis je me suis allongé, les pieds sur la table, et je suis resté là. Ensuite, j'ai pris la Bible et j'ai lu le 121e Psaume: «Je lève les yeux vers les montagnes… D'où me viendra le secours?» Puis j'ai fermé le livre, en pensant: «Il est temps de vivre une vie plus lente et plus détendue. Dieu est ici présent, avec moi, et Sa paix me touche», ai-je affirmé.

«Je n'ai pas besoin de manger, continuai-je. Je mange trop de toute façon, et puis ce ne sera sans doute pas très bon. De plus, ma conférence de huit heures sera meilleure.»

Alors je suis resté là, au repos et en prière, pendant une quinzaine de minutes. Je n'oublierai jamais le sentiment de paix et de maîtrise de soi qui m'habitait quand j'ai quitté cette chambre. J'avais la glorieuse sensation d'avoir vaincu quelque chose, d'avoir pris les rênes de mes émotions et, quand je pénétrai dans la salle, les autres venaient de terminer la soupe, qui n'était, de l'avis général, pas terrible.

Cet incident se révéla une magnifique expérience du pouvoir apaisant de la présence divine. J'y suis arrivé simplement en arrêtant la machine, en lisant la Bible, en priant sincèrement et en me concentrant sur de paisibles pensées, l'espace d'un court instant.

Changer ses habitudes

Les médecins sont généralement d'accord sur le fait que nombre de problèmes physiques pourraient être réglés ou même évités si on savait vivre sans tension.

Un personnage connu de New York m'a confié que son médecin lui avait suggéré de fréquenter la clinique que nous tenons à l'église « parce que vous avez besoin d'adopter une philosophie plus calme de la vie. Vous êtes au bout du rouleau », avait conclu le médecin.

« Mon médecin affirme que je me surmène. Il me dit que je suis trop tendu, trop agité, que je me lamente et que je gémis sans arrêt. Il me chante sur tous les tons que la seule cure, dans mon cas, serait d'adopter une vie paisible. »

En disant cela, mon hôte se leva et commença à arpenter la pièce. « Mais comment donc vais-je y arriver ? C'est beaucoup plus facile à dire qu'à faire… »

Puis il s'étendit un peu sur les suggestions que son médecin lui avait faites pour parvenir à mettre cette philosophie en pratique. Elles étaient tout à fait sensées. « Il m'a dit alors de venir vous voir ici, à l'église, car il croit que, si je parviens à mettre vraiment en pratique la foi religieuse, cela me procurera la paix de l'âme qui contribuera à réduire ma tension artérielle. Quoique la prescription de mon médecin soit très judicieuse, comment voulez-vous qu'un homme de cinquante ans, au caractère tendu comme le mien, change soudainement des habitudes acquises une vie durant pour développer une philosophie qui prône l'envers de ce que je suis ? »

En effet, cela semblait poser problème. Il n'était qu'un paquet de nerfs tendus, prêt à exploser. Il arpentait la pièce, frappait de temps en temps sur la table. Sa voix était aiguë. On sentait un homme complètement instable et à vif. De toute évidence, il montrait là son visage le plus négatif, mais on sentait néanmoins transparaître sa vraie personnalité, ce qui nous permettait de mieux le comprendre.

En l'observant et en l'écoutant parler, j'ai compris une fois de plus pourquoi Jésus a un pouvoir remarquable sur les êtres humains. C'est qu'il a réponse à des problèmes comme celui-ci, ce que j'ai prouvé en faisant dévier la conversation. Sans préambule, j'ai commencé à réciter quelques extraits de la Bible : « Venez à moi, vous tous qui êtes fatigués et chargés, et je vous donnerai du repos. » (Matthieu 11,28) Puis j'ai poursuivi : « Je vous laisse la paix, je vous donne ma paix. Moi, je ne donne pas comme le monde donne. Que votre cœur ne se trouble pas et ne s'alarme pas. » (Jean 14,27) Et j'ai enchaîné : « À celui qui est ferme dans ses dispositions, Tu assures la paix, parce qu'il se confie en Toi. » (Ésaïe 26,3)

Je récitais ces mots doucement, délibérément, avec réflexion. Au fur et à mesure que je récitais ces phrases, mon visiteur cessait de s'agiter. La tranquillité s'installa même en lui et nous restâmes assis en silence plusieurs minutes durant, puis nous nous mîmes à respirer profondément.

« Mais que c'est étrange ! dit mon interlocuteur. Je me sens beaucoup mieux. C'est sans doute à cause de ces citations.

— Je ne crois pas que les mots soient seuls en cause, répondis-je, quoiqu'ils aient un remarquable effet bénéfique sur l'esprit ; je crois plutôt qu'il s'est produit autre chose de plus profond. Il vous a touché, le Médecin à la main apaisante. Il était présent dans cette pièce. »

Mon visiteur ne fut aucunement surpris de cette assertion. Au contraire, il acquiesçait avec véhémence et conviction.

« C'est ça, Il était là, je L'ai senti. Je saisis très bien ce que vous dites. Maintenant, je comprends – Jésus-Christ m'aidera à suivre la philosophie du calme. »

Cet homme a compris ce que des milliers de gens ont découvert, c'est-à-dire que la foi et la pratique des simples techniques et principes chrétiens apportent le silence et la paix, d'où naissent de nouveaux pouvoirs du corps, de l'esprit et de l'âme. C'est l'antidote parfait à l'apitoiement et au ressentiment. La foi aide à devenir paisible, et une force nouvelle naît de cette paix.

Il s'est évidemment révélé nécessaire d'enseigner à cet homme un nouveau mode de vie et de pensée, ce que je fis en lui suggérant des lectures de culture spirituelle. Nous lui avons donné, par exemple, des leçons portant sur la fréquentation de l'église et sur ses bienfaits thérapeutiques. Il a petit à petit recouvré la santé. Quiconque désire suivre ce simple programme et appliquer ces principes quotidiennement arrivera à développer ce pouvoir qu'exerce la paix intérieure. Plusieurs de ces techniques sont décrites dans le présent livre.

La maîtrise des émotions

La pratique quotidienne qui contribue à la maîtrise de ses émotions est de toute première importance dans ce processus curatif. Il n'y a pas de recette miracle, on n'atteint pas cette maîtrise par magie. Ce n'est pas en lisant un livre qu'on y arrive, quoique cela ne puisse pas nuire. La *seule* méthode efficace consiste à travailler régulièrement, scientifiquement et obstinément, en développant sa foi créatrice.

Je vous suggère de commencer avec un exercice de base, qui consiste à rester immobile. N'arpentez pas la pièce. Ne crispez pas les mains. Ne frappez nulle part, ne vous opposez à rien ni à personne. Ne vous laissez pas aller à la panique. En cas d'excitation, les mouvements s'accentuent. Il vous faut donc commencer par le commencement, comme on dit ; et c'est en cessant tout mouvement qu'on prend un nouveau départ. Restez immobile, asseyez-vous, étendez-vous. Et parlez le plus bas possible.

Si l'on veut développer une calme maîtrise de soi, il est essentiel de *penser au calme,* car le corps répond avec sensibilité aux impulsions véhiculées par les pensées. Inversement, l'esprit peut être apaisé si le corps est calmé et détendu. Une attitude physique peut donc permettre d'obtenir une attitude mentale désirée.

Dans une de mes conférences, j'évoquais l'incident suivant, survenu au cours d'une réunion de comité dont je faisais partie. Un homme, qui assistait à cette assemblée, en fut grandement impressionné et en adopta la technique qu'il prit très à cœur. Il affirme aujourd'hui que cette méthode s'est révélée efficace dans la maîtrise de ses sautes d'humeur.

C'était donc au cours d'une assemblée ; une discussion tournait au vinaigre. Les esprits s'échauffaient et certains des participants commençaient à être à bout. Des remarques acerbes fusaient. Tout à coup, un homme se leva, enleva son veston, sa cravate, ouvrit son col et s'étendit sur un divan. La surprise fut générale; quelqu'un lui demanda s'il était malade.

«Non, répondit-il. Je suis bien, mais je sens monter la colère en moi et j'ai appris, par expérience, qu'il est difficile, lorsqu'on est couché, de se mettre en colère.»

Nous avons tous ri et la tension a instantanément baissé. Puis notre ami fantaisiste nous a expliqué qu'il s'était «joué un tour». Il était d'un naturel plutôt prompt et lorsqu'il se mettait en colère, il avait remarqué qu'il serrait les poings et qu'il parlait plus fort. Il s'appliquait alors à étirer ses doigts pour éviter qu'ils ne se serrent en forme de poing. De façon inversement proportionnelle à la tension montante, il baissait le ton, jusqu'à parler exagérément bas. «On ne peut s'engueuler en chuchotant», dit-il avec un sourire en coin.

Cette manière d'agir, à la portée de tous, est un puissant levier dans la maîtrise des émotions et des tensions; beaucoup en ont fait l'expérience. Un premier pas vers le calme consiste donc à discipliner ses réactions physiques. Vous serez étonné de la vitesse avec laquelle vous réduirez l'emprise de vos émotions entraînant du coup une disparition des hurlements et des gémissements. Vous aurez l'agréable surprise de disposer d'une énergie et d'un pouvoir insoupçonnés. Et de sentir moins de fatigue aussi.

Dans la même veine, il est de bon aloi de pratiquer le flegme, et même l'apathie et l'indifférence. Jusqu'à un certain point, la paresse est salutaire. Les gens qui l'ont compris sont beaucoup moins enclins aux émotions extrêmes. Les individus qui ont un grand sens de l'organisation seraient bien avisés de cultiver ces «vertus», car elles rétablissent l'équilibre émotif.

Six étapes pour se détendre

Je propose ici une technique en six étapes que j'ai personnellement trouvée d'un grand secours lorsqu'il s'agissait de cesser de geindre et de fulminer. J'en ai recommandé l'usage à de nombreuses personnes qui, les ayant mises en pratique, leur accordent aujourd'hui une grande valeur.

1. Asseyez-vous bien à l'aise dans un fauteuil. Laissez-vous aller complètement. Concentrez-vous tour à tour sur chacune des parties de votre corps qui doivent se détendre progressivement. Commencez par les orteils pour terminer avec le dessus de votre tête. Induisez la détente en disant : « Mes orteils [ou mes doigts, ou mes muscles faciaux] se détendent. »

2. Représentez-vous votre esprit comme la surface d'un lac durant une tempête, aux prises avec le tumulte des vagues. Graduellement, les vagues se retirent ; la surface du lac devient lisse et calme.

3. Passez quelques minutes à vous souvenir des scènes les plus belles et les plus paisibles qu'il vous ait été donné de voir, une montagne au crépuscule, par exemple, ou une vallée profonde remplie du silence de l'aurore, ou bien un bois en plein midi, ou encore le reflet de la lune dans des eaux frémissantes. Ramenez-vous à ces images.

4. En prenant bien soin d'en laisser jaillir toute la mélodie, doucement, intérieurement, répétez une série de mots qui expriment la paix et le silence : a) tranquillité (prononcez-le d'une manière calme et sereine) ; b) sérénité ; c) silence. Pensez à d'autres mots du même ordre et ajoutez-les à la liste.

5. Dressez une liste des moments où vous avez eu conscience de l'attention vigilante de Dieu, et souvenez-vous comment, alors que vous étiez anxieux et préoccupé, Il a fait se métamorphoser les choses et s'est occupé de vous, puis récitez cette strophe extraite d'un vieil hymne : « Tu me guides de Ta puissance depuis longtemps ; elle continuera à me guider. »

6. Répétez la phrase qui suit, dont le pouvoir d'apaisement et de détente est surprenant : « À celui qui est ferme dans ses intentions, Tu assures la paix, parce qu'il se confie à Toi. » (Ésaïe 26,3) Répétez-la souvent durant la journée, dès que vous disposez d'un moment, et à voix haute quand c'est pos-

sible. Dites-vous que ces mots constituent des substances actives, vitales, qui pénètrent tous les recoins de votre esprit, un peu à la façon d'un onguent sur la peau. C'est le meilleur remède pour soulager votre tension.

Au fur et à mesure que vous pratiquerez les techniques recommandées dans ce chapitre, la propension à crier et à gémir se dissipera, au profit de la détente, du soulagement et du calme. Grâce à ce pouvoir retrouvé, vous ferez plus facilement face à vos responsabilités.

CHAPITRE 7

Espérez le meilleur et vous l'obtiendrez

« Pour quelle raison mon fils perd-il tous ses emplois ? » se demandait, perplexe, le père d'un homme de trente ans.

Il était en effet assez difficile de comprendre les échecs de ce jeune homme, car il semblait avoir tout pour réussir dans la vie. Issu d'une bonne famille, il avait reçu une bonne éducation et ses chances de succès professionnels étaient nettement au-dessus de la moyenne. Malgré ces atouts, c'étaient les échecs qui semblaient le mieux lui réussir. Tout ce qu'il entreprenait tournait mal. Il travaillait dur, pourtant. Aujourd'hui, par contre, sa situation a complètement changé ; il a trouvé la solution, simple, mais particulièrement efficace. Il a remplacé son aptitude à l'échec par des prédispositions au succès. Sa personnalité s'est affirmée, animée d'un pouvoir tout neuf.

Récemment, au cours d'une réception, je ne pouvais m'empêcher d'admirer cet homme dynamique au faîte de sa carrière. « Vous me renversez, lui dis-je. Il y a quelques années, vous viviez un échec perpétuel. Aujourd'hui, à partir d'une idée originale, vous avez réussi à bâtir une entreprise florissante. Vous êtes un chef de file dans votre communauté. Expliquez-moi la raison de cette profonde transformation.

— C'est, en fait, très simple, me répondit-il. Je me suis mis à croire. J'ai découvert la magie de la foi. J'ai compris que, à force de s'attendre toujours au pire, c'est le pire qu'on finit par voir arriver. Si on espère au contraire le meilleur, c'est le meilleur qui se produit. Tout ça a commencé avec la lecture d'un verset de la Bible.

— Et de quel verset s'agit-il ? lui ai-je demandé.

— "Tout est possible à celui qui croit." (Marc 9,23) J'ai été élevé dans un climat religieux, poursuivit-il, et j'ai entendu ce verset un grand nombre de fois sans en ressentir la portée. Un jour, dans votre église, je vous ai entendu mettre l'accent sur ces mots-là dans une homélie. Brusquement, je fus frappé par mon manque de foi aussi bien en Dieu qu'en moi-même. La clé se trouvait bien dans mon propre esprit, mais ce dernier n'était pas entraîné à avoir foi ni en moi ni en Dieu, ni à entretenir une pensée positive. J'ai mis en pratique votre suggestion de m'en remettre à Dieu et j'ai adopté votre technique spirituelle. Je me suis entraîné à la pensée positive dans tous les domaines. Je me suis aussi appliqué à vivre correctement, dit-il en souriant. J'ai fait de Dieu mon partenaire. Et depuis que j'ai adopté cette politique, tout s'est mis à changer, de façon presque instantanée. J'ai pris l'habitude de m'attendre au meilleur et non au pire, et mes affaires ont pris une tout autre tournure. Je crois bien qu'il s'agit d'un miracle», conclut-il.

Apprendre à croire

En fait, cette histoire fascinante ne relève en rien du miracle. Il s'agit simplement de la manifestation de l'une des lois les plus puissantes de l'univers, une loi reconnue tant par la psychologie que par la religion et qui est l'influence déterminante que la pensée exerce sur la réalité. Il est essentiel d'adopter une attitude mentale positive. Il faut apprendre à espérer plutôt qu'à douter, de telle sorte que tout ce à quoi on croit devienne possible.

Mais attention! Cela ne veut pas dire qu'en ayant la foi vous allez obtenir tout ce que vous désirez; il n'est même pas sûr que ce soit souhaitable. De toute façon, quand vous vous en remettez à Dieu, Il guide votre esprit de telle sorte que vous ne désirez que ce qui est bon pour vous et en harmonie avec Sa volonté. En définitive cela veut dire que, en vous initiant à la foi, vous apprenez à discerner, parmi tout ce qui vous apparaissait auparavant impossible à obtenir, toutes les possibilités qui s'offrent maintenant à vous.

Le grand psychologue William James disait: «Lorsqu'on a des doutes à propos d'un travail ou de la gestion d'une entreprise, sachez que la foi est *la seule chose* qui en assurera sans faute le succès.» Il est de toute première importance d'*apprendre à croire*. C'est le facteur déterminant de la réussite. Si vous êtes assuré d'obtenir le meilleur, une force magnétique émane de vous et c'est le meilleur qui tend à se produire. Si, par contre, vous vous attendez au pire, vous dégagez un pouvoir négatif qui fait que c'est le pire qui finit par arriver, car vous repoussez inconsciemment le meilleur.

À titre d'exemple, je citerai le cas d'un journaliste sportif que j'adorais alors que j'étais enfant. Il relatait, un jour, une anecdote dont je me souviens fort bien et qui mettait en scène le gérant d'un club de base-ball d'une ligue mineure. Ce gérant disposait d'un nombre impressionnant de joueurs de tout premier calibre ; sept d'entre eux avaient une moyenne au bâton de plus de trois cents. Tout le monde croyait que cette équipe remporterait facilement le championnat de la ligue. Mais voilà qu'elle se mit à perdre dix-sept des vingt premiers matchs. Les joueurs n'arrivaient pas à frapper la balle correctement, et chacun accusait ses coéquipiers.

Alors qu'ils jouaient contre une équipe peu performante cette année-là, un seul joueur parvint à frapper un coup sûr, et c'était le lanceur ; le moral de l'équipe était au plus bas. Dans le vestiaire des joueurs, c'était la déconfiture. Le gérant se rendait bien compte qu'il avait une équipe magnifique mais qui pensait négativement. Ses joueurs ne s'attendaient pas à la victoire ; ils n'espéraient même pas frapper un coup sûr. Ils se voyaient battus d'avance, et n'entrevoyaient que la défaite. Ils doutaient de leur force. Leur perception négative d'eux-mêmes se traduisait par des inhibitions, des ankyloses musculaires, un manque total de synchronisation, de sorte que l'énergie ne circulait pas librement au sein de l'équipe.

À cette époque, un prédicateur du nom de Schlater était très connu dans la région. Il affirmait avoir le pouvoir de guérir par la foi ; selon plusieurs, il arrivait à des résultats assez surprenants. Des foules se pressaient pour aller l'écouter et il jouissait d'une grande crédibilité. (Il est fort possible qu'il soit arrivé à des résultats étonnants simplement parce que les gens croyaient en ses pouvoirs.)

Le gérant de l'équipe chancelante demanda donc à chacun de ses joueurs de lui donner deux de ses meilleurs bâtons. Puis il pria les membres de l'équipe de l'attendre. Il empila les bâtons dans une brouette et disparut. Une heure plus tard, il revint avec les bâtons et dit à ses joueurs que Schlater les avait bénis et qu'ils étaient maintenant invincibles. Les joueurs furent étonnés et ravis.

Le lendemain, l'équipe remportait une victoire décisive, réussissant trente-sept coups sûrs, en plus d'obtenir vingt buts sur balles. Par la suite, elle se rendit au championnat de la ligue. Pendant des années, de nombreux joueurs achetèrent à grands frais les fameux «bâtons Schlater».

Quelle qu'ait été l'étendue des pouvoirs attribués à ce prédicateur, il n'en demeure pas moins que l'esprit de ces joueurs avait été touché par quelque chose d'extraordinaire. Leur vision des choses avait changé; ils étaient passés du doute à la confiance. Ils ne s'attendaient plus au pire mais au meilleur. Ils visaient les coups sûrs, la victoire, et c'est ce qu'ils obtenaient. Ils avaient en eux le pouvoir d'atteindre ce qu'ils désiraient. Les bâtons n'étaient pas différents d'avant, j'en suis sûr, mais l'esprit de ceux qui s'en servaient avait, lui, certainement changé. Les joueurs étaient maintenant confiants en leur capacité de frapper des coups sûrs et savaient qu'on allait leur accorder des buts sur balles. Ils se voyaient vainqueurs; le pouvoir créateur de la pensée positive faisait son œuvre.

Il est possible que la vie ne vous ait pas choyé et que vous ne soyez pas au meilleur de votre forme. Lorsque vient votre tour au bâton, vous ne réussissez pas à faire de coups sûrs. Vous êtes éliminé au marbre et votre moyenne au bâton est lamentablement basse. Alors, je vais vous faire une suggestion et je suis sûr du résultat. Je fonde ma certitude sur le fait que des milliers de personnes ont appliqué cette méthode et ont obtenu des résultats surprenants. Si vous mettez en pratique ce simple programme, les choses prendront certainement une autre tournure.

Il vous suffit de commencer par lire le Nouveau Testament et de noter le nombre de fois où il est question de foi. Choisissez ensuite une douzaine d'extraits des plus marquants où il est également question de foi; vos préférés, quoi! Apprenez-les par cœur et laissez ces concepts pénétrer profondément votre esprit. Répétez-les fréquemment, surtout au moment d'aller au lit, avant de vous endormir. Par un procédé d'osmose spirituelle, ils glisseront en vous, du conscient à l'inconscient, pour influencer et changer votre façon de voir les choses. Vous deviendrez croyant, puis vous serez dans l'expectative, avant de passer au stade de l'accomplissement. Vous disposerez alors de nouveaux pouvoirs pour aller chercher ce que vous-même et Dieu désirez vraiment obtenir de votre vie.

S'engager corps et âme dans l'action

La technique de pouvoir spirituel telle qu'elle est enseignée dans la Bible se révèle être la force la plus puissante dont puisse disposer la nature humaine. Avec beaucoup de finesse, la Bible donne les moyens de se réaliser. Foi, croyance, pensée positive, foi en Dieu, foi en d'autres êtres humains, foi en vous-même, foi en la vie : telle est l'essence des techniques qu'on y trouve. « Tout est possible à celui qui croit. » (Marc 9,23) « … si vous avez la foi… rien ne vous sera impossible. » (Matthieu 17,20) « Qu'il soit fait selon votre foi. » (Matthieu 9,29) Croyez, ayez la foi, de sorte que se manifeste en vous cette énergie capable de déplacer les montagnes.

Les sceptiques qui ne croient pas à la puissance de la pensée positive ne croiront pas aux résultats étonnants obtenus grâce au recours à cette technique.

Tout réussit quand on s'attend au meilleur et non au pire. Aucun obstacle ne peut résister à une personne affranchie du doute de soi et qui décide de concentrer toutes ses forces (physique, émotive et spirituelle) sur un problème pour en tirer la meilleure solution.

S'attendre au meilleur, cela veut dire s'engager à fond dans la réalisation d'un objectif désiré. Ce n'est pas le manque de talent qui est cause de défaite, mais bien l'absence d'engagement total et complet.

Pour réussir dans la vie, il faut être capable de s'engager corps et âme dans l'action. En d'autres termes, allez-y sans retenue, avec toute votre énergie. La vie ne se refuse pas à ceux qui la prennent à bras-le-corps. Malheureusement, la plupart des gens n'agissent pas ainsi. Seul un petit nombre s'engagent à fond. Voilà pourquoi on assiste à tant d'échecs et de demi-échecs.

Un entraîneur de renom affirme que la plupart des gens, athlètes aussi bien que non-athlètes, retiennent une partie de leur énergie, comme s'ils la mettaient en réserve. Il ne faut donc pas être surpris s'ils obtiennent des résultats mitigés. Un commentateur de base-ball me confiait qu'un petit nombre d'athlètes seulement se donnaient totalement.

Allez-y sans retenue, la vie vous le rendra de la même façon !

Un célèbre trapéziste montrait à ses élèves la façon d'effectuer de la haute voltige. Après leur avoir donné les explications et avoir fait les démonstrations d'usage, il leur demanda de s'exécuter.

Un des élèves, qui fixait avec appréhension le perchoir où il allait devoir faire son numéro, fut soudain pris de panique. Il était terrorisé par l'idée de s'écraser sur le sol. Il était tellement effrayé qu'il était comme tétanisé. « Je ne peux pas ! Je ne peux pas ! » gémissait-il.

L'instructeur le prit par les épaules et il lui fit cette astucieuse remarque : « Lance ton cœur au-dessus de la barre et ton corps suivra ! »

Copiez cette phrase sur plusieurs cartes ; gardez-en une dans votre poche ; une autre pourrait être glissée sous la plaque de verre de votre bureau ; épinglez-en une autre sur votre babillard ; vous pouvez en coller une sur votre miroir. Mieux encore, gravez-la dans votre esprit, vous qui voulez vraiment avoir une vie bien remplie. Cette petite phrase est pleine de pouvoir. « Lance ton cœur au-dessus de la barre et ton corps suivra ! »

Le cœur à l'ouvrage

Le cœur est le symbole de l'activité créatrice. Imprégnez votre cœur de l'objectif que vous désirez atteindre. Votre inconscient s'en emparera et rien ne vous fera dévier de votre voie.

« Lancer son cœur au-dessus de la barre » signifie faire confiance à sa foi pour surmonter les difficultés. En d'autres termes, il faut projeter sa force spirituelle au-dessus de la barre pour que le moi physique suive, victorieusement, le chemin tracé par l'esprit de la foi. Attendez-vous au meilleur et non au pire, et vous serez à la hauteur des aspirations de votre cœur. Ces aspirations, qu'elles soient bonnes ou mauvaises, faibles ou fortes, finissent toujours par se matérialiser. À ce propos, Emerson disait : « Attention à vos désirs, ils finiront par devenir réalité ! »

Le côté pratique de cette philosophie est parfaitement illustré par l'expérience vécue par une jeune femme que j'ai reçue en consultation il y a quelques années. Je devais la rencontrer à 14 heures, mais je fus retardé par divers événements. J'étais donc en retard de cinq minutes environ quand je franchis le seuil de la salle de conférences où elle m'attendait. De toute évidence, elle était contrariée.

« Il est 14 h 05, me dit-elle froidement. N'avions-nous pas rendez-vous à 14 heures ? J'ai toujours apprécié la ponctualité.

— Moi aussi, j'ai toujours apprécié la ponctualité, et j'espère que vous me pardonnerez pour ce manquement exceptionnel », lui répondis-je avec un sourire.

Elle n'avait pas spécialement envie de plaisanter et me répondit sèchement : « J'ai un problème très sérieux à vous soumettre et je désire une réponse. J'exige une réponse. » Puis elle me lança : « Autant vous le dire tout de suite et carrément : je veux me marier.

— Bon. C'est un désir parfaitement normal. Je serai heureux de vous aider. »

Puis elle poursuivit : « Je veux savoir *pourquoi* je ne peux pas me marier. Chaque fois que je vis une relation amoureuse avec un homme, il disparaît en moins de deux, parti, envolé, et je me retrouve une fois de plus Gros-Jean comme devant. Et puis, pour parler franchement, je ne rajeunis pas ! Vous, vous aidez les gens à régler leurs problèmes personnels et vous avez de l'expérience ; vous étudiez vos semblables depuis longtemps. Je vous soumets donc mon problème sans détour : qu'est-ce qui fait que je n'arrive pas à me marier ? »

Je l'étudiai un instant pour juger si je pouvais lui parler franchement, car il était nécessaire que je lui dise certaines vérités pour pouvoir l'aider. Je conclus qu'elle pouvait encaisser le coup. Après tout, si elle désirait réellement surmonter ses difficultés, il lui faudrait, à un moment ou à un autre, avaler le morceau. Je lui dis alors : « Bon, analysons la situation. Vous êtes de toute évidence intelligente et avez une belle personnalité. Je puis même ajouter que vous êtes très jolie. »

Tout cela était exact. Je la félicitai honnêtement pour ses qualités, puis j'ajoutai : « Je crois que j'entrevois la nature de votre problème. Vous m'avez sommé de répondre immédiatement à vos questions parce que j'avais cinq minutes de retard à notre rendez-vous et, sans plus attendre, vous m'avez sévèrement jugé. Avez-vous seulement pensé à l'effet que peut produire sur les autres une attitude comme la vôtre ? Votre futur mari ne se sentirait certainement pas à l'aise s'il était surveillé d'aussi près. Et même si vous parveniez à l'épouser, il en résulterait une relation dominant-dominé qui empoisonnerait votre vie conjugale. L'amour ne survit pas à la domination de l'un sur l'autre. »

Puis j'ajoutai : « La façon que vous avez de serrer les lèvres est très révélatrice de votre attitude dominatrice. Je dois vous dire que, en général, l'homme n'aime pas être dominé, du moins il n'aime pas s'en rendre compte. Vous seriez d'ailleurs encore plus jolie si vous détendiez ces lignes dures de votre visage. Il vous manque un peu de douceur, de la tendresse, et vos traits sont trop tendus pour être tendres. » J'observai sa robe, une robe de prix, et je lui fis cette remarque sur la façon dont elle la portait : « C'est peut-être un peu hors du champ de mes compétences, et j'espère que vous ne vous en formaliserez pas, mais il me semble que les plis de votre robe ne tombent pas bien. » Je sais que mon observation était un peu maladroite, mais elle rit néanmoins.

« Vous ne vous embarrassez pas de style, dit-elle, mais je comprends quand même. »

Voyant qu'elle était réceptive, j'y allai de quelques suggestions. « Peut-être qu'une permanente vous rendrait plus attrayante. Vos cheveux sont un peu… décoiffés. Et une touche d'un parfum léger ajouterait un petit quelque chose… Mais, pour vous, la chose la plus importante, c'est, sans contredit, la nécessité de changer d'attitude : alors disparaîtront ces lignes dures de votre visage et rayonnera cette qualité indéfinissable qu'on appelle la joie spirituelle. Je suis certain que votre charme se manifestera alors davantage.

— Eh bien ! s'exclama-t-elle, je n'aurais jamais pensé recevoir de tels conseils d'un ministre du culte !

— Peut-être pas, lui répondis-je, mais, de nos jours, il nous faut être ouvert et couvrir le champ complet des relations humaines. »

Je lui parlai ensuite de l'un de mes professeurs d'université qui disait que « Dieu tenait un salon de beauté ». Il m'expliquait que certaines étudiantes, très jolies du temps de leurs études, revenaient en visite trente ans plus tard, toute leur beauté d'antan perdue. D'autre part, certaines filles, plus quelconques, devenaient des femmes magnifiques. « Que s'était-il donc passé ? Les dernières avaient, inscrite sur le visage, la beauté d'une vie spirituelle intérieure. » Il ajoutait : « Dieu tient un salon de beauté. »

La jeune femme à la forte personnalité qui se trouvait devant moi et à qui je racontais cette histoire réfléchit un peu, puis répliqua : « Il y a beaucoup de vrai dans ce que vous dites. Je vais en faire l'essai. » Elle le fit, et en prouva l'efficacité.

Les années passèrent. Je l'avais oubliée. Après une conférence dans une ville étrangère, je vis venir vers moi une femme ravissante, accompagnée d'un bel homme et d'un enfant d'une dizaine d'années. Elle me demanda en souriant : « Trouvez-vous que les plis tombent bien ?

— De quels plis voulez-vous parler ? demandai-je.

— Mais de ceux de ma robe, voyons ! »

Abasourdi, je répondis que oui, ils tombaient bien, mais que je ne comprenais pas vraiment le sens de sa question.

« Ne me reconnaissez-vous pas ? s'enquit-elle.

— Vous savez, je vois un grand nombre de personnes. Franchement, je ne me souviens pas de vous avoir rencontrée auparavant. »

Puis elle me rappela la petite conversation que nous avions eue plusieurs années plus tôt.

« Je vous présente mon mari et mon fils. Ce que vous m'avez dit alors était entièrement exact. À ce moment-là, quand je suis venue vous voir, j'étais la plus malheureuse, la plus frustrée des femmes, mais j'ai mis en pratique les conseils que vous m'avez donnés. Et tout a fonctionné comme prévu ! »

Son mari prit la parole. « Je n'ai jamais rencontré de femme aussi douce et aussi jolie. » Et elle en avait l'air. Elle avait rendu visite au « salon de beauté de Dieu ».

Non seulement elle s'était adoucie, spirituellement, mais elle recourait à bon escient à une qualité qu'elle possédait déjà, c'est-à-dire à cette force de caractère qu'elle utilisait maintenant pour aller chercher ce qu'elle voulait. Elle croyait bien simplement que, si elle désirait quelque chose de tout son cœur, elle pouvait l'obtenir par des moyens créateurs et une pensée positive.

Savoir ce qu'on veut

La formule consiste à savoir ce qu'on veut, à en faire l'essai pour voir si c'est bien ce qu'on désire vraiment, à se changer soi-même et à entretenir une foi constante. Grâce à la force créatrice de la foi, on favorise le concours de circonstances qui fait passer les événements du stade du désir à celui de la réalité.

Les étudiants en pensée dynamique moderne se rendent de plus en plus compte de la valeur pratique des idées et des enseignements de Jésus, et tout spécialement de vérités comme celle qui est énoncée ici : « Qu'il vous soit fait selon votre foi. » (Matthieu 9,29) Sachez que votre taux de réussite ou de succès sera proportionnel à la foi que vous avez en vous-même, en votre travail et en Dieu. Si vous voulez « lancer votre cœur au-dessus de la barre », en d'autres termes si vous avez suffisamment foi en votre travail et en vous-même, si vous croyez en Dieu et si vous êtes disposé à travailler, à entreprendre des études sérieuses et à vous engager totalement, vous pourrez atteindre n'importe quel objectif, aussi élevé soit-il. Dès qu'un obstacle – une barrière, par exemple – se dresse devant vous, arrêtez-vous, fermez les yeux, imaginez-vous tout ce qui se trouve au-delà de cette barrière, puis « lancez votre cœur » par-dessus celle-ci, en vous imaginant que, pour la franchir, vous êtes soutenu par une puissance « porteuse ». Imaginez-vous faisant l'expérience de cette poussée. Si, du plus profond de votre cœur, vous vous imaginez être le meilleur et que, pour y parvenir, vous vous servez des pouvoirs de la foi et de l'énergie, vous atteindrez les meilleurs résultats.

Évidemment, tout ce processus exige que l'on se fixe des objectifs précis. Bien des gens ne savent pas où ils s'en vont. Ils n'arrivent donc nulle part. Si l'on n'a pas de but déterminé, il ne faut pas s'attendre au meilleur – au meilleur de quoi ?

Mécontent de son travail, un jeune homme de vingt-six ans était venu me consulter pour que je l'aide à améliorer son sort. Sa démarche, dénuée de tout égoïsme, me semblait louable.

« Qu'est-ce que vous désirez faire ? lui demandai-je.

— Je ne sais vraiment pas, répondit-il en hésitant. Je n'y ai jamais réellement pensé. Je sais seulement que je veux faire autre chose que ce que je fais maintenant.

— En quoi êtes-vous le plus doué?

— Je ne sais pas. Je n'ai jamais pensé à ça non plus.

— Qu'est-ce que vous aimeriez faire si vous aviez le choix? Que voulez-vous *vraiment* faire? insistai-je.

— Je n'ai pas d'idée précise, répondit-il sans emportement. Je ne sais pas ce que je veux faire. Je n'y ai jamais pensé. Je crois que je devrais y réfléchir sérieusement.

— Écoutez-moi bien, lui dis-je. Vous voulez changer de travail, faire autre chose, mais vous ne savez pas quoi. Vous ne savez pas ce que vous pouvez faire ni ce que vous aimeriez faire, ni où vous voulez aller. Il vous faut mettre de l'ordre dans vos idées avant de penser à autre chose.»

C'est là que se trouve la source de l'échec d'un grand nombre de personnes. Elles n'arrivent jamais à rien, car elles ne savent pas clairement ce qu'elles veulent. Sans but précis, on n'arrive nulle part.

J'ai effectué une analyse complète des talents et des aptitudes de ce jeune homme et j'ai même découvert des facettes de sa personnalité qu'il ignorait lui-même. Pour l'aider à progresser, nous avons eu recours à l'éventail des techniques de la foi pratique.

Il est aujourd'hui sur la voie de la réalisation. Il sait maintenant ce qu'il veut et comment l'obtenir. Il sait ce qui est le meilleur pour lui, il y aspire et il y parviendra. Rien ne l'arrêtera plus.

J'ai posé cette question à un éditeur bien connu d'une grande chaîne de journaux: «Comment êtes-vous donc devenu un important éditeur?

— Je l'ai voulu, répondit-il simplement.

— C'est tout? Vous l'avez voulu et vous y êtes arrivé?

— Disons que ce n'est pas tout, mais que c'est en grande partie cela, précisa-t-il. Pour réussir, l'important c'est d'identifier son objectif. Mais il faut s'assurer qu'il s'agit du bon objectif. Prenez-en une "photo" que vous garderez en mémoire, dans votre esprit. Travaillez d'arrache-pied, croyez-y, et cette pensée deviendra si puissante qu'elle vous ouvrira la voie du succès. Il suffit de penser à cette image mentale avec conviction pour qu'elle se réalise.»

En disant cela, l'homme sortit une carte défraîchie de son porte-feuille et déclara : « Je répète cette phrase tous les jours. Elle est devenue mon leitmotiv. »

Je l'ai notée et je vous la transmets : « Celui qui est confiant, optimiste, positif et qui accomplit son travail avec assurance et succès polarise ses forces et dégage un pouvoir qui lui permet d'atteindre son but. Il attire sur lui les pouvoirs créateurs de l'univers. »

Espérez le meilleur !

Espérez toujours le meilleur. Ne pensez pas au pire, reléguez-le plutôt hors de votre esprit. Ne laissez pas de pensées négatives envahir votre esprit, car toute mauvaise semence finit par y grandir. Nourrissez-le de pensées positives, priez pour les voir se réaliser, entourez-les de foi. Faites-en une obsession. Espérez le meilleur et vous l'obtiendrez grâce au pouvoir de la pensée spirituelle créatrice, en conjonction avec la puissance divine.

Peut-être êtes-vous actuellement dans un état dépressif, convaincu que toutes les pensées positives du monde n'y changeront rien. Eh bien, détrompez-vous ! Si vous avez atteint le fond, le meilleur dort encore tranquillement en vous. Il ne vous reste qu'à le débusquer, à le faire valoir et à grandir avec lui. Entretenez la foi en vous et vous gagnerez en courage et en caractère.

Malgré elle, une femme s'était retrouvée dans le domaine de la vente d'aspirateurs, faisant de la démonstration de porte à porte. Elle avait développé une perception rébarbative de son travail. Elle était sûre qu'elle ne réussirait pas puisqu'elle n'avait aucune formation dans ce domaine. Elle « savait » qu'elle courait droit à l'échec, qu'elle ne pouvait pas conclure une vente. Vous ne serez pas surpris d'apprendre qu'elle revenait bredouille, la plupart du temps.

Un jour, elle rendit visite à une cliente qui éprouva pour elle plus de compassion que la moyenne des gens. Elle lui confia alors ses sentiments d'impuissance et d'échec. L'autre l'écouta avec patience pour lui dire finalement, avec calme : « Si vous vous attendez à l'échec, c'est l'échec qui sera votre lot. Si, par contre, vous visez le succès, je suis certaine que vous réussirez. Je vais vous donner une formule qui devrait vous aider à changer votre façon de penser, à acquérir une nouvelle confiance en vous, et à atteindre vos objectifs. Il vous suffira de répéter la phrase suivante avant chaque visite chez un client : "Si Dieu est pour nous, qui sera contre nous?" (Romains 8,31) Modifiez-la légèrement en vous disant: "Si Dieu est pour moi, qui sera contre moi? Si Dieu est avec moi, alors je sais qu'avec Son aide je vendrai des aspirateurs." Dieu sait bien que vous avez besoin de sécurité et qu'il vous faut des revenus pour entretenir votre famille et, si vous recourez à cette méthode, Il devrait vous accorder Son aide pour que vous disposiez de la force nécessaire pour atteindre vos objectifs.»

La formule produisit l'effet escompté; l'affirmation de soi et l'image positive attirèrent le succès. Chaque maison visitée devint un défi à relever. La vendeuse acquit un nouveau courage, une foi nouvelle et une confiance accrue. «Dieu m'aide à vendre des aspirateurs», déclare-t-elle maintenant; qui pourrait lui en vouloir?

Si on désire profondément quelque chose, on tend à l'obtenir; c'est un principe authentique et reconnu. Il faut vraiment y mettre tout son coeur, c'est là le secret de la réussite.

Voici l'énoncé d'une grande loi: *Le pouvoir de la foi accomplit des merveilles*. On trouve dans ces mots une charge créatrice et dynamique. Gardez ces mots en mémoire, laissez-les glisser dans votre inconscient et vous serez à même de surmonter toutes les difficultés. Gardez ces mots présents dans vos pensées, répétez-les sans cesse, jusqu'à ce que votre esprit les accepte pleinement, jusqu'à ce que vous ayez foi en eux. *Le pouvoir de la foi accomplit des merveilles*.

J'ai été si souvent témoin de son efficacité que mon enthousiasme envers le pouvoir de la foi est sans limites.

La foi qui soulève les montagnes

Grâce au pouvoir de la foi, vous pouvez surmonter n'importe quel obstacle et accomplir les choses les plus incroyables. Et de quelle façon développe-t-on ce pouvoir? La réponse est bien simple: saturez votre esprit de paroles bibliques importantes. Une heure par jour, lisez et mémorisez des passages de la Bible, imprégnez-en votre être entier; les changements qui s'opéreront en vous tiendront du miracle.

Une seule section de la Bible vous permettra d'accomplir ce changement. Il s'agit du onzième chapitre de saint Marc. Vous en trouverez le secret dans les mots qui suivent, qui constituent l'une des plus importantes citations de tout le Livre saint: «Ayez foi en Dieu. [Ça, c'est positif, n'est-ce pas?] Je vous le dis en vérité, si quelqu'un dit à cette montagne [Ça, c'est bien précis]: Ôte-toi de là et jette-toi dans la mer [tout ce qui s'y trouve est disparu à jamais, comme le *Titanic;* le fond de la mer est rempli de bateaux; lancez à la mer vos pensées négatives] et s'il ne doute point en son cœur [il n'y a pas de place pour le doute], mais croit que ce qu'il dit arrive, il le verra s'accomplir.» (Marc 11,22-23)

Ce ne sont pas là des théories que j'ai moi-même concoctées; elles sont extraites du livre le plus fiable qui soit. Génération après génération, quelles que soient les nouvelles découvertes de la science, la Bible demeure le livre le plus lu. L'humanité a plus confiance en ce livre qu'en n'importe quel autre document jamais écrit. Et la Bible nous dit que le pouvoir de la foi accomplit des miracles.

Si certaines personnes ne réussissent pas à réaliser de grandes choses, c'est qu'elles ne s'appliquent pas suffisamment à entretenir leur foi et leur force d'âme. Il est dit: «... si quelqu'un dit à cette montagne...» Cela veut dire qu'il ne faut pas s'attaquer à tous les pics de la chaîne de nos difficultés, mais plutôt à la cause majeure de nos déboires. Il nous faut régler nos problèmes un à un.

Que faut-il faire pour obtenir ce que l'on désire? En premier lieu, vous devez vous demander si votre désir est légitime et réellement souhaitable. Si votre réponse est affirmative, faites votre demande à Dieu carrément et franchement, sans hésitation. Si, dans Son infinie sagesse, Dieu décide qu'il est préférable de ne pas vous l'accorder, ne vous en faites pas, vous ne l'aurez pas. Mais si votre demande est justifiée, faites-Lui-en part; quand vous demandez, ne laissez pas de place au doute dans votre cœur, et soyez précis.

L'anecdote suivante confirme le pouvoir de la foi. L'histoire met en scène un de mes amis, un homme extraverti, sociable et aimable. C'est un chrétien sincère, connu dans sa ville, d'autant plus qu'il dirige une usine de quarante mille employés.

Son bureau est jonché de documents religieux. On y trouve même des copies de mes sermons et certains dépliants décrivant mes activités.

C'est un homme entier, un peu rustre, qui a vraiment la foi. Il croit que Dieu est là, avec lui, dans son bureau.

Il me dit: « Il faut prêcher la foi véritable, et non pas une foi édulcorée, insipide. Ne craignez pas de ne pas être assez scientifique. Je sais ce que je dis, je suis moi-même un scientifique. Je me sers quotidiennement de la science, mais je me sers aussi de la Bible, et ça marche! La Bible, ça marche si on y croit. »

Quand il est devenu gérant de l'usine, une histoire circulait partout dans la ville: « Avec l'accession de M. Untel au poste de gérant, il faudra qu'on vienne travailler avec la Bible sous le bras. » Quelques jours après avoir été nommé à son nouveau poste, il convoqua quelques-uns de ceux qui avaient lancé cette rumeur et leur dit: « J'ai entendu dire que vous racontiez à tout le monde qu'il faudrait dorénavant apporter sa Bible au travail.

— On blaguait simplement, répondirent-ils, embarrassés.

— Non, non, ne vous défendez pas; c'est une très bonne idée! Mais je ne vous demande pas de la trimbaler sous votre bras. Portez-la plutôt dans votre cœur et dans votre esprit. Si vous venez travailler avec le cœur et l'esprit remplis de bonne volonté et de foi, nous allons sûrement bien nous entendre.

« La foi qu'il faut avoir, c'est celle qui peut déplacer les montagnes, une à la fois, celle qu'on a précisément choisie. »

Tout à coup, il me regarda et lança: « Avez-vous déjà eu mal à un orteil? »

Un peu surpris par sa question, j'allais répondre quand il me dit: « J'avais mal à un orteil et je suis allé voir plusieurs médecins, qui n'ont rien perçu d'anormal, mais, moi, je continuais à avoir mal. Vous savez, ce sont d'excellents médecins, mais voilà ils ne trouvaient rien! Je me suis donc muni d'un livre d'anatomie et je me suis instruit sur les orteils: ils sont constitués, très simplement, de quelques petits muscles et de ligaments placés autour d'une structure osseuse. On aurait pu penser que n'importe quel individu un peu informé pouvait soigner un orteil, eh bien non! Et l'élancement continuait! Je me suis donc assis, j'ai observé attentivement mon orteil, puis j'ai déclaré : " Seigneur, je renvoie cet orteil à l'usine. C'est vous qui l'avez fabriqué, je vous le retourne. Je fabrique des réfrigérateurs ; je sais tout sur ces machines. Quand nous en vendons un, nous garantissons le service au client. Si l'appareil ne fonctionne pas comme prévu, et si nos préposés au service n'arrivent pas à le réparer, le client nous l'expédie à l'usine et nous le lui réparons, car nous savons comment faire. Seigneur, vous avez fabriqué cet orteil, mais vos préposés au service, les médecins, n'arrivent pas à le réparer ; je vous le retourne donc. Et j'aimerais que vous vous en occupiez dès que possible, parce que j'ai mal et que ça me dérange dans mon travail."

— Comment va l'orteil maintenant ? demandai-je.

— Il est comme neuf ! »

Cette histoire peut vous sembler farfelue, et j'ai ri un bon coup quand il me l'a racontée, mais j'en ai presque pleuré aussi, car je pouvais lire la sincérité dans les yeux de cet homme pendant qu'il relatait l'incident qui l'a amené à faire cette prière spécifique.

Demandez le meilleur

Soyez spécifique et précis. Demandez n'importe quoi à Dieu et, comme le petit enfant, ne doutez pas ! Le doute coupe le courant du pouvoir ; la foi le fait circuler. Rien n'est impossible à Dieu Tout-Puissant si nous lui permettons de faire circuler son pouvoir dans notre esprit.

Gardez ces mots en vous, répétez-les jusqu'à ce qu'ils se logent profondément dans votre esprit, jusqu'à ce qu'ils se gravent dans votre cœur, jusqu'à ce qu'ils prennent possession de votre essence intérieure : «... si quelqu'un dit à cette montagne : Ôte-toi de là et jette-toi dans la mer, et s'il ne doute point en son cœur, mais croit que ce qu'il dit arrive, il le verra s'accomplir. » (Marc 11,23)

J'ai un jour suggéré la pratique de ces principes à un vieil ami qui s'attendait toujours à une catastrophe. Jusqu'au jour de cette rencontre, je ne l'avais jamais vu s'attendre à autre chose qu'au pire. Il avait une attitude négative face à tout. Il était profondément sceptique quant aux principes énoncés dans ce chapitre et il s'est offert pour les tester, afin de prouver qu'ils n'étaient pas aussi efficaces que cela. C'est un homme franc et droit, et il a honnêtement tenté l'expérience. Il a scrupuleusement mis en pratique ma méthode en regard de divers événements et il a dressé un tableau de leur déroulement. Pendant six mois, il a agi ainsi, sans relâche. Il en est finalement arrivé à la conclusion suivante : 85 p. 100 des événements avaient connu un déroulement heureux.

J'ajouterai ici que le pourcentage de succès obtenu augmente avec la pratique, car la pratique constante de l'art de l'attente positive est aussi essentielle que l'exercice assidu d'un instrument de musique pour un musicien. Personne n'est jamais arrivé à maîtriser un art ou une discipline sans un entraînement régulier, intelligent et intensif. Je noterai aussi que mon ami a abordé cette expérience avec un esprit sceptique, ce qui a eu des effets négatifs sur ses premiers résultats.

Chaque jour, avant de vaquer à vos occupations, dites simplement : «Je crois que Dieu me donne le pouvoir d'obtenir ce que je veux vraiment.»

Ne parlez jamais du pire. N'y pensez même pas ; effacez toute notion négative de votre conscient. Au moins dix fois par jour, répétez : «Je m'attends au meilleur, qui me sera donné avec l'aide de Dieu.»

En faisant cela, vos pensées s'orienteront vers le meilleur et favoriseront sa réalisation. Cette pratique vous amènera à concentrer tous vos pouvoirs sur l'obtention des meilleurs résultats. Le meilleur est à venir, et il sera vôtre !

CHAPITRE 8

La défaite n'existe pas

Si vous êtes animé de pensées défaitistes, je ne saurais trop vous recommander de vous en débarrasser au plus vite, parce que la meilleure façon de les voir se réaliser consiste à les entretenir. Ce qu'il vous faut adopter, c'est une attitude du type «Je ne crois pas en la défaite».

Je voudrais vous parler de certaines personnes qui ont mis en pratique cette philosophie et ont obtenu d'excellents résultats. Je voudrais aussi vous permettre de vous familiariser avec les techniques et les formules que ces gens ont si profitablement utilisées. Si vous lisez leur histoire attentivement et si vous avez, comme eux, la foi et si, comme eux, vous pensez positivement et mettez quotidiennement ces techniques en application, vous pourrez, vous aussi, venir à bout de vos idées défaitistes et envisager avec optimisme des situations qui, pour le moment, vous paraissent inextricables.

J'espère que vous n'êtes pas comme un certain monsieur «Oui, mais» dont on m'a parlé. On l'avait surnommé ainsi parce que, quelles que soient les suggestions qui lui étaient faites, son esprit avait inévitablement le réflexe d'en évoquer tous les inconvénients et les obstacles possibles. Mais un jour, il trouva à qui parler et en tira une leçon qui l'aida à modifier son attitude négative. Voici comment cela se produisit.

Les dirigeants de la société qui l'employait étaient en train d'étudier un projet dont différents aspects (les dépenses considérables, les risques certains et les chances de réussite) devaient être envisagés. Au cours des discussions relatives à cette périlleuse initiative, M. «Oui, mais» intervint à plusieurs reprises et toujours avec ce ton péremptoire si courant chez ce genre de personne et qui souvent ne sert qu'à dissimuler de grands doutes intérieurs. Invariablement, ses commentaires étaient du genre : « Messieurs, ne nous emballons pas. J'aimerais qu'on examine de plus près les difficultés que présente ce projet. »

À un certain moment, l'un des participants à cette réunion, un homme discret et réservé qui avait peu parlé jusque-là, mais qui était unanimement respecté de ses collègues pour sa compétence, demanda la parole. Cet homme, dont le charisme ne laissait personne indifférent, s'adressa à notre sceptique. « Pourquoi, lui demanda-t-il, vous attardez-vous davantage sur les difficultés de ce projet que sur ses chances de réussite ?

— Parce que, répondit l'autre, si l'on veut agir intelligemment, on se doit d'être toujours réaliste. Or, je constate que ce projet comporte des difficultés indéniables. Puis-je vous demander quelle serait votre attitude face à celles-ci ?

— Mon attitude ? Eh bien, je les écarterais tout simplement et je passerais à autre chose, rétorqua sans hésiter l'homme discret.

— Plus facile à dire qu'à faire, fit le sceptique. Je voudrais bien savoir comment vous vous y prenez pour écarter les difficultés et les oublier. Auriez-vous développé une technique qu'aucun d'entre nous n'aurait encore découverte ? »

Le visage de l'homme discret s'éclaira d'un sourire : « Jeune homme, commença-t-il, j'ai passé toute ma vie à écarter des difficultés et jamais encore je n'en ai connu qui ne puissent l'être pourvu qu'on ait suffisamment de foi, quelque chose dans le ventre et qu'on soit prêt à y mettre les efforts nécessaires. Mais puisque vous voulez savoir quel est mon "truc", je vais vous l'indiquer de ce pas. »

Il plongea alors la main dans l'une de ses poches, en ressortit son portefeuille et, l'ayant ouvert, montra une petite carte glissée dans un compartiment plastifié et sur laquelle étaient griffonnés quelques mots. Il posa le portefeuille sur la table de la salle de réunion et, s'adressant de nouveau à M. « Oui, mais », lui dit : « La voilà, jeune homme, ma formule ! Lisez ceci et ne venez pas me relancer avec des ritournelles du genre "Ça ne marche pas, ça non plus". Mon expérience m'a maintes fois prouvé le contraire. »

Le sceptique prit la carte et, perplexe, se mit à la parcourir du regard.

« Lisez-la à haute voix », insista l'homme au portefeuille.

Et l'autre se mit à lire lentement, d'une voix hésitante : « Je puis tout par Celui qui me fortifie. » (Philippiens 4,13) L'homme au portefeuille reprit la carte, la remit dans sa poche et poursuivit : « J'ai une longue expérience de la vie et j'ai dû faire face à de nombreuses difficultés. Aussi suis-je à même de vous dire que ces paroles ont un pouvoir – un vrai pouvoir – et que, grâce à elles, on peut venir à bout de tous les obstacles. » Il avait parlé avec confiance et chacun savait qu'il était sincère.

Faire face aux difficultés

Cette attitude positive, ajoutée aux événements qui avaient marqué son existence et qui étaient connus de tous, car il s'agissait d'un homme remarquable qui avait tiré son épingle du jeu dans des situations où les chances de réussite étaient minces, et parce qu'il n'était, en outre, pas « plus saint qu'un autre », fit en sorte que ses propos eurent un effet convaincant sur tous les participants de cette réunion. À compter de ce moment-là, plus aucun commentaire négatif ne fut émis. La réalisation du projet fut acceptée et, malgré les difficultés et les risques encourus, fut un succès.

La technique utilisée par cet homme est fondée sur une réalité essentielle : ne pas avoir peur des difficultés, et mettre en pratique la conviction que Dieu est avec soi et qu'avec son aide on a le pouvoir de contrer les obstacles, quels qu'ils soient.

La première chose à faire lorsqu'un empêchement quelconque se présente est donc de rester simplement debout, sans se plaindre ni pleurnicher, et de s'y attaquer résolument sur-le-champ. Ne vous laissez pas abattre par les difficultés que vous éprouvez, mais réagissez. Vous découvrirez qu'elles sont en fait beaucoup moins redoutables que vous ne le pensiez.

Un ami m'a fait parvenir d'Angleterre un ouvrage de Sir Winston Churchill intitulé *Maximes et réflexions*. Dans ce livre, Churchill parle du général britannique Tudor, commandant d'une division de la cinquième armée anglaise, qui combattit la grande offensive allemande de mars 1918. On lui accordait bien peu de chances de résister avec succès à un tel assaut, mais il sut comment venir à bout de ce qui semblait être un obstacle insurmontable. Sa méthode fut simple : il se redressa tout simplement, la tête haute, et laissa l'obstacle venir se briser contre lui. Il n'eut plus qu'à achever son adversaire.

Voici ce que dit Churchill à propos du général Tudor : « Il me donna l'impression d'être un piquet de fer enfoncé dans le sol gelé, absolument inébranlable. »

Le général Tudor savait comment tenir tête à un obstacle : se dresser devant lui, tout simplement, ne pas céder le terrain d'un pouce, et c'est l'obstacle qui finit par céder. Vous aussi vous le ferez céder. Quand il y a lutte ou conflit, un des camps en présence doit forcément faiblir ou capituler et, si ce n'est pas vous, dites-vous que ce sera l'autre. De telles victoires sont possibles quand on a la foi. La foi en Dieu et la foi en soi-même. La foi est ce dont on a le plus besoin. C'est en fait suffisant. C'est même plus que suffisant.

À la découverte de votre pouvoir négatif

Ayez recours à la formule que proposait l'homme au portefeuille et vous développerez cette puissante foi en Dieu et en vous-même. Vous apprendrez à connaître vos aptitudes et votre pouvoir créatif. Votre degré de maîtrise suivra la même courbe que votre passage d'une attitude négative à une attitude positive. Plein d'assurance, vous pourrez alors dire, en toute sincérité et quelles que soient les circonstances : « La défaite ? Connais pas ! »

Prenons le cas du joueur de tennis Pancho Gonzales qui remporta, voilà plusieurs années, un championnat américain, au cours d'un duel éreintant. Il était alors pratiquement inconnu et, à cause du temps pluvieux, n'avait quasiment pas pu s'entraîner en prévision de ce tournoi. Un journaliste, affecté à la couverture des sports pour le compte d'un des plus grands journaux américains, fut chargé d'analyser la performance de Gonzales. Il perçut bien qu'il y avait certaines failles techniques dans le jeu de l'athlète. Il y avait sans doute eu de beaucoup plus grands champions dans l'histoire du tennis, bien que le coup franc et le revers de Gonzales ne fussent pas à dédaigner.

Deux facteurs essentiels, à ses yeux, permettaient d'expliquer sa victoire : sa grande résistance d'abord et, surtout, «le fait qu'il ne s'était jamais laissé abattre par la tournure, parfois décourageante, que prenaient certaines parties».

Cela signifie que, lorsque la partie semblait perdue, il ne se laissait aller ni au découragement ni à l'influence néfaste de pensées négatives qui lui auraient fait perdre la vigilance et la dextérité dont il avait besoin pour gagner. Cette qualité, à la fois mentale et spirituelle, fit de cet homme un champion. Il était capable de faire face aux difficultés, de les «apprivoiser» et, enfin, de les surmonter.

La foi apporte et un grand pouvoir de résistance et le dynamisme qui permet à une personne de ne pas céder dans l'adversité. N'importe qui est capable de mener sa vie et ses affaires lorsque les choses vont bien. Mais il est nécessaire de pouvoir compter sur un élément supplémentaire lorsque le combat est difficile et qu'on semble absolument défavorisé. C'est un grand secret que celui qui permet de n'être jamais «abattu par la tournure parfois décourageante que prennent certaines parties».

Vous pourriez m'opposer l'argument suivant : «Mais vous ne connaissez pas ma situation. Elle ne ressemble à aucune autre. Je suis tombé aussi bas qu'il est humainement possible de le faire.»

Si tel est le cas, vous avez de la chance, car il vous est désormais impossible de tomber plus bas. Votre situation ne peut dès lors que s'améliorer, ce qui est encourageant. Je dois toutefois vous mettre en garde contre l'attitude qui consiste à penser qu'on se trouve dans une situation à laquelle personne n'a jamais dû faire face. Il n'existe aucune situation de ce type.

Du point de vue pratique, il n'existe qu'un nombre relativement limité d'expériences humaines et elles ont toutes déjà été vécues. Il importe de ne jamais oublier que toutes les situations possibles et imaginables comportant des difficultés – même celles dans lesquelles vous vous trouvez et qui vous paraissent absolument sans espoir – ont déjà été vécues et maîtrisées par d'autres personnes. À elles aussi ces situations semblaient désespérées, mais elles y ont pourtant trouvé une issue.

L'une des illustrations les plus encourageantes de mon propos est l'histoire d'Amos Parrish qui, deux fois l'an, organisait deux séminaires très importants qui réunissaient, dans la grande salle de bal de l'hôtel Waldorf Astoria de New York, des centaines d'administrateurs et de stylistes représentant les plus grands magasins des États-Unis. Au cours de ces séminaires, M. Parrish prodiguait aux marchands et à leurs associés des conseils et des avis portant sur les tendances du marché, le choix des articles, les méthodes de vente et sur d'autres questions relatives à la bonne marche des affaires. Ayant assisté à bon nombre de ces séminaires, je suis persuadé que les valeurs essentielles transmises par M. Parrish à son auditoire étaient avant tout le courage et la pensée positive, une grande foi en eux-mêmes et la conviction qu'ils pouvaient surmonter tous les obstacles.

Il était lui-même un exemple vivant de ce qu'il prônait. Il avait été, enfant, plutôt maladif, bègue, extrêmement sensible et freiné par un tenace complexe d'infériorité. On pensait, à cause de sa piètre condition physique, qu'il ne vivrait pas longtemps. Mais un jour, Amos Parrish vécut une expérience spirituelle. La foi commença à l'habiter et, dès lors, il sut qu'avec l'aide de Dieu et en misant sur ses propres forces il pourrait réussir.

Il mit au point un concept original destiné à venir en aide aux hommes et aux femmes d'affaires, qui l'apprécièrent tellement qu'ils étaient prêts à payer fort cher le droit d'assister, deux fois l'an, aux deux journées de séminaire au cours desquelles Amos Parrish leur faisait partager sa sagesse communicative et sa connaissance du monde des affaires. C'était une expérience vraiment émouvante, pour moi, que d'être assis au milieu de tous ces gens qui s'agglutinaient dans la salle de bal d'un hôtel et d'écouter les propos d'« A. P. », ainsi qu'on le surnommait affectueusement, de l'entendre parler de pensée positive à ces magnats du monde des affaires.

Son bégaiement lui posa parfois de sérieux problèmes, mais jamais il ne se découragea. Il y faisait allusion avec franchise et humour. Ainsi, un jour, alors qu'il tentait de prononcer correctement le mot « Cadillac », il s'entêta courageusement pour parvenir, enfin, après bien des efforts, au résultat attendu. Il eut alors ce commentaire savoureux : « J'arrive à peine à dire C-C-C-Cadillac. Comment pourrais-je imaginer d'en acheter une?» L'auditoire éclata de rire, mais je remarquai dans le regard des participants une sorte de tendresse envers le conférencier. Chacun sort de ces réunions avec la conviction de pouvoir, lui aussi, tourner ses difficultés à son avantage.

Tout obstacle peut être vaincu

Il n'existe, je le répète, aucun obstacle qui ne puisse être surmonté. Un homme de race noire, plein de sagesse et un peu philosophe, à qui je demandais comment il arrivait à surmonter ses difficultés, me répondit : «Comment je fais? Eh bien, je tente d'abord de contourner le problème. Si ce n'est pas possible, j'essaie alors de le maîtriser. Et si je n'y arrive pas, je m'efforce de le traverser. Quand, arrivé à ce point, j'essuie un nouveau revers, alors je plonge en plein dedans.» Et il ajouta : «Dieu et moi, on plonge là-dedans ensemble.»

Prenez au sérieux la citation biblique de l'homme au portefeuille dont nous avons parlé plus tôt dans ce chapitre. Interrompez votre lecture pendant quelques instants et récitez-la cinq fois en y ajoutant à chaque fois : «J'y crois.» Je vous rappelle cette citation : «Je puis tout par Celui qui me fortifie.» (Philippiens 4,13). Si vous vous la récitez cinq fois par jour, une indomptable énergie vous habitera.

Il est possible que votre subconscient, toujours réticent à accueillir le changement, vous souffle à l'oreille : «Tu ne vas pas croire à de telles sornettes?...» Rappelez-vous que votre subconscient est, en un sens, le plus grand menteur qui soit. Il contribue à vous faire commettre les plus graves erreurs d'évaluation à propos de vos aptitudes et à vous y enfoncer. Vous avez alimenté votre subconscient avec votre attitude négative et c'est précisément cette image erronée de vous-même et de vos aptitudes que celui-ci vous renvoie. Vous vous devez de réagir et de transmettre à votre subconscient le message suivant : «Écoute-moi bien! Je crois en ces choses-là. J'insiste là-dessus : j'y crois!» Si vous vous adressez positivement à votre subconscient, vous parviendrez à le convaincre, car vous l'alimenterez alors de pensées positives. En d'autres termes, vous lui donnerez enfin l'heure juste. Après un certain temps, il se mettra à vous renvoyer des messages pleins de vérité, la principale de ces vérités étant qu'avec l'aide de Jésus-Christ il n'existe pas de difficultés que vous ne puissiez surmonter.

Une méthode efficace pour transmettre au subconscient un caractère positif consiste à éliminer de votre vocabulaire et de votre esprit certaines tournures que nous pourrions qualifier de « petits repoussoirs » qui émaillent constamment les conversations. Bien que, pris individuellement, ils aient l'air parfaitement anodins, leur effet cumulatif provoque un conditionnement négatif de l'esprit. Lorsque cette idée m'effleura l'esprit pour la première fois, je me mis à analyser mes propres habitudes de langage et je fus bouleversé par ce que j'y découvris. Je m'aperçus que mes conversations étaient truffées d'expressions du type « J'ai peur d'être en retard » ou « Je me demande si je ne vais pas avoir une crevaison », ou bien « Je ne crois pas être capable de faire cela », ou alors « Je n'arriverai jamais à venir à bout de ce travail ; il y a tant à faire ! » S'il arrive que les choses tournent mal, je puis aussi bien m'exclamer : « C'est bien ce que je pensais ! » Parfois, regardant le ciel et y voyant les nuages s'accumuler, je grommelle d'un air sombre : « Je savais bien qu'il allait pleuvoir. »

Ce sont là, bien entendu, de « petits repoussoirs » et, s'il reste vrai que des manifestations de ce genre sont moins importantes et moins néfastes qu'une véritable attitude négative généralisée, il n'en demeure pas moins que « le puissant chêne est un petit gland qui a poussé ». Ainsi, si une foule de petits repoussoirs ponctuent votre conversation, ils finiront par s'insinuer dans votre esprit et y croître. Il est étonnant de voir à quel point leur pouvoir de sape s'étend rapidement, si bien que, avant même qu'on puisse s'en rendre compte, les voilà devenus de « grands repoussoirs ». Alors, j'ai décidé de m'y attaquer et de les « déloger » de mes conversations. J'ai découvert que la meilleure façon de s'en débarrasser consistait à formuler délibérément des commentaires positifs à propos de tout et de rien. Quand on se répète inlassablement que les choses vont finir par s'arranger, qu'on peut faire le travail, qu'on n'aura pas de crevaison, qu'on arrivera à temps, on fait appel à la loi des effets positifs et les résultats bénéfiques finissent par se manifester. Les événements prennent alors une tournure favorable.

Le long d'une route, sur un panneau d'affichage, j'ai un jour aperçu une réclame publicitaire vantant une marque d'huile à moteur. Le slogan disait ceci : « Un véhicule bien entretenu est plus puissant. » Ainsi en est-il d'un esprit libéré de ses pensées négatives, qui peut alors laisser place à des pensées positives, ce qui revient à dire qu'un esprit bien entretenu est, lui aussi, puissant, c'est-à-dire en pleine possession de ses moyens. Par conséquent, il vous est nécessaire à vous aussi de « vidanger » vos pensées ; rappelez-vous qu'un esprit bien entretenu, tout comme un véhicule bien entretenu, est un gage de puissance.

Alors, pour surmonter vos difficultés et vivre une existence basée sur une philosophie du type « Je ne crois pas en la défaite », cultivez un modèle de pensée positif et efforcez-vous d'en imprégner profondément votre conscience. Notre comportement face aux difficultés dépend directement de notre attitude mentale et la plupart de nos difficultés sont, en fait, d'ordre mental.

« Ah non ! pourriez-vous m'objecter, mes difficultés sont bien réelles et n'ont rien de mental. » Peut-être avez-vous raison, mais il n'empêche que votre attitude face à vos difficultés est, elle, d'ordre mental. La seule façon possible d'acquérir un comportement relève d'un processus d'ordre mental et ce que vous pensez de vos difficultés détermine largement ce que vous en ferez. Si vous vous persuadez que vous ne pouvez écarter une difficulté, effectivement, vous n'y arriverez pas. Si, par contre, vous parvenez à vous convaincre résolument que la difficulté n'est, au fond, pas aussi ardue que vous ne l'auriez cru et si, quoi qu'il puisse arriver, vous vous cramponnez à cette pensée positive, dès lors que vous commencerez à adopter cette attitude, vous verrez s'enclencher le processus qui vous permettra de traverser cette épreuve avec succès.

Le pouvoir de la conviction

Si une difficulté s'acharne sur vous depuis un bon moment, c'est probablement parce que, depuis des semaines, des mois, voire des années, vous entretenez l'idée qu'il n'y a rien à faire pour y remédier. Vous avez tellement mis l'accent sur votre inaptitude à y faire face que votre esprit en est progressivement venu à admettre votre impuissance et vos échecs.

Lorsque l'esprit se convainc de quelque chose, il conditionne l'être tout entier parce qu'il en va ainsi de l'esprit et de l'être humain, en général.

Mais lorsque, au contraire, vous faites vôtre l'idée neuve et créatrice que «Je peux tout accomplir par l'entremise du Christ», vous développez alors, sur le plan mental, un tout autre point de vue. Accentuez encore et encore cette attitude positive et vous finirez par convaincre votre propre conscience que vous pouvez parfaitement affronter vos difficultés. Lorsque, enfin, votre esprit en aura acquis la conviction, des résultats tout à fait étonnants commenceront à se manifester. Vous vous découvrirez soudainement des pouvoirs dont vous n'aviez jamais pris conscience auparavant.

Je me rappelle avoir joué au golf avec un homme qui non seulement était un excellent golfeur, mais aussi un philosophe. Tandis que nous nous faisions notre parcours, la partie elle-même me fournit l'occasion d'apprécier certains traits de sa sagesse dont un, en particulier, que je ne suis pas près d'oublier et dont le souvenir éveillera toujours en moi un sentiment de gratitude.

À un moment donné, je frappai une balle qui se perdit dans les hautes herbes. Lorsque nous arrivâmes à l'endroit où gisait ma balle, je fis part de ma consternation à mon adversaire:

«Non, mais regardez-moi ça! Me voilà dans de beaux draps... Ça ne va pas être commode de me sortir de là. Je suis vraiment dans une très fâcheuse position.»

Mon camarade se mit à ricaner, puis me dit: «Est-ce que je n'ai pas lu quelque part que vous parliez de pensée positive dans vos bouquins?» Je reconnus piteusement que c'était exact.

«Si j'étais vous, fit-il, je ne réagirais pas si négativement à propos de cette balle. Elle n'est pas en si mauvaise position que cela. Ne croyez-vous pas que vous pourriez réussir un bon coup si cette balle se trouvait sur un tracé normal, là où le gazon est coupé ras?»

Je répondis qu'il me semblait évidemment que oui.

«Pourquoi pensez-vous que vous pourriez faire mieux là-bas qu'ici, poursuivit-il?

— Parce que le gazon y est plus court et qu'il serait plus facile d'en sortir la balle.»

Il fit alors quelque chose de bizarre. «Mettons-nous à quatre pattes, suggéra-t-il, et étudions la situation. Voyons comment cette balle est placée.»

Nous nous mîmes alors à quatre pattes et il s'adressa de nouveau à moi: «Remarquez que la hauteur relative de la balle est sensiblement la même que là-bas. La seule différence, c'est qu'ici il y a environ cinq ou six pouces de gazon de plus au-dessus.»

Cette fois, il eut un comportement encore plus étrange. «Observez bien la qualité de ce type de gazon.» Il en arracha quelques brins et me les tendit: «Mâchez-les», me dit-il. Ce que je fis.

«Tendre, n'est-ce pas? demanda-t-il.

— Aucun doute, c'est sûrement un gazon très tendre.

— Alors, un bon élan avec votre fer 5 arriverait à couper ce gazon aussi facilement que le ferait un couteau.»

Puis il me dit cette phrase que je me rappellerai toute ma vie et qui, j'espère, produira sur vous le même effet:

«Voyez-vous, l'obstacle est dans votre tête. Autrement dit, votre situation est difficile parce que vous la percevez comme telle. Le pouvoir de surmonter cet obstacle se trouve, lui aussi, dans votre tête. Si vous vous représentiez vous-même en train de sortir cette balle de là, en croyant que vous en êtes capable, votre esprit fournirait à vos muscles la souplesse, le rythme et la puissance nécessaires et vous utiliseriez votre bâton de telle façon que la balle partirait d'ici et irait tomber directement sur le vert. Vous pourriez réussir un coup superbe. Tout ce que vous avez besoin de faire, c'est fixer la balle des yeux et vous dire que vous allez la sortir des hautes herbes avec ce genre de coup. Laissez s'envoler votre raideur et votre tension et frappez-moi joyeusement cette balle avec puissance. Souvenez-vous que l'obstacle est dans votre tête.»

Depuis ce jour, je me rappelle le frémissement, le sentiment de puissance et l'allégresse que j'éprouvai lorsque je m'élançai sur cette balle et la vis rouler à l'autre bout du parcours.

Il faudrait toujours se rappeler cette évidence: «L'obstacle est dans la tête et seulement là!»

La victoire au quotidien

Les obstacles auxquels vous faites face existent bel et bien. Ce ne sont pas de simples chimères. Mais, en fait, ils ne sont pas aussi coriaces qu'ils en ont l'air. Votre attitude mentale reste déterminante. Soyez persuadé que Dieu Tout-Puissant vous a doté du pouvoir de surmonter les difficultés de l'existence. Vous y parviendrez si vous gardez les yeux braqués sur la source de votre pouvoir. Dites-vous bien que par l'entremise de ce pouvoir vous pouvez relever tous les défis. Soyez persuadé que ce pouvoir est en vous et vous libérera de vos tensions. Croyez en cela et la victoire vous sera acquise.

Observez de plus près l'obstacle qui vous tourmente. Vous découvrirez qu'il n'est pas aussi insurmontable que vous ne l'imaginiez. Dites-vous : « L'obstacle est seulement dans ma tête. Je pense "victoire" et je gagne. »

Retenez bien la formule à laquelle nous avons précédemment fait allusion. Écrivez-la sur un bout de papier, glissez-la dans votre portefeuille, épinglez-la sur votre miroir, chaque matin, lorsque vous vous rasez, affichez-la dans votre cuisine ou placez-la sur votre table de travail. Regardez-la aussi souvent qu'il le faut jusqu'à ce que sa vérité intrinsèque se fraie un chemin dans les profondeurs de votre conscience, jusqu'à ce qu'elle imprègne totalement votre attitude mentale, jusqu'à ce qu'elle devienne une obsession positive : « Je peux tout accomplir par l'entremise du Christ qui appuie tout ce que j'entreprends. »

Comme je l'ai déjà indiqué, tout ce qui semble être une difficulté peut être vécu péniblement ou aisément selon la façon dont on l'envisage. Et cela à un degré directement proportionnel à celui de l'optimisme ou du pessimisme qui vous anime.

L'un des principes fondamentaux de la doctrine du philosophe Emerson soutient que la personnalité humaine peut être touchée par la puissance divine et accéder ainsi à la grandeur et à l'élévation. Un autre philosophe, William James, affirme que le facteur le plus important de toute entreprise est le degré de foi qu'on y investit. Quant à David Thoreau, il nous enseigne que le secret d'une réalisation consiste à avoir dans l'esprit l'image de sa concrétisation.

Un autre Américain à l'esprit éclairé, Thomas Jefferson, avait établi pour son propre usage, à l'exemple de Benjamin Franklin, une règle quotidienne de conduite comportant un certain nombre d'impératifs. Celle de Jefferson ne comptait que dix points, celle de Franklin, treize.

L'une des règles d'or de Jefferson, fondamentale à mon avis, était ainsi formulée : « Aborder toujours les événements sous le meilleur angle possible. » Ce qui signifie entreprendre une tâche ou s'attaquer à une difficulté en ayant recours à la méthode qui permettra de rencontrer le moins de résistance possible. S'attaquer, en somme, au « ventre mou », au point faible de l'obstacle.

En mécanique, on apprend que la résistance cause des frictions. Par conséquent, il importe d'éliminer ou, à tout le moins, de réduire ces frictions. L'attitude négative est une approche génératrice de frictions. Voilà pourquoi le pessimisme engendre une si forte résistance. L'approche positive est fondée, elle, sur la technique qui consiste à s'attaquer au « ventre mou ». Elle est en harmonie avec le cours normal de l'univers. Non seulement elle permet de rencontrer moins de résistance, mais elle stimule vraiment les forces connexes. Il est remarquable de constater jusqu'à quel point, du début à la fin de notre existence terrestre, la mise en application de ce principe nous permet d'atteindre des résultats fructueux dans des domaines où, sans son aide, nous serions condamnés à l'échec.

Prenons l'exemple de cette femme qui nous confia son jeune fils de quinze ans pour que nous le « remettions d'aplomb ». Dans aucun de ses cours il n'arrivait à obtenir une note supérieure à 70 p. 100, ce qui tracassait sa mère au plus haut point. « Ce garçon a de grandes possibilités intellectuelles, proclamait-elle avec fierté.

— Comment pouvez-vous en être si sûre ? lui demandai-je.

— Parce que c'est mon fils », répondit-elle. Puis elle ajouta : « J'ai obtenu, moi, mon diplôme universitaire MAGNA CUM LAUDE. »

Le garçon s'avança alors, l'air renfrogné.

« Alors, fiston, qu'est-ce qui ne va pas ? lui demandai-je.

— Je ne sais pas. Ma mère m'a demandé de venir vous voir.

— Ouais, tu n'as pas l'air débordant d'enthousiasme, fis-je. Ta mère me dit que tu n'arrives pas à avoir plus de 70 p. 100 ?...

— Oui, répondit-il, c'est le maximum que j'atteins et il m'arrive même d'être en deçà.

— Penses-tu être intelligent, fiston ? lui demandai-je.

— Ma mère prétend que oui. Je ne sais pas. Je crois, Dr Peale, que je suis plutôt un idiot fini, lâcha-t-il avec conviction. J'étudie régulièrement mes leçons. À la maison, je fais mes lectures plutôt deux fois qu'une et puis je referme mes bouquins et je tente de me rappeler ce que je viens de lire. Je recommence le même manège environ trois fois et finalement je me dis que si je n'y arrive pas au bout de trois fois, eh bien ! je n'y arriverai jamais. Le lendemain, je pars pour l'école en me disant que je sais mes leçons. Et lorsque le professeur me pose une question, je reste planté là, debout, incapable de sortir un mot, de me souvenir de quoi que ce soit. Et puis, continua-t-il, arrivent les examens et je suis alors dans tous mes états, incapable de me rappeler les bonnes réponses. Je n'arrive pas à comprendre pourquoi. Je sais que ma mère obtenait d'excellents résultats. Je suppose que je ne dois pas "avoir ça" en moi. »

Évidemment, ce type de pensée négative, ajouté au sentiment d'infériorité que sa mère, par son attitude, avait suscité en lui, l'écrasait complètement. Il y avait comme un blocage dans son esprit. Sa mère ne lui avait jamais demandé d'aller à l'école et d'étudier pour le simple plaisir d'apprendre et d'alimenter sa curiosité. Elle n'avait pas su lui suggérer de se lancer des défis personnels plutôt que de se mesurer aux autres. De plus, elle insistait toujours pour qu'il répétât ses performances scolaires à elle. Pas étonnant, dans ces conditions, qu'il se soit complètement figé sous la pression maternelle.

Afin de lui venir en aide, je lui suggérai quelques « petits trucs » qui avaient fait leurs preuves. « Avant de commencer à étudier tes leçons, lui dis-je, arrête-toi un moment et fais cette prière : "Seigneur, je sais que je suis quelqu'un d'intelligent, capable de bien réussir dans mon travail." Puis détends-toi et entreprends ta lecture comme si de rien n'était, un peu comme si tu lisais une histoire. Ne relis aucun passage à moins que tu n'en aies envie. Convaincs-toi simplement que tu es capable de tout comprendre du premier coup. Représente-toi ce que tu lis comme une plante qui se met à germer. Le lendemain, en allant à l'école, dis-toi ceci : "Ma mère est merveilleuse. Elle est très belle et très gentille. Mais, pour obtenir de tels résultats scolaires, il fallait vraiment qu'elle fût une sorte de vieux rat de bibliothèque. Et qui donc souhaiterait être ainsi ? Je ne veux pas devenir MAGNA-CUM-QUOI-QUE-CE-SOIT. Tout ce que je veux, c'est terminer mes études et obtenir des résultats convenables."

« À l'école, poursuivis-je, lorsque le professeur te pose une question, fais une brève prière avant de répondre. Fais confiance au Seigneur pour t'aider à trouver sur-le-champ la réponse juste. Lorsque tu te présentes à un examen, exprime, dans une prière, ta conviction que Dieu libérera ton esprit et te fournira les bonnes réponses. »

Le garçon suivit mes conseils. Et que croyez-vous qu'il advint, au semestre suivant ? Il obtint 90 p. 100 ! Je suis certain que ce garçon, ayant découvert l'étonnante efficacité de la philosophie du « Je ne crois pas à la défaite », aura désormais recours au pouvoir surprenant de la pensée positive dans tous les domaines de sa vie.

Rien n'est impossible

Je pourrais fournir tellement d'exemples d'existences humaines qui ont été complètement transformées par la mise en application de ces principes qu'un seul livre n'y suffirait pas. En outre, il s'agit d'anecdotes et d'expériences puisées dans la vie de tous les jours, qui ne sont absolument pas théoriques mais tout à fait courantes et réelles. Mon courrier est littéralement rempli de témoignages de gens qui, ayant lu ou entendu certains de mes comptes rendus, me font part, avec beaucoup d'émotion, d'expériences analogues survenues dans leur propre vie.

L'une de ces lettres me parvint d'un homme qui me parla de son père de la façon suivante (soit dit en passant, je connais des tas de gens qui ont utilisé la méthode préconisée dans cette lettre et ont obtenu des résultats étonnants) : « Mon père était vendeur itinérant. Il vendait tantôt des meubles, tantôt de la quincaillerie, tantôt des vêtements et autres objets de cuir. Chaque année, il changeait de domaine.

« Je l'entends encore dire à ma mère que ce voyage serait le dernier, que, l'année suivante, tout allait s'arranger, que nous allions nous installer enfin dans un beau quartier, etc. Il eut la chance d'être embauché par une firme qui avait lancé sur le marché un produit qui se vendait comme des petits pains. Rien n'y fit. Mon père n'arrivait jamais à réaliser un bon chiffre d'affaires, quel que fût le produit. Il était toujours tendu, "avait peur de son ombre", sifflait dans le noir.

« Puis un jour, un collègue donna à mon père le texte d'une petite prière. Il lui recommanda de la réciter juste avant de téléphoner à un client. Papa mit cette prière à l'essai et les résultats furent quasiment miraculeux. Quatre-vingt-cinq pour cent de ses appels téléphoniques se soldèrent par des ventes dès la première année. À compter de ce moment, semaine après semaine, les résultats furent merveilleux. Certaines semaines, la proportion d'appels fructueux atteignait 95 p. 100 et, pendant seize de ces semaines, papa parvint à conclure une vente à chacun de ses appels.

« Papa donna un exemplaire de cette prière à plusieurs de ses collègues et, chaque fois, les mêmes résultats spectaculaires étaient obtenus. La prière que récitait mon père se lit comme suit :

Je crois que je suis toujours guidé par une force divine.
Je crois que je ferai toujours les bons choix.
Je crois que Dieu ouvrira toujours un chemin là
où il n'y en a guère. »

Le directeur d'une petite entreprise, qui avait connu toutes sortes de difficultés pour établir solidement ses assises, me confia qu'il fut grandement aidé par une technique qu'il avait lui-même inventée. Il avait connu de nombreux problèmes qui étaient attribuables, me dit-il, à la tendance qu'il avait à exagérer démesurément l'importance de petites difficultés. Se rendant compte qu'il abordait ses problèmes avec une attitude négative, il eut suffisamment de bon sens pour comprendre que les obstacles auxquels il devait faire face n'étaient pas aussi difficiles à résoudre qu'ils en avaient l'air. Tandis qu'il me racontait son histoire, je me demandais s'il n'était pas frappé de cette curieuse affliction psychologique connue sous le nom d'«attitude d'échec ».

Il utilisa une devise qui transforma complètement son attitude mentale et qui, au bout d'un certain temps, eut une influence déterminante sur la conduite de ses affaires. Sa façon de procéder était simple. Il avait installé une grosse corbeille à papier sur sa table de travail. Cette corbeille était ornée d'une carte portant l'inscription suivante : « Avec Dieu, toute chose est possible. » Chaque fois que surgissait un problème susceptible de déclencher le vieux mécanisme de retrait et de découragement qui le menait généralement tout droit à l'échec, il jetait dans la corbeille les papiers concernant ce problème et les y laissait reposer pendant un jour ou deux. « Il était étrange de constater comment chaque sujet de préoccupation devenait simple dès que je ressortais les papiers de la corbeille », racontait-il.

Ce stratagème lui permettait de visualiser l'attitude mentale qui consiste à s'en remettre à Dieu. En retour, il se voyait doué du pouvoir d'aborder calmement un problème et d'être, par conséquent, efficace.

S'il vous plaît, après avoir terminé la lecture de ce chapitre, lisez à haute voix cette phrase : « Je ne crois pas en la défaite. » Proclamez-la jusqu'à ce qu'elle finisse par dominer vos attitudes subconscientes.

CHAPITRE 9
Comment ne plus se faire de souci

Vous ne devez pas compter parmi les victimes de l'anxiété, qui n'est, dans le fond, rien d'autre qu'une habitude mentale malsaine et destructrice. Vous n'êtes pas né avec l'habitude de vous faire du souci, vous l'avez acquise au fil des ans. Et parce que vous avez le pouvoir de changer en vous n'importe quel comportement, vous pouvez fort bien chasser l'anxiété de votre esprit. Comme le processus d'élimination exige une action énergique et directe, le moment idéal, pour réagir, c'est immédiatement. Décidez donc tout de suite de briser votre habitude de vous faire du souci.

Pourquoi considérer sérieusement le problème de l'anxiété? Selon un éminent psychiatre, «l'anxiété est le pus grand fléau des temps modernes». Un psychologue célèbre affirme de son côté que «la peur est l'ennemi le plus dévastateur qui soit pour l'être humain», tandis qu'un médecin de renom soutient que «l'anxiété est la plus subtile et la plus destructrice des maladies humaines». Un autre encore nous apprend que des milliers de personnes souffrent de maladies causées par le refoulement de l'anxiété, qui se retourne alors vers l'intérieur pour attaquer le corps et provoquer diverses affections. L'origine même du terme, un ancien mot anglo-saxon qui signifie «étranger», illustre bien le traitement que vous vous infligez lorsque vous refoulez des sentiments de crainte et d'angoisse.

D'après divers experts, l'anxiété est souvent cause d'arthrite. Des médecins, qui ont analysé les causes de cette maladie répandue, affirment que les désastres financiers, la frustration, la tension, l'appréhension, la solitude, le chagrin, les vieilles rancunes et l'inquiétude sont très souvent liés à des cas d'arthrite. Une étude portant sur cent soixante-seize administrateurs d'une moyenne d'âge de quarante-quatre ans a révélé que la moitié d'entre eux souffraient d'hypertension, de maladies de cœur ou d'ulcères. Dans tous ces cas, l'anxiété était présente.

L'espérance de vie d'un anxieux n'est pas aussi élevée que celle d'une personne qui réussit à surmonter ses inquiétudes. La revue *Rotarian* a publié un article intitulé «How Long Can You Live?» (Quelle est votre espérance de vie?). L'auteur y prétend que votre tour de taille est un indicateur de votre espérance de vie; il affirme également que, si vous voulez vivre longtemps, vous devez observer les règles suivantes: (1) contrôler votre nervosité; (2) fréquenter votre église; et (3) éliminer vos soucis. On sait aussi que les membres d'une Église vivent plus longtemps que les autres (mieux vaut joindre les rangs d'une Église si vous ne voulez pas mourir jeune). Et les personnes mariées vivent plus longtemps que les célibataires, peut-être parce qu'elles peuvent partager leurs soucis, au contraire des célibataires qui doivent s'assumer totalement.

Un scientifique spécialisé dans les problèmes de longévité a effectué une étude portant sur quatre cent cinquante personnes ayant atteint l'âge vénérable de cent ans. Il a constaté que le secret de ces longues vies comblées se résume ainsi: (1) se tenir occupé; (2) user de modération en tout; (3) manger frugalement; (4) avoir beaucoup de plaisir; (5) se lever et se coucher tôt; (6) rester libre de toute anxiété et de toute peur, particulièrement de la peur de la mort; (7) garder un esprit sain et la foi en Dieu.

Faire le vide dans son esprit

On entend souvent dire: «Mes soucis me rendent malade», puis ajouter en riant: «En fait, je sais bien que ce n'est pas vrai!» Voilà où les gens se trompent. Un chirurgien américain, le Dr George W. Crile, a affirmé que «la peur habite non seulement nos esprits, mais également nos cœurs, nos cerveaux et nos viscères, et quelle que soit la cause de la peur ou de l'anxiété, les répercussions se font ressentir jusque dans les cellules, les tissus et les organes vitaux». Le neurologue Stanley Cobb prétend, quant à lui, que l'anxiété est intimement liée aux symptômes du rhumatisme.

Mais ne vous découragez pas, car vous pouvez surmonter votre anxiété. Le remède existe. Le premier pas consiste simplement à croire que vous en êtes capable, grâce à l'aide de Dieu.

Voici donc une méthode pratique qui contribuera à éliminer l'anxiété malsaine de votre vie. Faites, quotidiennement, le vide dans votre esprit, de préférence avant de vous coucher afin d'épargner votre sommeil. L'esprit est, à ce moment-là, le plus réceptif aux suggestions et tend à s'imprégner des dernières images qui occupent la conscience éveillée.

Faire le vide dans son esprit est essentiel, car l'angoisse et les craintes intérieures entravent la circulation de l'énergie mentale et spirituelle. Or, ces sentiments négatifs peuvent être parfaitement évacués et ne s'accumuleront pas si vous vous entraînez à les éliminer régulièrement tous les jours. Pour vider votre esprit, ayez recours à l'imagination créative. Imaginez-vous en train de vider votre esprit de toute anxiété et de toute peur, et visualisez votre corps évacuant vos craintes comme l'eau du bain s'écoule quand on a retiré le bouchon. Pendant cette visualisation, répétez : «Avec l'aide de Dieu, je vide maintenant mon esprit de toute anxiété, de toute peur et de tout sentiment d'insécurité.» Répétez cette phrase lentement, cinq fois, puis ajoutez : «Je crois que mon esprit est maintenant libre de toute anxiété, de toute peur et de tout sentiment d'insécurité.» Recommencez cinq fois, tout en conservant une image mentale de votre esprit qui se vide de ces idées négatives, puis remerciez Dieu de vous avoir ainsi libéré de la peur et allez dormir.

Au début, utilisez cette méthode le matin, l'après-midi et au coucher. Retirez-vous dans un endroit tranquille pendant cinq minutes, et exécutez fidèlement ces exercices ; vous en remarquerez bientôt les bienfaits. Cette méthode peut être améliorée si vous vous imaginez pénétrant dans votre esprit et retirant les soucis un à un. Au chapitre de l'imagination, le jeune enfant a des aptitudes supérieures à celles de l'adulte. Il accepte, par exemple, d'embrasser un bobo ou de lancer une peur au loin, comme un objet. Il est alors convaincu que le malaise a disparu. La dramatisation est réelle pour lui, il y croit, c'est pourquoi il obtient de bons résultats. Visualisez vos peurs chassées de votre esprit et ce nettoyage mental aura véritablement lieu.

L'imagination est à l'origine de bien des craintes, mais elle peut également guérir de la peur. L'«imagerie mentale» consiste à utiliser des images mentales pour atteindre des résultats concrets, et l'efficacité de cette méthode n'est plus à démontrer. L'imagination n'est pas le propre d'un univers chimérique. Dans «imagination», il y a l'idée de représentation visuelle, ce qui suppose le pouvoir de visualiser une image de la peur, par exemple, ou de libération de la peur. Ce que vous vous «représentez» (ou imaginez) peut se réaliser si vous êtes porté par la foi.

Imaginez, par conséquent, que vous êtes libéré de l'anxiété et vous le serez. Cependant, il ne suffit pas de vider son esprit, car il ne peut vivre de néant. Il doit être habité, nourri. Saturez-le de pensées de foi, d'espoir et de courage, et répétez à haute voix des phrases comme celleci: «Dieu remplit actuellement mon esprit de courage, de paix et d'une calme assurance. Dieu me protège maintenant de tout mal et couvre de son bras protecteur ceux que j'aime. Dieu me dicte des pensées positives et me sortira de cette mauvaise passe.»

Remplissez votre esprit de telles pensées au moins six fois par jour jusqu'à saturation. Elles finiront, à un moment donné, par chasser l'anxiété. La peur est la plus puissante des présences, à une exception près, la foi qui, de jour en jour, occupera une place grandissante en vous jusqu'à y déloger la peur. Voilà ce qu'il ne faut jamais oublier: contrôlez votre foi et vous contrôlerez, du même coup, votre peur.

Le simple fait de lire cela ne servira à rien si vous ne le mettez pas en pratique. Agissez dès maintenant. Ne perdez pas un instant. Exercezvous immédiatement à faire acte de foi, quotidiennement, et vous deviendrez vite un expert en la matière. Alors, seulement, la peur vous quittera.

Se libérer de la peur

On n'insistera jamais assez sur l'importance qu'il y a à libérer son esprit de la peur. La Bible dit une phrase terrible: «Ce qui me fait peur, c'est ce qui m'arrive…» (Job 3,25) Évidemment, parce que, si vous redoutez continuellement une chose, vous avez tendance à créer les conditions propices à son développement. Vous préparez le terrain dans lequel elle prendra racine, grandira et s'imposera comme une réalité.

Il est cependant inutile de s'affoler. La Bible propose aussi une autre grande vérité: «Ce en quoi j'ai cru profondément s'est réalisé.» On ne retrouve pas textuellement cette citation, mais la Bible contient de nombreux passages où il est affirmé que «rien n'est impossible» à celui qui a la foi, et que «votre foi réglera votre destin». Ainsi, si vous remplissez votre esprit de foi plutôt que de peur, vous cesserez de créer l'objet de vos craintes pour actualiser l'objet de votre foi. Meublez votre esprit de pensées saines, d'élans de foi et non de peur, et vous en récolterez les bienfaits.

Vous devez user de stratégie dans votre combat contre l'inquiétude. Pas d'attaque de front! Faites preuve de sagesse! Faites tomber, progressivement, les enceintes extérieures, puis rapprochez-vous du centre plus coriace. Coupez d'abord les petits soucis, sur les branches les plus éloignées de votre peur, puis rapprochez-vous du tronc de l'anxiété, source première de vos petits soucis.

Sur le terrain de ma ferme, il a fallu couper, à mon grand regret, un gros arbre. On n'abat pas un vieil arbre majestueux sans ressentir une certaine tristesse. Des travailleurs sont venus avec une scie mécanique et je m'attendais à ce qu'ils commencent par couper le tronc au niveau du sol. Ils ont, au contraire, dressé des échelles et entrepris de couper les petites branches, puis les plus grosses et enfin la cime de l'arbre. Tout ce qui restait alors était l'immense tronc central, et en peu de temps mon arbre reposait, en petites bûches bien empilées, effaçant ainsi, en un instant, cinquante années de pousse. Comme me l'a expliqué un des ouvriers: «Si nous avions coupé l'arbre au niveau du sol avant de l'ébrancher, en tombant il aurait brisé les arbres qui se trouvent autour de lui. Il est plus facile de manipuler un arbre dont la taille a été réduite.»

De la même manière, il est préférable de manipuler le gros arbre de l'anxiété qui a poussé au centre de votre corps en le réduisant le plus possible. Le meilleur conseil est donc d'éliminer les petits soucis et les manifestations extérieures d'anxiété en restreignant, par exemple, le nombre de mots chargés de crainte dans vos conversations. Les mots peuvent résulter de l'angoisse, mais ils peuvent aussi en créer. Lorsque l'inquiétude assiège votre esprit, éliminez-la immédiatement grâce à une pensée et à une manifestation de foi. Au lieu de dire: «J'ai peur de manquer le train», partez plus tôt pour être sûr d'arriver à l'heure. Moins vous vous inquiétez, meilleures sont vos chances de partir à temps. À mesure que vous coupez les petits soucis, vous vous rapprochez graduellement du tronc de l'anxiété. Disposant alors d'un pouvoir accru, vous pourrez ainsi éliminer définitivement l'inquiétude de votre vie.

Un de mes amis dit que, tous les matins, avant de se lever, il répète trois fois ces deux mots: «Je crois.» Il conditionne ainsi son esprit, dès le début de la journée, avec des pensées positives qui lui permettent de surmonter les problèmes quotidiens. Il «croit», et il est très difficile de freiner une personne animée d'un tel état d'esprit. J'ai raconté cette technique du «Je crois» au cours d'une émission radiophonique et j'ai reçu la lettre d'une femme juive qui m'avouait ne pas avoir été très fidèle à sa religion. Elle m'expliquait que l'ambiance familiale était, chez elle, oppressante: son conjoint «buvait sans modération» et passait toute la journée assis à ne rien faire; il se disait incapable de trouver un emploi. Quant à la belle-mère de cette femme, qui partageait le même logement, elle se plaignait sans arrêt. Cette femme m'a donc confié qu'elle avait été impressionnée par la méthode de mon ami et qu'elle avait décidé de l'essayer. Le lendemain, au réveil, elle a répété: «Je crois, je crois, je crois.» Dans sa lettre, elle rapportait, pleine d'enthousiasme: «J'utilise cette technique depuis seulement dix jours, et mon conjoint est arrivé à la maison hier soir en me disant qu'il venait de se trouver un emploi stable. Il m'a également annoncé qu'il cesserait de boire, et j'ai l'impression qu'il est sincère. Comble du bonheur, ma belle-mère a pratiquement oublié ses douleurs. Ce qui est arrivé dans cette maison tient presque du miracle. Mes soucis ont à peu près disparu.»

Ne laissez aucune place à l'anxiété

Ces changements semblent effectivement relever de la magie, et pourtant ce miracle se produit chez ceux qui décident de chasser leurs pensées négatives pour adopter systématiquement des attitudes positives. Mon bon ami, le regretté Howard Chandler Christy, connaissait plusieurs antidotes contre la peur. J'ai rarement rencontré quelqu'un d'aussi comblé par les plaisirs et les joies de la vie. C'était un homme d'une grande force morale et son bonheur était contagieux.

Dans mon Église, la tradition veut que le ministre du culte fasse faire son portrait pour l'exposer chez lui, de son vivant. La mort venue, le portrait revient alors à l'Église où il rejoint les tableaux des ministres précédents. Le conseil des anciens et des diacres a décidé de faire faire ce portrait au moment où le ministre est le plus à son avantage (le mien a été réalisé voilà de nombreuses années).

Pendant que je posais pour M. Christy, je lui demandai : « Howard, vous arrive-t-il parfois de vous faire du souci ? » Il se mit à rire. « Jamais de la vie. Je n'y crois pas, me répondit-il. – Eh bien, lui dis-je, voilà une bonne raison pour ne pas vous inquiéter. En fait, c'est très simple : vous n'y croyez pas, donc vous ne le faites pas. Avez-vous déjà été anxieux ? » Il me répondit : « J'ai déjà essayé ça ; j'avais remarqué que tous les gens semblaient anxieux et je me demandais s'il ne me manquait pas quelque chose. J'ai donc décidé de consacrer une journée à tenter l'expérience de l'anxiété, de mener une enquête sur cette question et de me faire un peu de souci pour y goûter à mon tour.

« La veille du jour choisi, je me suis couché tôt pour profiter d'une bonne nuit de sommeil et pouvoir ainsi me plonger sans réserve dans l'anxiété, le lendemain. Au réveil, j'ai pris un bon déjeuner, car il est impossible de réussir à se faire du souci avec un estomac vide ; j'ai alors décidé de commencer à m'inquiéter. Eh bien… j'ai essayé de mon mieux jusque vers midi, mais je n'arrivais pas à assembler les pièces du casse-tête. Je ne saisissais pas le sens de l'exercice. J'ai donc abandonné. » Puis il s'esclaffa du rire contagieux dont il a le secret. « Mais, lui dis-je, vous devez bien avoir une méthode pour surmonter l'anxiété. » En effet, il en avait une, et il s'agit sans doute de la meilleure qui soit. « Chaque matin, je consacre quinze minutes à m'imprégner de Dieu, dit-il. Quand votre esprit est saturé de Dieu, il n'y a plus de place pour l'anxiété. Je fais le plein de Dieu chaque jour et je passe une journée dans l'allégresse. »

Howard Christy était à la fois un grand peintre et un grand artiste de la vie, parce qu'il était capable de réduire une grande vérité en un simple principe de vie. Invitez Dieu à habiter votre esprit plutôt que la peur et vous serez animé en retour de pensées de foi et de courage.

L'anxiété est un processus destructeur : l'esprit est envahi de pensées contraires à l'amour et à la sollicitude de Dieu. Pour en guérir, il faut s'imprégner de la puissance de Dieu, de Sa protection et de Sa bonté. Consacrez donc quinze minutes par jour à remplir votre esprit de Dieu et saturez-le de la philosophie du «Je crois»; votre espace mental sera alors complètement occupé, ne laissant ainsi aucune place pour l'anxiété ou le manque de foi.

Beaucoup de gens échouent dans leur tentative parce que, contrairement à Howard Christy, ils trouvent ce problème compliqué et n'ont pas recours à des méthodes simples pour le régler. Il est étonnant de constater comment nos problèmes personnels, même les plus délicats, ne résistent pas à une technique aussi évidente et aussi élémentaire. Cela s'explique par le fait qu'il n'est pas suffisant de connaître la solution à nos difficultés; il faut aussi savoir agir. Le secret consiste à élaborer une stratégie que l'on applique quotidiennement et qui réveille, suscite une réaction. Nous invitons ainsi nos forces spirituelles à se joindre à notre lutte.

Un secret bien gardé

Une des meilleures illustrations de cette stratégie est cette méthode, mise au point par un homme d'affaires, personne exceptionnellement intelligente et diplômée de deux universités. Très nerveux lui-même, il se rendait malade, préoccupé qu'il était, constamment, de savoir s'il avait correctement agi ou non. Il ressassait continuellement ses décisions et cela le démoralisait; il était devenu un expert en examens rétrospectifs. Je lui suggérai de concevoir une méthode simple pour l'aider à tourner la page à la fin de chaque journée et à envisager résolument l'avenir. Je lui expliquai l'efficacité indéniable de la dramatisation de vérités mentales simples.

Sans aucun doute, les grands esprits possèdent une capacité exceptionnelle pour saisir l'essence des choses, comprendre et révéler des vérités profondes; et cet homme a employé tous ses talents pour combattre son anxiété. Je trouvais qu'il s'améliorait et lui en fis la remarque. «Eh oui, j'ai finalement découvert le secret et cela a très bien marché», me dit-il. Il me proposa de passer à son bureau, pour m'expliquer comment il avait réussi à briser sa manie de se faire du souci. Nous nous sommes donc rencontrés à son lieu de travail, vers l'heure de la fermeture, et il m'a parlé d'un «petit rituel» qu'il exécutait chaque soir avant de quitter le bureau. J'ai été très impressionné par l'originalité incontestable de sa méthode.

Nous avons pris nos manteaux et nous sommes dirigés vers la sortie. Près de la porte de son bureau, il y avait une corbeille à papier au-dessus de laquelle un calendrier était accroché : c'était une éphéméride. On ne voyait donc qu'une date à la fois, imprimée en gros caractères. Il m'a dit : «Je vais maintenant exécuter mon rituel de fin de journée, celui qui m'a aidé à briser mon habitude de me faire du souci.» Il arracha la page du calendrier, en fit une boulette, ouvrit doucement la main et, sous mon regard fasciné, laissa tomber la «journée» dans la corbeille. Il ferma alors les yeux et bougea les lèvres ; je compris qu'il priait. Ce fut un moment de silence respectueux. Enfin, il dit tout haut : «Amen. La journée est maintenant terminée. Allons profiter de la vie.»

Pendant que nous marchions dans la rue, je lui demandai de me révéler le contenu de sa prière. Il sourit et prétendit que je n'en apprécierais peut-être ni le ton ni l'esprit. Mais j'insistai et voici ce que j'entendis : «Seigneur, vous m'avez donné cette journée. Je ne l'ai pas demandée, mais j'ai été très heureux d'en profiter. J'ai fait de mon mieux ; vous m'avez aidé et je vous en remercie. J'ai commis des erreurs, mais c'est tout simplement parce que je n'ai pas suivi vos conseils. Je vous prie de m'en excuser. Mais j'ai également remporté des victoires et des succès que je vous dois. Maintenant, Seigneur, erreurs ou succès, victoires ou défaites, la journée est terminée, je l'ai vécue, je vous la rends. Amen.»

Cette prière n'est peut-être pas des plus orthodoxes, mais elle a été efficace. Cet homme a dramatisé la fin de sa journée et il est allé de l'avant, tourné vers l'avenir, dans l'espoir de lendemains meilleurs. Il a coopéré ainsi avec Dieu qui engloutit chaque journée dans la profondeur de la nuit. Grâce à cela, les erreurs, les échecs et les fautes accumulés de cet homme ont perdu peu à peu toute emprise sur lui et il s'est libéré de ses innombrables soucis. «J'oublie ce qui est derrière moi, tourné vers l'avant, je cours à l'appel de Dieu en Christ-Jésus.» (Philippiens 3,13-14) Voilà des mots pleins de pouvoir contre l'anxiété.

Vous découvrirez peut-être d'autres méthodes pour combattre la présence obsédante des soucis. Je crois que tous ceux qui s'intéressent aux problèmes de croissance personnelle participent au grand laboratoire spirituel de Dieu qui cherche constamment à améliorer la qualité de la vie.

Dix façons de combattre l'anxiété

Pour vous inciter à commencer dès **maintenant** à cesser de vous faire du souci, je conclus ce chapitre par une formule en dix points visant à combattre l'anxiété :

1. Répétez-vous cette phrase : « L'anxiété n'est rien d'autre qu'une mauvaise habitude mentale. Et, avec l'aide de Dieu, je peux briser n'importe quelle habitude. »

2. Vous êtes devenu anxieux en pratiquant l'anxiété. Vous pouvez vous libérer en adoptant de meilleures habitudes empreintes de foi. Mobilisez toute la force et la persévérance dont vous êtes capable, et commencez à vous imprégner de pensées positives et divines.

3. Voici un truc pour introduire la foi dans votre vie. Le matin, avant de vous lever, dites trois fois à voix haute : « Je crois. »

4. Priez en ces termes : « Je confie au Seigneur ma journée, ma vie, les êtres qui me sont chers, ainsi que mon travail. Sous la protection de Dieu, je ne peux connaître que le bien. Ainsi protégé, je sais que tout ce qui arrive est la volonté de Dieu et n'a lieu que pour mon bien. »

5. Exercez-vous à parler positivement de tous les sujets que vous trouviez, jusqu'à présent, négatifs. Quand vous parlez ne dites pas : « Ça va être une mauvaise journée », mais affirmez plutôt : « Cette journée sera magnifique. » Au lieu de dire : « Je n'y arriverai jamais », exprimez-vous ainsi : « Avec l'aide de Dieu, je réussirai. »

6. Ne participez jamais à une conversation pessimiste ou angoissante et injectez une dose de foi dans toutes vos paroles. Des personnes engagées dans une discussion sombre peuvent influencer négativement le reste du groupe. Si vos propos sont positifs, vous pouvez dissiper les malentendus, détendre l'atmosphère et communiquer à tout le groupe des vibrations d'espoir et de bonheur.

7. Vous êtes anxieux en partie parce que votre esprit est littéralement saturé de craintes, d'appréhensions, de sentiments d'échec et de tristesse. Pour contrecarrer tout cela, relevez tous les passages de la Bible qui parlent de foi, d'espoir, de bonheur, de magnificence et de splendeur. Apprenez-les par cœur et répétez-les sans cesse, jusqu'à ce que votre subconscient en soit rassasié. Le subconscient vous renverra alors à son tour ce que vous lui avez donné, à savoir des sentiments pleins de légèreté et de sérénité.

8. Entourez-vous de gens optimistes et d'amis qui ont une pensée positive et empreinte de foi, et dont la présence favorise une atmosphère créative. Cette ambiance-là régénérera votre état mental.

9. Essayez d'aider les autres à ne plus se faire de souci. Vous en retirerez une force accrue pour vaincre votre propre anxiété.

10. Concevez votre vie comme un compagnonnage divin. Faites comme si Dieu marchait physiquement à vos côtés. Répétez-vous : « Il est avec moi. » Affirmez tout haut : « Je suis toujours avec Toi. » Puis modifiez l'affirmation et dites : « Il est maintenant avec moi. » Répétez cette phrase trois fois par jour.

CHAPITRE 10
Résoudre ses problèmes personnels

Je voudrais vous parler de ces personnes qui ont résolu leurs problèmes grâce à un plan simple mais efficace.

Ces gens ne sont en rien différents de vous ; ils ont connu les mêmes difficultés, mais voilà, ils ont trouvé une formule pour les aider à résoudre les graves problèmes de leur existence. En appliquant la même méthode, vous pouvez, vous aussi, obtenir d'aussi bons résultats.

Permettez-moi d'abord de vous raconter l'histoire d'un couple, de vieux amis à moi. Jean avait travaillé très dur, pendant des années, avant d'être nommé à un poste important. Il croyait bien, maintenant, qu'il remplacerait le président lorsque ce dernier prendrait sa retraite. N'avait-il pas la compétence, la formation et l'expérience requises pour occuper cette fonction ? En outre, on lui avait bel et bien laissé entendre que sa candidature serait sérieusement étudiée.

Malheureusement, il ne fut pas choisi. On recruta plutôt un candidat venu de l'extérieur.

Je mangeais avec eux le lendemain de l'annonce de cette mauvaise nouvelle ; Marie, sa femme, particulièrement agressive et vindicative, disait sa déception, son humiliation et sa frustration dans un élan de colère que son mari et moi subissions.

Jean, au contraire, était calme. Il était évidemment blessé, mais il le prenait avec sérénité. D'un naturel plutôt doux, il n'était pas surprenant de le voir réagir ainsi, sans colère ni violence. Marie le pressait de démissionner immédiatement : « Envoie-les tous promener. Dis-leur tout ce que tu as à leur dire et démissionne ! »

Lui pensait au contraire qu'il collaborerait avec le nouveau président, ferait son possible pour l'aider et que cela n'était pas plus mal ainsi.

Il faut bien admettre que cette attitude peut être difficile à comprendre, mais il avait travaillé tant d'années pour cette société qu'il sentait qu'il ne serait pas heureux ailleurs ; en outre, il estimait que, dans ce poste secondaire, la société aurait encore besoin de lui.

Sa femme me regarda et me demanda ce que je ferais, moi, à sa place. Je lui répondis que, comme elle, je me sentirais extrêmement déçu et blessé, mais que j'essaierais de ne pas laisser la haine m'envahir parce que l'animosité affecte l'âme et désorganise la pensée.

Je lui laissai entendre que nous avions peut-être besoin de l'aide divine, d'une sagesse supérieure. Le problème comprenait une telle charge émotive que nous étions peut-être incapables d'y réfléchir de façon objective et rationnelle.

Je suggérai donc de prendre quelques minutes de silence, assis calmement, dans une attitude de communion et de prière, et de tourner nos pensées vers Celui qui a dit : « Car là où deux ou trois sont rassemblés en mon nom, je suis au milieu d'eux. » (Matthieu, 18,20) Je leur fis observer que nous étions trois et que si nous essayions d'atteindre cet esprit de communion en « Son » nom, Il viendrait nous calmer et nous indiquer ce qu'il fallait faire.

Marie avait du mal à se calmer, mais, en femme intelligente et vive qu'elle était, elle participa à la prière.

Après quelques minutes de silence, je suggérai, même si nous étions dans un restaurant, de joindre les mains, et je priai doucement pour demander conseil. Je demandai la paix de l'esprit pour Jean et Marie et j'allai même jusqu'à demander à Dieu de bénir le nouveau président. Je priai aussi pour que Jean puisse s'adapter à la nouvelle administration et devenir encore plus efficace.

Après la prière, nous restâmes assis quelque temps ; Marie soupira : « Oui, je suppose que c'est la bonne façon d'y arriver. Lorsque j'ai su que vous veniez dîner avec nous, je craignais que vous ne nous disiez de réagir en bons chrétiens. Et franchement, je n'avais aucune envie de le faire. Je bouillais intérieurement, mais je me rends compte, bien sûr, que la solution à ce problème se trouve dans votre approche. Et je l'appliquerai fidèlement, même si cela est difficile. » Elle eut un faible sourire dénué de toute animosité.

Par la suite, je les appelai de temps à autre pour prendre de leurs nouvelles et, même si les choses n'allaient pas tout à fait comme ils l'aurait voulu, ils s'adaptèrent peu à peu à leur nouvelle situation et arrivèrent à dépasser leur déception et leur amertume.

Jean me confia même qu'il appréciait son nouveau président et que, d'une certaine façon, il aimait bien travailler avec lui. Il ajouta que ce dernier le consultait souvent et semblait beaucoup compter sur lui.

Marie se lia d'amitié avec la femme du président et elles entretinrent ensemble de bons rapports.

Deux ans plus tard, je leur téléphonai et entendis Marie me dire : « Je suis tellement excitée que j'ai du mal à parler. »

Je lui dis qu'il devait s'agir d'une grande nouvelle pour qu'elle fût dans un tel état.

Sans m'écouter, elle s'écria : « La chose la plus merveilleuse vient d'arriver. Le président a accepté un poste extraordinaire dans une autre société, il s'agit d'une promotion importante et devinez quoi ? Jean vient d'être nommé président de sa société. Venez nous rejoindre tout de suite pour que, tous ensemble, nous rendions grâce. »

Alors que nous étions réunis, un peu plus tard, Jean me dit : « Savez-vous que je commence à comprendre que le christianisme n'est pas une question de théorie du tout ? Nous avons résolu un problème conformément à des principes spirituels scientifiques parfaitement définis. Je frissonne à l'idée de l'erreur que nous aurions commise si nous n'avions pas attaqué ce problème conformément à l'enseignement de Jésus.

« Mais qui donc a dit que le christianisme n'était pas pratique et concret ? ajouta-t-il. Je n'aborderai plus aucun problème sans utiliser la méthode que nous avons appliquée tous les trois ensemble. »

Plusieurs années ont passé, Marie et Jean ont connu d'autres difficultés ; mais pour chacune d'elles, ils ont utilisé la même technique, qui a invariablement donné de bons résultats. Grâce à la méthode de « remise de problème entre les mains de Dieu », ils ont appris à résoudre leurs difficultés de la bonne façon.

Dieu comme associé

Une autre technique, tout aussi efficace, consiste tout simplement à concevoir Dieu comme un partenaire. L'une des grandes vérités enseignées par la Bible est que Dieu est en nous et avec nous. En fait, le christianisme commence avec ce concept : à sa naissance, Jésus-Christ fut appelé Emmanuel, c'est-à-dire « Dieu parmi nous ».

Le christianisme nous enseigne que, dans toutes les circonstances de la vie, Dieu est près de nous. Nous pouvons Lui parler, nous appuyer sur Lui, obtenir Son aide et profiter de l'intérêt qu'Il nous porte. D'une manière générale, tout le monde y croit plus ou moins et beaucoup ont expérimenté cette croyance.

Il faut toutefois, pour trouver les bonnes solutions à vos problèmes, faire un peu plus que croire, c'est-à-dire qu'il faut mettre en pratique cette idée de la présence de Dieu en vous. Il faut s'exercer à croire que Dieu est aussi réel et présent que votre conjoint, votre associé ou votre meilleur ami. Il faut s'exercer à Lui parler et à vous confier à Lui ; croire qu'Il vous entend et est attentif à ce que vous Lui dites ; tenir pour acquis qu'Il suggère à votre esprit les conseils susceptibles de résoudre vos difficultés ; croire, de façon absolue, que Ses solutions ne comportent aucune erreur, mais qu'au contraire vous serez guidé de la meilleure manière qui soit.

Le lendemain d'une conférence que je donnai au club Rotary, je rencontrai un homme d'affaires qui me dit avoir lu, dans une de mes chroniques, une chose qui « avait révolutionné son comportement et sauvé son entreprise ».

J'étais bien sûr curieux et heureux qu'un de mes écrits ait pu produire d'aussi bons résultats.

« Mon entreprise commençait à connaître de sérieuses difficultés, me dit-il. En fait, la situation était si grave que je me demandais vraiment si je pourrais en venir à bout. Une suite de circonstances malheureuses, les conditions du marché, différents règlements et l'effondrement de l'économie nationale avaient affecté cette industrie. J'ai alors lu votre article dans lequel vous parliez de Dieu comme d'un associé et, si je me souviens bien, vous parliez même de "réaliser une fusion avec Dieu".

« La première fois que j'ai lu cette phrase, elle m'a semblé saugrenue. Comment un homme, un être humain, pourrait-il prendre Dieu comme associé ? En outre, j'avais toujours conçu Dieu comme un géant, tellement plus grand que l'homme, que je me percevais comme un insecte par rapport à Lui ; et voilà que vous me parliez de Le prendre comme partenaire. L'idée me semblait monstrueuse. Puis un ami me prêta un de vos livres dans lequel je trouvai des idées similaires. Vous y relatiez les expériences de personnes qui avaient suivi ce conseil. Toutes me semblaient intelligentes, mais je n'en étais pas convaincu pour autant. J'ai toujours cru que les ministres protestants étaient des théoriciens et des idéalistes qui ne connaissent rien aux affaires et aux problèmes purement pratiques ; je vous ai donc balayé du revers de la main, dit-il, avec le sourire.

« Quoi qu'il en soit, un fait étrange survint. J'étais un jour si déprimé, en allant au travail, que je décidai d'en finir une fois pour toutes avec mes difficultés professionnelles. C'est alors que me vint l'idée de prendre Dieu comme partenaire. Je fermai la porte de mon bureau, posai mes bras sur la table de travail et y appuyai ma tête. Je vous avoue que j'ai peu prié dans ma vie. Mais à cette occasion, je priai ; je dis au Seigneur que j'avais entendu parler de cette idée de Le prendre comme associé, que je n'étais certain ni de ce que cela signifiait ni de la façon de le faire ; je Lui dis que j'étais démoli, que je ne pouvais trouver de solution autre que la panique, que j'étais déconcerté, perplexe et vraiment découragé. Je dis : "Seigneur, comme partenaire, je ne peux t'offrir grand-chose, mais je te prie de t'associer à moi et de m'aider. Je ne sais pas comment tu peux le faire, mais je veux être aidé. Ainsi, je remets maintenant mon entreprise, ma personne, ma famille et mon avenir entre tes mains. Je ferai tout ce que tu voudras. Je ne sais même pas comment tu me diras ce qu'il faut faire, mais je suis prêt à t'écouter et à suivre ton conseil si tu me l'exprimes clairement."

« Voilà, continua-t-il, c'était ma prière. Je restai ensuite à mon bureau. Je pense que je m'attendais à ce que quelque chose de miraculeux arrive. Rien ne se produisit, mais je me sentis soudainement calme et reposé, envahi par un sentiment de paix. Rien d'extraordinaire ne se produisit ce jour-là, ni ce soir-là, mais le lendemain, en allant à mon bureau, je me sentais plus heureux et léger que d'habitude. J'étais plus confiant en moi-même ; je sentais confusément que les choses allaient s'arranger. Je ne saurais expliquer pourquoi je ressentais tout cela, car rien n'était différent dans ma vie. En fait, on peut même dire que les choses empiraient, mais c'était moi qui étais différent.

« Je conservai ce sentiment de paix et commençai à me sentir mieux. Je priais chaque jour et parlais à Dieu comme je l'aurais fait avec un associé. Je dirais qu'il n'y avait aucune prière officielle, seulement une conversation d'homme à homme. Puis un jour, une idée jaillit en moi comme un diable de sa boîte. Je me dis : « Eh bien, ça alors ! » Je n'y avais encore jamais pensé, mais je savais instantanément que c'était exactement ce qu'il fallait faire. Je n'ai jamais vraiment su comment il se faisait que je n'y avais pas pensé plus tôt ; mon esprit était trop embourbé, je suppose, et je n'arrivais plus à fonctionner mentalement.

« Je suivis immédiatement mon intuition, souligna-t-il. Mais ce n'était pas une intuition, c'était mon associé qui me parlait. J'appliquai tout de suite cette idée, et la roue de la fortune commença à tourner. De nouvelles idées me venaient et, malgré un contexte difficile, l'entreprise fut remise sur ses rails. Maintenant, la situation s'est beaucoup améliorée, et je m'en suis sorti. »

Il ajouta : « Je ne connais rien aux sermons ni au genre de livres que vous écrivez, ni à aucun livre d'ailleurs, mais permettez-moi de vous dire ceci : chaque fois que vous aurez l'occasion de parler à des hommes d'affaires, dites-leur que, s'ils prennent Dieu comme associé dans leur entreprise, ils auront plus de bonnes idées qu'ils n'en pourront utiliser, et que ces idées deviendront un actif. Et je ne parle pas seulement d'argent, dit-il, car la meilleure façon d'obtenir un bon rendement sur votre investissement est, je crois, d'utiliser des idées inspirées par Dieu. Dites-leur toutefois que prendre Dieu pour partenaire reste pour eux la façon idéale de résoudre leurs problèmes. »

Ce témoignage n'en est qu'un parmi tant d'autres. Il confirme que la technique qui consiste à s'associer avec Dieu peut s'appliquer concrètement et efficacement. Elle a produit des résultats fantastiques dans la plupart des cas qu'il m'a été donné d'observer.

Le pouvoir réside en vous

Il est important de se rendre compte que le pouvoir de résoudre correctement les difficultés se trouve en soi. Deuxièmement, il est nécessaire d'adopter une stratégie et de l'appliquer. Que ce soit sur le plan spirituel ou émotif, les gens qui n'ont pas de plan d'action réussissent rarement à résoudre leurs problèmes personnels.

Un cadre supérieur d'une entreprise m'a déjà dit qu'il se fiait entièrement aux «pouvoirs d'urgence du cerveau». Selon cette théorie, tout à fait logique, tout être humain possède des pouvoirs extraordinaires qui peuvent être canalisés et utilisés dans des situations d'urgence. Dans la vie de tous les jours, ces forces restent passives, mais dans des circonstances exceptionnelles, il est possible d'y avoir recours.

Qui développe une foi active peut appliquer ces pouvoirs au quotidien. Cela explique que certaines personnes manifestent une aptitude réelle à régler les difficultés quotidiennes et les crises. Elles ont pris l'habitude de faire appel à ces pouvoirs qui, chez d'autres, sommeillent, sauf en cas de drame.

Lorsqu'une situation difficile survient, savez-vous comment y faire face ? Avez-vous un plan d'action pour résoudre des problèmes à mesure qu'ils se présentent ? La plupart des gens fonctionnent selon la méthode de l'essai et de l'erreur et, malheureusement, manquent souvent leur coup. Je ne peux qu'insister sur l'importance d'une utilisation planifiée de ces pouvoirs.

On peut prier ensemble, en utilisant la technique de «remise entre les mains de Dieu», on peut s'associer avec Dieu et adopter un plan d'action pour canaliser et utiliser des pouvoirs cachés, mais il existe une autre technique encore qui consiste à se fier à Dieu. J'ai lu la Bible pendant des années avant de comprendre réellement ce qu'elle me disait, et qui était que, si j'avais vraiment la foi, je pouvais contrer toutes les difficultés, faire face à la défaite et résoudre tous les problèmes complexes de ma vie. Le jour où j'ai compris cela fut l'un des plus beaux, sinon le plus beau jour de ma vie. Sans aucun doute, plusieurs de ceux qui liront ce livre n'ont jamais eu la foi. Mais j'espère que vous l'avez maintenant, parce que la foi est, sans aucun doute, l'une des vérités les plus puissantes qui soit et elle est intrinsèquement liée à toute vie réussie et bien menée.

Du début à la fin, la Bible met constamment l'accent sur la vérité. «… si vous avez la foi, comme un grain de moutarde… rien ne vous sera impossible.» (Matthieu 17,20) Et la Bible dit cela d'une façon absolue, littérale. Ce n'est ni une illusion ni une fantaisie. Ce n'est ni une illustration, ni un symbole, ni une métaphore, mais un fait concret : «… la foi, comme un grain de moutarde…» Voilà qui résoudra vos problèmes, quels qu'ils soient, si vous y croyez et le mettez en pratique. «Qu'il vous soit fait selon votre foi.» (Matthieu 9,29) La seule exigence est la foi. Vous aurez les résultats à la hauteur de votre foi et selon l'utilisation que vous en faites. Une foi faible donnera des résultats faibles, une foi moyenne, des résultats moyens et une grande foi, des résultats étonnants. Mais Dieu Tout-Puissant est généreux et si vous n'avez que la foi symbolisée par un grain de moutarde, vous obtiendrez néanmoins des résultats remarquables.

Un témoignage de foi

Laissez-moi vous raconter l'histoire étonnante de mes amis Maurice et Alice. Je les ai rencontrés lorsqu'un de mes livres, *Ayez confiance en vous,* fut résumé pour le magazine *Liberty.* À cette époque, Maurice n'allait vraiment pas bien. Sa vie professionnelle et personnelle était un échec. Il était plein de crainte et de ressentiment, et était devenu quelqu'un de terriblement négatif. Il avait pourtant une personnalité agréable et un cœur d'or, mais il disait avoir gâché sa vie et en était amer.

Il lut le résumé du livre dans lequel je parle beaucoup de foi. Il vivait alors dans une grande ville, avec sa famille, sa femme et ses deux fils. Il me téléphona un jour, à mon église, mais, pour une raison ou une autre, il n'arriva pas à joindre ma secrétaire. Il me rappela cependant, ce qui est notable, car, en d'autres temps, il ne l'aurait jamais fait. Il avait en effet cette fâcheuse habitude d'abandonner très vite une démarche, mais, dans ce cas, il persévéra jusqu'à ce qu'il obtînt l'information concernant l'horaire des cérémonies religieuses. Le dimanche suivant, malgré le temps maussade, il se rendit à l'église.

Au cours d'une entrevue ultérieure, il m'avait raconté sa vie en détail et m'avait demandé si je croyais qu'il pouvait s'en sortir. Ses problèmes d'argent, d'emploi, de dettes, d'avenir et surtout personnels étaient si compliqués qu'il se sentait dépassé et découragé.

Je l'assurai que, s'il arrivait à se remettre sur pied lui-même et à adapter son attitude mentale au modèle de pensée divine, s'il voulait apprendre et utiliser les techniques de la foi, tous ses problèmes pourraient être résolus.

Sa femme et lui devaient d'abord se libérer de tout ressentiment. Ils en voulaient à tous. Ils se disaient que leur échec était dû aux «mauvaises transactions» que les autres leur avaient fait faire. Ils avaient même pris l'habitude de se coucher le soir en se répétant l'un à l'autre les insultes dont ils souhaitaient accabler les gens. Dans cette ambiance malsaine, ils essayaient de trouver le sommeil mais, bien entendu, sans résultat.

Cette idée de foi plut à Maurice. Il fut séduit comme jamais. Ses premières réactions furent faibles, évidemment, parce que sa volonté manquait de force. Au début, il était incapable de réfléchir à cause de cette longue période de négativisme qu'il avait connue, mais il tint bon et s'accrocha désespérément à l'idée que «si vous avez de la foi comme un grain de moutarde… rien n'est impossible». Énergique comme il l'était, il se concentra sur le problème de la foi; et bien sûr, jour après jour, sa capacité de croire s'accrut graduellement.

Un soir, il rejoignit sa femme dans la cuisine et lui dit: «Il est assez facile d'avoir la foi le dimanche à l'église, mais elle ne reste pas, elle faiblit les jours suivants. Je me disais que si je pouvais garder un grain de moutarde dans ma poche, je pourrais le toucher, lorsque je commence à faiblir, et cela m'aiderait à entretenir continuellement cette foi. Avons-nous des grains de moutarde ou n'en existe-t-il que dans la Bible?»

Elle rit et répondit: «J'en ai ici même, dans ce pot.»

Elle en prit et les lui donna. «Ne sais-tu pas, Maurice, dit-elle, que tu n'en as pas vraiment besoin? Ce n'est que le symbole d'une idée.

— Je n'en sais rien, répliqua-t-il. On parle de grain de moutarde dans la Bible et c'est ça que je veux. Peut-être ai-je besoin du symbole pour avoir la foi.»

Il regarda la paume de sa main et dit avec surprise: «C'est toute la foi dont j'ai besoin? Une toute petite quantité, comme ce petit grain?» Il le tint quelque temps et le mit dans sa poche en disant: «Si je peux seulement le toucher pendant la journée, je pourrai faire germer en moi cette idée de foi.» Mais le grain était si petit qu'il le perdit et dut en chercher un autre, pour le perdre de nouveau. Un jour, après avoir égaré son grain, une fois de plus, il eut l'idée d'en déposer un dans une boule de plastique qu'il pourrait garder dans sa poche ou même la fixer sur son bracelet-montre pour se rappeler que s'il avait «la foi comme un grain de moutarde... rien ne lui serait impossible».

Il consulta un expert en matière plastique et lui demanda comment insérer un grain de moutarde dans une boule de plastique sans qu'il y ait de bulle. L'«expert» lui dit que c'était impossible parce que ça n'avait jamais été fait auparavant, ce qui, bien sûr, n'était pas une raison.

Or, à ce moment-là, Maurice avait déjà assez de foi pour croire que, s'il avait «la foi même comme un grain de moutarde», il arriverait à insérer lui-même un grain de moutarde dans une boule de plastique. Il se mit au travail pendant des semaines, et finalement y réussit. Il créa du coup plusieurs autres bijoux: colliers, épingles, porte-clés, bracelets, et me les envoya. Ils étaient magnifiques et sur chacun d'eux étincelait la sphère translucide avec son grain de moutarde à l'intérieur. Chaque bijou était accompagné d'une carte portant le titre: «Rappel du grain de moutarde». La carte expliquait aussi comment chaque bijou pouvait être utilisé; comment le grain de moutarde rappellerait au porteur que «s'il avait la foi, rien n'était impossible».

Il me demanda si je croyais que ces articles pouvaient être commercialisés. N'étant pas un expert en la matière, je les montrai à un rédacteur du magazine *Guide Posts* qui en parla à l'un de nos amis, président d'un grand magasin. Ce dernier vit dans ce projet de nombreuses possibilités. Imaginez mon étonnement et ma joie lorsque, quelques jours plus tard, les journaux publièrent, sur deux colonnes: «Symbole de foi – un grain de moutarde inséré dans du verre pour un bracelet vraiment significatif». Et on retrouvait, dans la réclame, ce passage des Écritures: «... Si vous avez de la foi comme un grain de moutarde... rien ne vous sera impossible.» (Matthieu 17,20) Ces bijoux se sont vendus comme des petits pains. Des centaines de grands magasins et de boutiques ont eu du mal à répondre à la demande.

Maurice et sa femme possèdent aujourd'hui une usine où l'on fabrique ces «souvenirs». N'est-il pas curieux de voir comment une personne, qui se sentait dévalorisée, a pu créer une entreprise florissante après s'être rendue à l'église et avoir entendu des versets de la Bible ? Peut-être qu'à votre prochaine visite à l'église vous devriez écouter plus attentivement les versets de la Bible ainsi que le sermon. Peut-être aurez-vous, vous aussi, une idée pour reconstruire non seulement votre vie, mais aussi votre entreprise.

Dans ce cas-ci, la foi a suscité la création d'une entreprise de fabrication et de distribution d'un produit qui a aidé et continue à aider des milliers et des milliers de personnes. Cette idée est si populaire et si efficace que d'autres l'ont imitée, mais le «souvenir» reste l'original. L'histoire de ces vies qui ont été bouleversées par ce petit article est l'une des plus romantiques des histoires spirituelles de cette génération. Mais l'effet qu'elle a eu sur Maurice et sa femme – la transformation de leur vie, le changement de leur caractère, la libération de leur personnalité – est une démonstration frappante du pouvoir de la foi. Ils ne sont plus négatifs. Ils n'appréhendent plus la défaite. Ils n'ont plus de haine ; ils ont dépassé le ressentiment et leur cœur est rempli d'amour. Ce sont des personnes nouvelles avec une optique nouvelle et un sens du pouvoir nouveau. Elles sont devenues deux des personnes les plus intéressantes que je connaisse.

Demandez à Maurice et à sa femme comment régler un problème de la bonne façon ; ils vous diront : «Ayez la foi – la vraie foi» et, croyez-moi, ils savent de quoi ils parlent.

Si vous avez lu cette histoire en vous disant : «Eux, ils n'ont jamais été aussi mal pris que moi», laissez-moi vous dire que j'ai rarement connu un couple dans une aussi mauvaise situation. Et permettez-moi d'ajouter que, quelque désespérée que soit une situation, si vous savez utiliser les quatre techniques décrites dans ce chapitre, vous pourrez vous aussi, comme eux, résoudre au mieux vos problèmes.

Vous pouvez trouver la solution

J'ai essayé de vous montrer différentes méthodes destinées à trouver une solution à vos problèmes. Je voudrais maintenant vous suggérer dix directives simples et concrètes :

1. Ayez la certitude que tout problème a toujours une solution.
2. Restez calme. La tension endigue le pouvoir de la pensée. Votre cerveau ne peut fonctionner efficacement dans un état de stress ; affrontez vos difficultés avec sérénité.
3. N'essayez pas d'induire la réponse. Restez détendu et laissez la solution venir à vous et s'imposer avec évidence.
4. Rassemblez tous les faits de façon objective et judicieuse.
5. Dressez une liste ordonnée des faits qui vous préoccupent. Votre esprit y verra plus clair, et vous considérerez les choses avec une certaine distance : le problème deviendra plus objectif, donc plus facile à appréhender.
6. Priez avec la certitude que Dieu illuminera votre esprit.
7. Croyez et recherchez les conseils de Dieu en vous basant sur le Psaume 63 : « Tu me conduis par ton conseil. »
8. Ayez confiance en votre faculté d'introspection et en votre intuition.
9. Allez à l'église et laissez votre subconscient travailler sur le problème pendant que vous vous mettez dans un état de vénération. La réflexion spirituelle créative a le pouvoir fascinant de fournir les bonnes « réponses ».
10. Si vous suivez fidèlement toutes ces étapes, la réponse suscitée par votre esprit sera la bonne solution à votre problème.

CHAPITRE 11

La foi, instrument de guérison

La foi religieuse est-elle un facteur de guérison? De nombreux témoignages nous révèlent que oui. À une certaine époque, cependant, ma propre expérience me portait à croire le contraire. Je dois dire que, aujourd'hui, j'ai complètement changé d'avis. J'ai été témoin de trop de guérisons pour en douter.

La foi, si elle est bien appliquée, constitue un facteur puissant pour vaincre la maladie et retrouver la santé.

De nombreux médecins, dont un chirurgien viennois, le Dr Hans Finsterer, partagent mes convictions. Voici d'ailleurs un des nombreux articles publié par les journaux à son sujet, intitulé « Un chirurgien guidé par Dieu » :

« Âgé de soixante-douze ans, ce professeur de l'Université de Vienne a effectué plus de 20 000 interventions chirurgicales parmi lesquelles 8 000 résections gastriques (ablation de parties plus ou moins importantes de l'estomac) pratiquées sous anesthésie locale seulement. Selon le docteur, les progrès considérables de la médecine, et tout spécialement de la chirurgie, au cours de ces dernières années, "ne suffisent pas à assurer le succès de toutes les interventions". Il arrive que, au cours d'une simple opération chirurgicale, un patient ne survive pas, alors que, parfois, certains malades recouvrent la santé quand tout espoir semblait perdu.

« Certains de nos collègues disent que ces faits sont de l'ordre de l'impondérable ou de l'imprévisible, alors que d'autres les attribuent à l'action de la main invisible de Dieu. Ces dernières années, cependant, les médecins et les malades ont malheureusement, pour la plupart, perdu la conviction que tout était, en fin de compte, attribuable à Dieu.

« Quand nous serons convaincus de l'importance de l'aide de Dieu dans nos activités, particulièrement dans les soins que nous donnons à nos patients, un net progrès aura été accompli dans le domaine de la guérison.»

Ainsi conclut ce grand chirurgien, qui recourt et à la science et à la foi.

J'ai eu l'honneur de m'adresser aux représentants d'une industrie nationale réunis en congrès. C'était une rencontre importante des chefs de file d'une entreprise d'articles où la créativité était à l'honneur. Les personnes réunies étaient véritablement des pionnières dans ce domaine et avaient fait de cette entreprise un facteur vital de la vie économique nord-américaine.

Au moment du banquet de la convention, l'un des organisateurs de la rencontre (qui avait pour thèmes la hausse des coûts de production, les impôts et les problèmes liés aux affaires) me demanda : «Croyez-vous au pouvoir de guérison de la foi?

— Il existe une importante documentation sur ce phénomène, étayée de témoignages incontestables, répondis-je. Je ne crois évidemment pas qu'il faille se fier uniquement à la foi et en faire le seul moyen de guérison ; je crois plutôt en la conjonction foi-science. On a effectivement intérêt à recourir à la science de la foi comme à celle de la médecine, qui sont deux éléments fondamentaux du processus de guérison.»

L'homme poursuivit : «Laissez-moi vous raconter une histoire. Il y a quelques années, j'ai été atteint d'une tumeur osseuse à la mâchoire qui, selon les médecins, était incurable. Vous pouvez vous imaginer mon désarroi. J'ai cherché de l'aide avec la force du désespoir. Je fréquentais régulièrement l'église, mais je n'étais pas un homme religieux. Je ne lisais la Bible que rarement. Mais un jour que j'étais alité, j'ai demandé à mon épouse de me l'apporter, à sa grande surprise d'ailleurs, car je n'avais jamais auparavant formulé une telle demande.

«J'ai commencé à lire, et y ai trouvé consolation et réconfort. Je devenais, progressivement, plus optimiste et moins découragé. Mes périodes de lecture s'allongeaient de jour en jour et, chose surprenante, voilà que mon enflure diminuait. J'ai d'abord cru que je rêvais, mais, à l'évidence, des changements étonnants s'opéraient en moi.

«Un jour, en lisant la Bible, j'ai éprouvé un sentiment curieux de chaleur et de bien-être intérieur qu'il est difficile de décrire, ce que j'ai d'ailleurs renoncé à faire. À partir de ce moment, ma guérison s'est accélérée. Je suis retourné voir les médecins qui avaient posé le premier diagnostic ; ils m'ont examiné de nouveau. Surpris, de toute évidence, par l'amélioration de mon état, ils m'ont recommandé de me tenir sur mes gardes, car ce n'était peut-être qu'une simple rémission. Plus tard, cependant, après d'autres examens, force leur fut de constater que la tumeur avait complètement disparu. Ils m'ont mis en garde : le mal allait probablement réapparaître. Mais cela ne m'a nullement inquiété, car, au fond de mon cœur, je me savais guéri.

— Depuis combien de temps êtes-vous guéri ? demandai-je.

— Quatorze ans ! »

J'avais devant moi un homme fort, solide et en bonne santé, un homme qui, pourtant, avait été condamné à mort !

Comment cela s'était-il produit ? Grâce à la médecine et… à la foi qui guérit.

La guérison de cet homme n'en est qu'une parmi d'autres, dont bon nombre ont été attestées par des observations médicales. Il semble que nous devrions encourager les gens à avoir davantage recours à la grande puissance de la foi dans la guérison. Malheureusement, cette dimension de la foi a été largement délaissée. Je suis pourtant certain qu'elle peut accomplir des « miracles » et qu'elle le fait régulièrement. En fait, ces « miracles » ne sont pas autre chose que le résultat de la mise en pratique de lois spirituelles scientifiques.

La méditation comme médication

De nos jours, on met davantage l'accent sur la pratique religieuse conçue pour aider les gens à trouver un soulagement aux maux de l'esprit, de l'âme et du corps. Nous avons eu tendance à oublier que, pendant des siècles, la religion servait d'instrument de guérison. D'ailleurs, le mot « pasteur » serait dérivé d'un mot qui veut dire « guérison des âmes ». À l'époque moderne, l'homme a tiré la conclusion erronée qu'il était impossible de classer l'enseignement de la Bible parmi les sciences exactes. La religion, perçue comme instrument de guérison, a alors été complètement abandonnée. Aujourd'hui, cependant, l'association de la religion et de la santé est de plus en plus courante.

Notons ici qu'il est assez significatif de constater que le mot « médi- tation » est très voisin du mot « médication ». L'affinité de ces deux termes est particulièrement évidente quand on pense que la méditation divine agit comme une médication pour l'âme et le corps.

La médecine moderne met l'accent sur les facteurs psychosoma- tiques dans le traitement des maladies, reconnaissant ainsi l'étroite rela- tion qui existe entre l'état de l'âme et la santé du corps. Compte tenu du fait que la religion s'occupe de la pensée, des sentiments et des attitudes de base, il est tout naturel que la science de la foi soit importante dans le processus de guérison.

On avait demandé à l'auteur et homme de théâtre Harold Sherman de superviser une importante présentation radiophonique en lui faisant la promesse qu'on ferait appel à ses services comme auteur de la série qu'on en tirerait. Après quelques mois de travail, il fut renvoyé et on utilisa largement tout ce qu'il avait investi sans le mentionner et sans son autorisation. Il subit l'humiliation et connut des difficultés financières. Le sentiment d'avoir été trahi injustement se transforma en une amer- tume croissante à l'égard de celui qui l'avait congédié. Sa haine prit la forme d'une mycose, affection parasitaire de la gorge causée par des champignons. Il eut recours aux meilleurs médecins, mais il lui manquait quelque chose. Lorsqu'il laissa tomber sa haine et laissa place au pardon et à la compréhension, sa gorge guérit : Le recours à la science, mais aussi le changement d'attitude mentale l'avaient guéri.

Pour sauvegarder la santé et le bonheur, il est bien de recourir le plus possible à la science médicale mais aussi à la sagesse, à l'expérience et à la technique de la science spirituelle. Nous avons suffisamment de preuves du travail accompli par Dieu, aussi bien à travers les mains du praticien de la science, le docteur, qu'à travers celles du praticien de la foi, le ministre du culte. Certains médecins sont d'ailleurs de cet avis.

À un dîner au club Rotary, j'étais assis avec neuf autres personnes, à une même table. L'une d'elles était un médecin qui venait d'être libéré de son service militaire et qui recommençait à exercer dans la vie civile. « Depuis mon retour à la vie civile, dit-il, je remarque des changements concernant mes patients. Un fort pourcentage d'entre eux n'ont pas besoin de médication mais plutôt d'accepter de changer d'attitude. Ce n'est pas tellement le corps qui est malade, mais les pensées et les émotions. Les gens sont envahis de peurs, de sentiments d'infériorité, de culpabilité et de ressentiment. Pour les traiter adéquatement, je devrais être psychiatre autant que médecin. Finalement, même une formation de psychothérapeute ne suffirait pas à m'aider à accomplir un travail convenable. Je me suis graduellement rendu compte que, dans un grand nombre de cas, la source du problème était d'ordre spirituel. Je me suis donc fréquemment retrouvé en train de leur citer la Bible. Puis j'ai pris l'habitude de "prescrire" des lectures de livres religieux et philosophiques, et tout particulièrement des guides sur l'art de vivre. »

Puis, me regardant, il poursuivit : « Il serait grandement temps que vous, les ministres du culte, vous rendiez compte que vous avez, vous aussi, un rôle important à jouer dans le traitement et la guérison de bien des gens. Bien sûr, il n'est pas question que vous effectuiez le travail des médecins, pas plus que nous ne ferons le vôtre, mais nous avons besoin de votre coopération pour aider les gens à trouver la santé et le bien-être. »

J'ai reçu, un jour, une lettre d'un médecin qui disait : « Soixante pour cent des habitants de ma ville sont malades parce que mal dans leur esprit et dans leur âme. Il est difficile d'accepter que l'âme moderne soit malade au point d'affecter les organes physiques. Je suppose qu'un jour les pasteurs, les prêtres, les imams, les bonzes et les rabbins comprendront ces interrelations. »

Ce médecin m'a fait évidemment un grand plaisir puisqu'il a ajouté qu'il « prescrivait » mon livre, *Ayez confiance en vous*, ainsi que d'autres ouvrages similaires qui avaient permis d'obtenir des résultats remarquables.

Dans le même ordre d'idée, une librairie de Birmingham (Alabama) m'a expédié une copie d'un formulaire d'ordonnance, rédigé par un médecin de cette ville qui avait envoyé son patient chez le libraire plutôt que chez le pharmacien, pour le faire remplir. Ce médecin prescrivait des livres spécifiques pour maux spécifiques.

Le Dr Carl Ferris, autrefois président de la Jackson County Medical Society de Kansas City (Missouri), avec qui j'ai eu le plaisir de participer à une émission de radio portant sur la santé et le bonheur, déclarait que, dans le traitement des maladies humaines, le physique et le spirituel sont parfois tellement imbriqués que la ligne de démarcation entre les deux est souvent difficile à définir.

Santé physique et problèmes spirituels

Il y a de nombreuses années, un médecin de mes amis, le Dr Clarence Lieb, me faisait remarquer les effets qu'ont sur la santé physique les problèmes d'ordre spirituel et psychiatrique. Ses sages conseils m'ont ouvert les yeux sur la peur, la culpabilité, la haine et le ressentiment. Ces sentiments ont, indéniablement, des répercussions sur la santé des gens. Le Dr Lieb croit tellement en sa thérapie qu'il a inauguré à New York, en compagnie du Dr Smiley Blanton, une clinique religio-psychiatrique où des milliers de personnes ont pu être traitées.

D'autre part, le Dr William Bainbridge et moi avons étroitement travaillé ensemble sur les liens existant entre la religion et la chirurgie, et nous avons redonné la santé et «fait cadeau» d'une nouvelle vie à plusieurs malades.

Les Drs Bercovitz et Westcott, deux autres de mes amis, médecins à New York, m'ont été d'une aide inestimable dans mon travail de pastorale, grâce à leurs conseils scientifiques et à leur compréhension de la dimension spirituelle des maladies du corps, de l'esprit et de l'âme, en relation avec la foi.

Ici, je laisse parler le Dr Rebecca Beard : «Nous avons découvert la cause psychosomatique de la haute pression sanguine ; il s'agit d'une forme subtile de peur refoulée – une peur des choses qui pourraient se produire et non des choses actuelles, présentes. C'est, en fait, une peur de l'avenir, donc une peur purement imaginaire. Dans le cas du diabète, les chagrins et les déceptions représentent les deux types d'émotions qui sont les plus grandes consommatrices d'énergie. Elles utilisent toute l'insuline sécrétée par les cellules du pancréas jusqu'à leur épuisement total.

«Dans les cas qui nous intéressent, nous nous trouvons en présence d'émotions qui mettent en cause le passé – on revit le passé et sans pouvoir se tourner vers l'avenir. Le monde médical peut venir en aide aux personnes qui souffrent de tels désordres. Il existe des médicaments qui diminuent la pression sanguine quand elle est élevée ou qui l'élèvent si elle est basse, mais pas de façon permanente. L'insuline injectée transformera le sucre en énergie, ce qui, bien sûr, soulagera le diabétique. Il reste que ces moyens ne guérissent pas. Il n'existe aucun médicament, aucun vaccin qui puisse nous mettre à l'abri des conflits émotifs internes. Une meilleure compréhension de nos propres mécanismes et un retour à la foi religieuse constituent, jusqu'ici, la combinaison la plus prometteuse de soulagement permanent.

« Les enseignements de Jésus sont la réponse à nos questions », conclut le Dr Rebecca Beard.

Une autre femme médecin m'a décrit la thérapie qu'elle préconise et qui consiste à combiner foi et médecine. « Je me suis intéressée, pour moi-même, à votre philosophie religieuse, que je trouve honnête et simple. Je m'étais donnée corps et âme à mon travail ; j'étais devenue tendue, irritable, et parfois en proie à de vieilles peurs et à des sentiments de culpabilité. J'avais besoin d'être soulagée de ces tensions morbides. Un matin, alors que j'étais déprimée, j'ai commencé à lire votre livre et j'ai trouvé là le remède dont j'avais besoin. Je me suis trouvée face à Dieu, le Grand Médecin, et ma foi en Lui m'a servi d'antibiotique pour me débarrasser des germes de peur et neutraliser mon virus de culpabilité.

« Je me suis mise à appliquer les admirables principes chrétiens énoncés dans votre livre. J'ai peu à peu ressenti un soulagement de ma tension, et je me suis sentie plus heureuse. J'ai cessé de consommer vitamines et stimulants, et j'ai voulu faire partager cette nouvelle expérience à mes patients qui souffraient de névroses. J'ai été surprise de constater qu'un grand nombre d'entre eux connaissaient vos livres et d'autres ouvrages traitant plus ou moins du même sujet. Un terrain commun s'est peu à peu créé entre mes patients et moi. C'est une expérience très enrichissante. Il m'est aujourd'hui facile et naturel de parler de la foi en Dieu.

« En ma qualité de médecin, j'ai été témoin d'un certain nombre de guérisons miraculeuses dues à l'aide divine. Récemment, j'ai vécu une autre expérience. Ma sœur avait développé, à la suite d'une intervention chirurgicale, une obstruction intestinale. Elle était, cinq jours après, dans un état critique. À midi, au moment de quitter l'hôpital, je me disais qu'il fallait absolument que son état s'améliore, sinon ses chances de recouvrer la santé seraient très réduites. Du côté médical, tout avait été entrepris pour la sauver. J'étais très inquiète, et je conduisais distraitement ma voiture en priant. Une demi-heure plus tard, alors que j'étais rentrée à la maison depuis dix minutes à peine, le téléphone sonna. L'infirmière qui s'occupait d'elle m'annonça le dégagement de l'obstruction et une nette amélioration de l'état de santé de ma sœur. Depuis, elle est complètement remise sur pied. N'est-il pas évident que c'est Dieu qui lui a sauvé la vie?»

Ainsi se termine la lettre de ce talentueux médecin.

Ce témoignage, basé sur une attitude scientifique inspirée par le bon sens, permet de croire en la guérison par la foi. D'ailleurs, si je n'étais pas profondément convaincu de l'importance et de la validité du facteur foi dans la guérison, je n'aurais pas pris la peine de m'étendre sur ce sujet, dans ce chapitre.

La foi qui guérit

J'ai reçu, au fil des ans, de nombreux témoignages de guérison par la foi. J'ai scrupuleusement examiné chacun d'eux afin de m'assurer de leur véracité. Je l'ai fait aussi pour pouvoir rassembler un grand nombre de récits véridiques destinés à prouver aux sceptiques qu'il existe une méthode divine, spirituelle qui permet d'accéder à la santé, au bonheur et au succès.

Ce qui est commun à tous ces cas, c'est l'utilisation de toutes les ressources offertes par la médecine, la psychologie et la science spirituelle. Cette combinaison de thérapies apportera sûrement la santé et le bien-être s'il est dans les plans de Dieu que le patient vive. Il est cependant normal, comme chacun sait, que le cours de la vie se termine un jour (en fait, la vie ne se termine jamais, ce n'est que la phase terrestre qui cesse).

Les membres des Églises qu'on qualifie de conservatrices et dont je fais partie ont raté une occasion importante de s'affirmer en omettant de mentionner que la santé fait partie du message chrétien. Étant donné que l'Église n'a pas mis l'accent sur le sujet, certains groupes et quelques organisations spirituelles ont été mis sur pied afin d'essayer de combler cette lacune. Il n'existe plus de raison valable de ne pas reconnaître les pouvoirs de guérison de la foi. Heureusement, il existe aujourd'hui, dans diverses organisations religieuses, des chefs spirituels éclairés, soucieux de mettre en pratique des techniques scientifiques de guérison par la foi, basées sur l'expérience vécue (et les saintes Écritures) et mises à la disposition de tous ceux que cela intéresse. Ces techniques sont celles du merveilleux pouvoir de guérison de Jésus-Christ.

Dans toutes les enquêtes effectuées sur les cas de guérison, certains facteurs sont récurrents : 1) La décision sans équivoque de se soumettre à la volonté de Dieu. 2) La volonté de ne pas tomber dans l'erreur et de ne pas commettre de péché, et le désir de purifier son âme. 3) La croyance que la science médicale peut s'harmoniser avec le pouvoir de guérison de Dieu. 4) Le désir sincère d'accepter la réponse de Dieu, quelle qu'elle soit, sans aucune amertume ou sans irritation pour tout ce qui touche Sa volonté. 5) Une foi inébranlable et solide dans le pouvoir de guérison de Dieu.

Dans chacune de ces guérisons, l'accent était mis sur la chaleur, la lumière et le sentiment d'avoir été touché par le pouvoir de Dieu. Dans presque tous les cas, le patient fait mention d'un moment où il a, sous une forme ou sous une autre, ressenti de la chaleur, du feu, de la beauté, de la paix, de la joie et un sentiment de libération. La guérison a parfois été subite, parfois plus graduelle.

Dans chacun des cas, au cours de ces enquêtes, j'ai attendu qu'un certain temps s'écoule afin de pouvoir considérer la guérison comme définitive. On ne pourra donc pas dire qu'il s'agissait d'une simple rémission ou d'améliorations temporaires qui pourraient avoir résulté d'un regain de force ou d'un répit passager.

À titre d'exemple, je citerai le cas d'une expérience de guérison qui m'a été décrite par une femme dont la fiabilité et le jugement sont dignes du plus profond respect. La documentation scientifique, dans ce cas, est volumineuse et impressionnante. On avait prévenu cette femme qu'elle devrait subir une intervention chirurgicale immédiate afin de se faire enlever une tumeur maligne.

Je la cite : « Tous les traitements préventifs avaient été suivis, mais en vain. Comme vous vous en doutez, j'étais terrorisée. Je savais que les autres traitements médicaux étaient inutiles. La situation était sans espoir, alors j'ai prié Dieu et imploré Son aide. Un enfant spirituel de Dieu, qui avait reçu la consécration, m'a aidée à me rendre compte que la connaissance adéquate de Dieu et de Son Fils Jésus-Christ, le guérisseur, m'aiderait aussi. J'étais très réceptive et je m'en suis remise, corps et âme, à Dieu.

« Un matin où, comme les autres, j'avais imploré son aide, puis vaqué à mes nombreuses occupations quotidiennes, je sentis la présence d'une lumière exceptionnellement brillante dans la pièce et je ressentis une pression sur tout mon côté gauche, comme si une personne se tenait tout contre moi. J'avais bel et bien entendu parler de guérison, et je savais qu'on priait pour moi. J'en ai déduit que c'était le Christ qui était avec moi.

« J'ai décidé d'attendre jusqu'au matin suivant pour voir si les symptômes avaient disparu. En effet, l'amélioration fut tellement considérable, et je me sentis soudain l'esprit si libre, que la certitude de la guérison m'habita ; j'ai même prévenu aussitôt mon ami.

« Le souvenir de cette guérison et la présence du Christ sont aujourd'hui aussi vivants dans ma mémoire qu'à cette époque. C'était il y a quinze ans, et ma santé n'a cessé de s'améliorer depuis. Je suis actuellement en pleine forme. »

Témoignages de guérison

Dans bien des cas de désordres cardiaques, la thérapie de la foi (une foi sereine et tranquille en Jésus-Christ) a indéniablement le pouvoir de stimuler la guérison. Les comptes rendus les plus remarquables de guérisons sont ceux de personnes qui ont fait l'expérience d'une crise cardiaque et qui s'en sont remis complètement à Dieu tout en observant les règles édictées par leur médecin. Dans de tels cas, il se peut même que l'état de santé de la personne soit devenu meilleur après la crise. Parce qu'elle connaît mieux ses limites, la personne sait ménager ses forces, ce qu'elle ne faisait pas avant.

Mais en plus, le patient convalescent sait désormais quelle est la meilleure technique pour se sentir bien : c'est de s'en remettre au pouvoir de Dieu. Il y arrive en « s'attachant », en quelque sorte, au processus de création, c'est-à-dire en se représentant mentalement les forces créatrices à l'œuvre à l'intérieur de lui-même. Il ouvre sa conscience et y laisse pénétrer la vitalité et l'énergie créatrice inhérentes à l'univers, et qu'il avait rayées de sa vie pour les remplacer par l'hypertension ou bien d'autres anomalies révélatrices d'inquiétude et d'angoisse.

Il y a trente-cinq ans, un homme de valeur était victime d'une crise cardiaque. On lui annonça qu'il ne pourrait jamais plus travailler et qu'il devrait passer le plus clair de son temps au lit. Il serait invalide pour le restant de ses jours, lesquels étaient, en plus, comptés. Aujourd'hui, avec les progrès de la médecine, on n'envisagerait certainement pas les choses ainsi. Notre homme écouta tout ce qu'on lui dit et réfléchit avec attention.

Un matin, après s'être réveillé tôt, il prit la Bible, l'ouvrit et, par hasard (était-ce vraiment le hasard ?), il tomba sur le récit d'une des guérisons de Jésus. Il lut : « Jésus-Christ est le même hier, aujourd'hui et pour l'éternité. » (Hébreux 13,8) Il pensa que si Jésus avait eu le pouvoir de guérir il y a longtemps, pourquoi ne l'aurait-il pas encore aujourd'hui ? « Pourquoi Jésus ne me guérirait-il pas ? » se demanda-t-il. Et la foi grandit en lui.

Alors, avec confiance, il demanda au Seigneur de l'aider à guérir. Il lui sembla L'entendre lui dire : « Crois-tu que Je peux faire cela ? » Il répondit : « Oui, Seigneur, je crois que Tu le peux ! »

Il ferma les yeux et eut l'« impression de sentir le Christ guérisseur effleurer son cœur ». Toute la journée durant, il éprouva un sentiment de calme puis, à mesure que les jours passaient, il se sentit mû par une sorte de force intérieure. Finalement, un jour, il pria en ces termes : « Seigneur, si c'est Ta volonté, demain matin, je vais m'habiller et sortir. Dans quelques jours, je retournerai au travail. Je remets mon sort entièrement entre Tes mains. Si jamais je mourais demain à cause d'un trop-plein d'activité, je veux Te remercier pour les jours merveilleux que j'ai vécus. J'implore Ton aide. Je recommence ma vie demain et Tu seras avec moi toute la journée. Je crois que je serai suffisamment fort, mais si je devais mourir à la suite de cet effort, je serai avec Toi dans l'éternité ; tout sera bien dans les deux cas. »

Graduellement, au fil des jours, sa foi tranquille aidant, il connut un regain d'activité. Il adopta ce rituel tous les jours, pendant toute sa carrière qui s'est échelonnée sur trente ans à partir de la date de sa crise cardiaque. Il a pris sa retraite à soixante-quinze ans. Peu d'hommes ont laissé une contribution aussi importante à l'humanité ; j'en ai rencontré peu qui se soient attaqués à leurs entreprises avec autant de vigueur. Il a toujours conservé sa forme physique et mentale. Après les repas, invariablement, il s'étend un moment et se détend. Tôt couché, tôt levé, toujours en forme, il a constamment suivi des règles de vie très strictes.

Les soucis, le ressentiment et la tension sont absents de sa vie. Il travaille dur, mais sans se stresser. Les médecins avaient raison. S'il avait continué à brûler la chandelle par les deux bouts, comme il le faisait avant, il en serait sûrement mort ou serait devenu impotent. C'est grâce aux conseils des médecins qu'il a fini par laisser place au travail de guérison du Christ. Sans crise cardiaque, il n'aurait été, ni mentalement ni spirituellement, préparé à la guérison.

Un autre de mes amis, un homme d'affaires, fut, lui aussi, victime d'une crise cardiaque. Confiné au lit pendant des semaines, il est maintenant revenu au travail pour y exercer les mêmes responsabilités importantes qu'autrefois, avec beaucoup moins de tension. Une nouvelle force semble l'habiter. Sa guérison a été possible grâce à une approche spécifique, spirituelle et scientifique, de son problème de santé. Il avait des médecins compétents et il a scrupuleusement suivi leurs instructions, ce qui est primordial dans de telles situations.

En plus de son traitement médical, il a, sur son lit d'hôpital, mis au point une formule spirituelle de guérison. Voici ce qu'il en dit : « Un de mes amis intimes, âgé de vingt-cinq ans seulement, a subi une crise semblable à la mienne. Conduit à l'hôpital, il y est mort quatre heures plus tard. Deux autres de mes amis, dans des chambres voisines de la mienne, ont subi le même sort. Si je m'en suis sorti, c'est que j'ai encore quelque chose à faire sur terre. Je reprendrai donc mes fonctions et tâcherai de vivre mieux et plus longtemps que je ne l'aurais fait sans cette expérience. Les médecins et les infirmières ont tous été remarquables, et l'hôpital, parfait. »

Il poursuit en donnant une description de la technique de convalescence spirituelle qu'il a mise au point. La formule se présente en trois parties : « D'abord, pendant les premiers stades, alors que le repos absolu était nécessaire, j'ai appliqué cet avertissement : "Arrêtez, et reconnaissez que je suis Dieu…" (Psaumes 46,10) J'ai donc cessé toute activité et suis resté là, détendu, sous le regard de Dieu. Puis, dans un deuxième temps, à mesure que je voyais venir la lumière divine, j'affirmais : "Espère en l'Éternel ! Fortifie-toi et que ton cœur s'affermisse ! Espère en l'Éternel !" Ayant laissé mon cœur aux soins de Dieu, Il l'a régénéré et guéri de Sa main. Finalement, avec le retour de la force, sont nées une nouvelle assurance et une nouvelle confiance à travers lesquelles je me suis reconnu dans l'affirmation : "Je puis tout par Celui qui me fortifie…" (Philippiens 4,13) En disant cela, j'affirmais que je recevais une force d'où naissait un nouveau pouvoir. »

Cette technique en trois étapes a permis son rétablissement complet. Les soins administrés par son médecin ont entretenu puis stimulé son pouvoir de guérison. Sa profession de foi l'a aidé à recouvrer la santé en stimulant, chez lui, les pouvoirs spirituels. Conjuguées, ces deux thérapies puisent leur force dans le pouvoir de récupération du corps et dans la puissance régénératrice qui réside dans l'esprit. L'une répond au traitement médical, l'autre à celui de la foi ; Dieu préside dans les deux camps. Il a créé le corps et l'esprit et Il a établi les processus de santé et de bien-être qui gèrent ces deux pôles, « …car en Lui nous avons la vie, le mouvement et l'être… » (Actes 17,28)

Il est très important de puiser à l'une des sources les plus salutaires qui soient et qui permet de prévenir la maladie et de guérir l'esprit et le corps : la foi.

La foi face à la maladie

À la lumière des principes énoncés dans ce chapitre, quels gestes pouvons-nous poser si la maladie nous atteint, nous ou l'un de nos proches ? Voici huit suggestions d'ordre pratique :

1. Écoutez les conseils d'un directeur d'école de médecine, qui disait : « Dans la maladie, faites appel à un ministre du culte en même temps qu'au médecin ! » En d'autres termes, il est

important de faire confiance aux forces spirituelles autant qu'à la science médicale.

2. Priez pour le médecin. Dites-vous que Dieu se sert de l'instrument humain pour seconder Ses pouvoirs. Comme le disait d'ailleurs un médecin: «Nous traitons le patient, mais c'est Dieu qui le guérit.» Priez donc pour que la grâce de Dieu se manifeste dans le médecin.

3. Quoi que vous fassiez, ne succombez ni à la panique ni à la peur. Si vous le faites, vous émettrez des vibrations négatives et des pensées destructrices alors que le malade a besoin d'être assisté de pensées positives pour guérir.

4. Souvenez-vous que Dieu agit toujours selon la loi. Souvenez-vous aussi que vos petites lois matérialistes ne sont que des expressions fragmentaires du Grand Pouvoir qui circule dans l'Univers. La loi spirituelle régit aussi la maladie. Dieu a agencé ces deux remèdes pour guérir tous les maux. L'un d'eux guérit par les lois de la science, l'autre par celles de la foi.

5. Confiez vos proches à Dieu, sans réserve. Avec votre foi, vous pouvez les placer au sein du pouvoir divin où se trouve la guérison; pour être efficace, cependant, le patient doit être confié à la volonté de Dieu. Cela est peut-être difficile à comprendre et à faire, mais, si un grand désir de vivre chez le malade est soutenu et accompagné par une volonté extérieure aussi grande de le confier à Dieu, il s'ensuit un déclenchement des pouvoirs de guérison.

6. L'harmonie spirituelle doit prévaloir dans la famille; cela est très important. Souvenez-vous de l'accent qu'y mettent les Écritures: «... si deux d'entre vous s'accordent sur la terre pour demander quoi que ce soit, cela leur sera donné par mon Père qui est dans les cieux.» (Matthieu 18,19) Il semble que le manque d'harmonie et la maladie soient souvent liés.

7. Dans votre esprit, imaginez-vous l'être aimé en bonne santé. Représentez-vous-le débordant de l'amour et de la bonté de

Dieu. Votre esprit conscient vous suggérera peut-être la maladie ou même la mort, mais les neuf dixièmes de votre pensée se situent dans l'inconscient. Laissez l'image saine envahir votre inconscient qui dégagera alors une forte énergie positive. On obtient généralement tout ce que croit notre inconscient. Si la foi ne domine pas votre inconscient, vous n'obtiendrez jamais rien de bon, car l'inconscient ne peut donner que ce qu'il a, c'est-à-dire le contenu de vos pensées profondes. Si elles sont négatives, les résultats le seront aussi. Si ces pensées sont positives, les résultats le seront également.

8. Soyez profondément sincère. Demandez à Dieu de guérir l'être aimé. Vous désirez cela de tout votre cœur, alors demandez-Lui de vous exaucer s'Il le désire, mais ne le dites, s'il vous plaît, qu'une seule fois. Ensuite, dans vos prières, remerciez-Le pour Sa bonté. Cette foi positive servira à alimenter un profond pouvoir spirituel et de la joie, venus de l'amour réconfortant de Dieu. Cette joie sera pour vous un soutien inestimable. Et souvenez-vous que la joie a un pouvoir réel de guérison.

CHAPITRE 12

Comment combattre la perte de vitalité

J'ai entendu parler d'une femme qui s'était rendue dans une pharmacie pour y acheter de quoi traiter des problèmes de nature psychosomatique.

Bien sûr, de tels médicaments n'existent pas. Par contre, il est un remède tout à fait efficace et dont beaucoup profiteraient, c'est la prière, la foi et la pensée spirituelle.

On estime qu'environ 50 à 75 p. 100 des gens sont affectés physiquement par leur état dépressif. L'ordonnance spirituelle s'adresse particulièrement à eux…

En voici une illustration parfaite. Un directeur des ventes, énergique et très efficace autrefois, avait connu une période de déclin qui affectait à la fois ses aptitudes, son énergie et son ingénieuse créativité. Il devint bientôt évident, pour ses associés, qu'il commençait à battre de l'aile. On le pria instamment de consulter un médecin, puis les responsables de l'entreprise lui enjoignirent de prendre des vacances. Malgré tout cela, il ne parvenait pas à retrouver sa forme.

Son médecin, qui connaissait l'existence de notre clinique religio-psychiatrique, suggéra au président de la compagnie de nous l'envoyer afin de prendre contact avec lui. Le président suivit ce conseil, mais le directeur des ventes vint nous consulter d'assez mauvaise grâce, indigné qu'on l'envoie dans une église. «En voilà une bonne! fulmina-t-il. Envoyer un homme d'affaires à un prédicateur! Je suppose que nous allons nous mettre à prier ensemble maintenant et que vous allez me lire la Bible, ajouta-t-il, sarcastique.

— Certains problèmes, lui dis-je, relèvent du traitement de la prière et de la thérapie biblique.»

Sa mauvaise grâce était telle que je me vis dans l'obligation de lui lancer, sans ménagement : «J'aime autant vous le dire carrément, si vous refusez de collaborer avec nous, vous serez congédié.

— Qui vous a dit ça ? demanda-t-il.

— Votre patron, répondis-je. En fait, il m'a déclaré que, si nous ne parvenions pas à vous rétablir, il se verrait, bien à regret, dans l'obligation de vous remplacer.»

Il était stupéfait.

«Que dois-je alors faire ? balbutia-t-il.

— Très souvent, fis-je, les gens se retrouvent dans votre état parce que leur esprit est plein de peur, d'anxiété, de tension, de ressentiment et de culpabilité. Quand ces obstacles d'ordre émotionnel s'accumulent, on en arrive à un point tel que leur poids devient insupportable. On finit alors par baisser les bras, car le ressort manque et le recours aux forces spirituelles est difficile. La personne s'enlise alors dans le ressentiment, la peur ou la culpabilité. Je ne connais pas la nature exacte de votre problème, mais je vous propose de me considérer comme un ami à qui vous faites totalement confiance et à qui vous direz tout.» J'insistai sur le fait qu'il était important qu'il ne me dissimule rien. «Je vous donne l'assurance que notre entretien restera strictement confidentiel. Tout ce que souhaite votre firme, c'est de vous voir retrouver votre efficacité d'antan.»

Finalement, la nature de son problème émergea. Il avait commis une série d'erreurs qui l'avaient entraîné dans un réseau inextricable de mensonges. Depuis, il vivait dans la terreur que tout cela soit découvert.

Il fut très difficile de l'amener à se confier, parce qu'il était foncièrement pudique et qu'il possédait un grand sens de l'honneur. Je lui expliquai que je comprenais ses réticences, mais qu'il nous fallait absolument crever cet abcès. Nous ne pourrions y parvenir que s'il consentait à ce que nous procédions, ensemble, à une totale investigation de son esprit.

Je n'oublierai jamais sa réaction lorsque le passage aux aveux fut terminé. Il s'étira de tout son long et respira profondément. «Ouf ! fit-il. Je me sens bien.» Telle fut l'expression de sa délivrance et de son soulagement. Je lui proposai alors de prier et de demander à Dieu de lui pardonner et de le combler de paix et de pureté.

«Voulez-vous dire prier à voix haute? fit-il, dubitatif. Je n'ai jamais fait ça de ma vie.

— Oui, répondis-je. C'est une bonne habitude, qui vous rendra plus fort.»

Il fit alors une prière très simple qui, pour autant que je me souvienne, disait à peu près ceci: «Seigneur bien-aimé, je me suis conduit de façon impure et je suis désolé du mal que j'ai pu faire. Je m'en suis ouvert à mon ami, ici présent. Je Vous demande maintenant de me pardonner et de me combler de paix. Donnez-moi aussi la force de ne plus recommencer. Aidez-moi à redevenir pur et meilleur, bien meilleur.»

Le jour même, il retournait à son bureau. Aucun commentaire ne lui fut adressé, ce qui ne fut d'ailleurs pas nécessaire, puisqu'il retrouva bientôt son comportement d'antan et qu'il est aujourd'hui devenu un des meilleurs directeurs des ventes de toute la ville.

Plus tard, je rencontrai le président de sa compagnie qui me dit: «Je ne sais pas ce que vous avez fait à Bill, mais il "pète le feu".

— Moi? Je n'ai rien fait, répondis-je, c'est Dieu qui a tout fait.

— Oui, fit-il, je comprends. Le fait est qu'il est redevenu le bon vieux Bill d'autrefois.»

Cet homme avait donc suivi l'ordonnance spirituelle avec succès. Il avait retrouvé son énergie et s'était débarrassé de son état d'esprit malsain.

Le Dr Franklin Ebaugh, de la faculté de médecine de l'Université du Colorado, soutient qu'un tiers de tous les cas de maladies traités dans les hôpitaux généraux sont de nature clairement organique, qu'un deuxième tiers est attribuable à un mélange de facteurs d'ordre émotionnel et d'ordre organique et qu'un tiers est nettement déterminé par des facteurs strictement émotionnels.

Le Dr Flanders Dunbar, auteur d'un ouvrage intitulé *Mind and Body* («Esprit et corps») ajoute que «le tout n'est pas de savoir si une maladie est physique ou émotionnelle, mais plutôt de connaître la proportion de chacune de ses composantes dans telle ou telle maladie».

Les ennemis intérieurs

Toute personne réfléchie, qui s'est penchée le moindrement sur cette question, sait que les médecins ont raison lorsqu'ils nous disent que le ressentiment, la haine, la rancune, la malveillance, la jalousie, l'esprit vindicatif sont autant d'attitudes génératrices de maladies. Laissez-vous aller à un accès de colère et constatez par vous-même cette sensation de malaise qui vous noue l'estomac. Les réactions chimiques du corps sont produites par des débordements émotifs qui se traduisent par des maux de ventre, des sensations de malaise. S'ils se produisent et se répètent, de façon violente ou latente, pendant un certain temps, l'état de santé général de l'organisme s'en ressentira forcément.

Alors que nous parlions d'une connaissance commune, un médecin me dit que ce patient était décédé d'une «rancunite aiguë». Il avait vraiment le sentiment que son patient devait son décès à une haine qui le rongeait depuis longtemps.

«Il a tellement mobilisé et usé son organisme que ses défenses naturelles, considérablement affaiblies, n'ont plus eu assez de résistance pour lutter contre les agressions extérieures et la maladie. Il s'est lui-même miné physiquement par la malignité de sa rancune.»

Dans un article intitulé «De cœur à cœur: conseil touchant les troubles cardiaques», le Dr Charles Miner Cooper, médecin de San Francisco, écrit: «Vous devez à tout prix refréner vos réactions émotionnelles. Si je vous disais que j'ai déjà vu un patient dont la pression sanguine s'était presque immédiatement élevée de soixante points à la suite d'un accès de colère, vous pourriez comprendre l'ampleur des méfaits causés par une telle réaction.» Il ajoute que celui qui est «soupe au lait ou colérique a tendance à accuser plus facilement les autres et à les rendre responsables de tout alors qu'il serait plus sage d'accepter l'erreur et d'éviter de se mettre en colère». Il cite l'exemple du grand chirurgien écossais John Hunter qui souffrait lui-même de problèmes cardiaques et qui comprenait parfaitement les dangers que représentaient, pour son cœur, les émotions trop fortes. Il avait coutume de dire que son existence était à la merci de quiconque arriverait à le faire sortir de ses gonds. Et, effectivement, il mourut d'une crise cardiaque à la suite d'un accès de colère, un jour où il avait omis de s'autodiscipliner.

Le Dr Cooper conclut ainsi son article: «Dès que vous sentez qu'un problème se met à vous irriter, ou que vous commencez à vous emporter, laissez-vous aller complètement et détendez-vous. Cela vous permettra de dissiper l'agitation qui monte en vous. Votre cœur souhaite habiter en permanence l'organisme d'un homme plutôt mince, joyeux et calme qui sache maîtriser intelligemment ses activités physiques, mentales et émotionnelles.»

Alors, si vous êtes plus fragile que la moyenne des gens, je vous propose de vous livrer à un auto-examen. Demandez-vous honnêtement si vous ne nourrissez pas quelque rancune, quelque ressentiment, quelque instinct vindicatif, et, si c'est le cas, tâchez de vous en débarrasser sans plus attendre. Si ces malaises sont absolument inoffensifs pour les autres, ils peuvent, par contre, vous faire du tort à vous-même. Ils vous rongent, jour après jour, sans avoir jamais aucun pouvoir contre ceux envers qui vous les entretenez. Bien des gens doivent leur mauvaise santé non pas à ce qu'ils mangent, mais bien à ce qui les mange. Les malaises émotionnels se retournent contre vous, sapent votre énergie, diminuent votre efficacité et entraînent la détérioration de votre santé. Et, évidemment, ils sapent votre bonheur.

Aussi, de nos jours, sommes-nous devenus très conscients des effets de certains schèmes de pensée sur la santé de l'organisme. On réalise qu'une personne peut se rendre malade à force de ressentiment; qu'un sentiment de culpabilité peut permettre l'apparition de symptômes physiologiques de toutes sortes. De même, on peut identifier avec précision certains symptômes physiques attribuables à la peur ou à l'anxiété. On sait qu'une guérison peut survenir lorsque la façon de penser d'un patient se transforme.

Un médecin me parlait récemment d'une jeune femme qui fut admise à l'hôpital alors que sa température avait atteint près de 40 °C. Elle souffrait d'un type précis d'arthrite rhumatismale. Ses articulations s'étaient dangereusement enflées. Afin de pouvoir faire une étude complète de son cas, le médecin ne lui prescrivit aucune médication, si ce n'est un léger sédatif. Deux jours s'écoulèrent, puis la jeune femme demanda au médecin: «Combien de temps encore vais-je être dans cet état et jusqu'à quand comptez-vous me garder à l'hôpital?

— J'ai bien peur, lui répondit-il, que vous en ayez pour six mois.

— Voulez-vous dire que je devrai attendre tout ce temps avant de pouvoir me marier ? demanda-t-elle.

— Je suis désolé, mais je ne peux vous promettre mieux. »

Cette conversation eut lieu le soir. Le lendemain matin, la température de la patiente était redevenue normale et l'enflure articulaire avait complètement disparu. Incapable de s'expliquer un tel changement, le médecin la garda en observation pendant deux jours encore, puis l'autorisa à rentrer chez elle.

Un mois plus tard, elle était de retour à l'hôpital dans le même piteux état : 40 °C de température et les articulations enflées. Des entretiens permirent d'établir que son père voulait la voir épouser quelqu'un de son choix à lui, pour des raisons purement économiques. Cette jeune femme aimait son père et souhaitait combler ses vœux, mais ne voulait pas épouser un homme dont elle n'était pas éprise. Son subconscient lui était alors venu en aide, d'une certaine façon, en l'affligeant de cette maladie.

Le médecin expliqua donc au père que, s'il s'entêtait à exiger ce mariage, il risquait de voir sa fille devenir handicapée. Lorsqu'elle apprit qu'elle n'était plus contrainte à ce mariage, la jeune femme se rétablit rapidement et définitivement.

N'allez pas croire que si vous souffrez d'arthrite c'est que vous avez épousé la mauvaise personne. Cette anecdote vise simplement à illustrer le rapport entre la souffrance mentale et un mauvais état de santé.

C'est avec intérêt que j'ai lu les propos d'un psychologue qui affirmait que les bébés peuvent « attraper » les peurs et les haines de leurs parents bien plus rapidement qu'ils n'attrapent la rougeole ou toute autre maladie infectieuse. Le virus de la peur peut se creuser une niche dans les profondeurs du subconscient et y demeurer à jamais. « Mais heureusement, ajoute le psychologue, les bébés peuvent aussi "attraper" les virus de l'amour, de la bonté et de la foi, et grandir pour devenir des enfants, puis des adultes normaux et sains. »

Les émotions, cause de maladies

Dans un article du *Ladies' Home Journal,* Constance J. Foster cite le Dr Edward Weiss de la faculté de médecine de la Temple University qui, s'adressant au Collège des médecins des États-Unis, déclarait que les victimes de maux et de douleurs chroniques aux articulations et aux muscles pouvaient bien être des gens qui nourrissent une rancune latente envers un de leurs proches. Il ajoutait que, la plupart du temps, les personnes ignoraient totalement qu'elles pussent entretenir de tels sentiments.

«Afin de dissiper tout malentendu, poursuivit-il, il est nécessaire de comprendre que les émotions et les sentiments sont absolument aussi réels que les microbes et les virus et qu'ils n'en sont pas moins redoutables. La douleur et les souffrances qui résultent de maladies dont l'origine est d'ordre émotionnel ne sont pas plus imaginaires que celles qui sont attribuables à des virus ou à des bactéries. Dans aucun des deux cas, le patient n'est responsable de la progression de sa maladie. Les personnes affligées de ces maux ne souffrent pas de maladie mentale, mais plutôt d'un dérèglement de leurs émotions, souvent lié à des conflits conjugaux ou à des problèmes de relations parents-enfants.»

Le même article raconte l'histoire d'une certaine Mme Z qui se rendit un jour chez un médecin parce qu'elle souffrait d'éruptions cutanées sur les mains, qui se révélèrent être de l'eczéma. Le médecin l'incita à parler d'elle. Il découvrit alors une personne très rigide. Ses lèvres étaient minces et serrées. En outre, elle souffrait de rhumatismes. Le médecin lui conseilla de consulter un psychiatre, qui s'aperçut tout de suite qu'elle était en proie à de graves difficultés émotives qui se manifestaient par des éruptions cutanées, lesquelles l'amenaient à transférer sur elle-même, en la faisant se gratter, le besoin pressant qu'elle éprouvait d'égratigner quelqu'un ou quelque chose.

Le thérapeute lui demanda carrément: «Qu'est-ce qui vous dévore? Vous êtes irritée par quelque chose, n'est-ce pas?»

«Elle se raidit comme un piquet, raconte-t-il, et se dirigea tout droit vers la sortie. Alors je compris que j'avais visé dans le mille. Trop, même, pour qu'il me fût possible, dans l'immédiat, de lui apporter quelque réconfort. Quelques jours plus tard, elle revint. L'eczéma la faisait souffrir à un point tel qu'elle était désormais disposée à me laisser l'aider, même si cela devait l'obliger à renoncer à une haine à laquelle elle était visiblement attachée.

«Il apparut qu'une querelle familiale, à propos d'un litige opposant Mme Z à son jeune frère, lui avait donné le sentiment d'avoir été traitée injustement. Lorsqu'elle parvint à se débarrasser de son hostilité, elle se remit à aller bien et, dès l'instant où elle se réconcilia avec son frère, vit son eczéma disparaître en moins de vingt-quatre heures.»

Une étude, conduite par le Dr L. J. Saul, de la faculté de médecine de l'Université de Pennsylvanie, a permis d'établir qu'il existe même un lien entre un simple rhume et des perturbations émotives.

«On croit savoir que de telles perturbations exercent une influence sur la circulation sanguine du nez et de la gorge. Elles agissent aussi sur les sécrétions glandulaires. Voilà pourquoi les muqueuses deviennent plus vulnérables au virus du rhume comme à d'autres germes infectieux.»

Quant au Dr Edmond P. Fowler, de la faculté de médecine et de chirurgie de l'Université Columbia, il émet le commentaire suivant: «Il y a les rhumes qu'attrapent les étudiants en médecine lorsqu'arrive la période des examens, ceux qui frappent les personnes sur le point de partir en voyage ou qui en arrivent. Puis il y a les rhumes qui s'attaquent aux ménagères lorsqu'il leur faut s'occuper d'une famille nombreuse. Sans compter tous ces hommes qu'on voit s'enrhumer lorsque leur belle-mère s'installe chez eux et qui retrouvent leur santé dès que celle-ci s'en va.» (Le Dr Fowler ne précise pas quels effets produisent le gendre ou la bru sur la belle-mère. Peut-être attrape-t-elle, elle aussi, un bon rhume!)

Un des cas rapportés par le Dr Fowler est celui d'une jeune vendeuse de vingt-cinq ans. Lorsqu'elle vint le consulter, son nez était rouge et congestionné; elle souffrait de maux de tête et faisait un peu de fièvre.

Ces symptômes duraient depuis deux semaines environ. Après lui avoir posé quelques questions, le médecin apprit qu'ils étaient apparus quelques heures après qu'elle se fut disputée avec son fiancé.

Un traitement approprié permit de chasser le rhume, mais, quelques semaines plus tard, la jeune fille revint, présentant les mêmes symptômes. Cette fois, ils étaient apparus à la suite d'une vive discussion entre la jeune fille et son boucher. Encore une fois, le médecin procéda à un traitement localisé qui soulagea la jeune femme. Mais la patiente continua à contracter régulièrement des rhumes. Et, chaque fois, ceux-ci pouvaient être liés à un accès de colère. Le médecin parvint finalement à convaincre la jeune femme que son mauvais caractère était à la source de ses rhumes chroniques. Lorsqu'elle apprit à mener une existence plus paisible, ses éternuements et ses reniflements disparurent.

La violence de la colère

Les gens croient encore que, lorsque la Bible nous exhorte à ne nous laisser aller ni à la haine ni à la colère, il s'agit d'une «recommandation purement théorique». Mais la Bible n'est pas un ouvrage théorique. C'est notre plus grand livre de sagesse. Elle abonde en conseils pratiques sur l'existence et sur la santé. Comme la médecine moderne, la Bible affirme que la colère, le ressentiment et la culpabilité rendent malade. Cela prouve, une fois de plus, que le livre le plus actuel en matière de bien-être personnel c'est encore et toujours la Bible, délaissée par tant de gens qui la considèrent comme un ouvrage strictement religieux et certainement pas comme un livre pratique. Mais si la Bible est lue par tant de gens, c'est tout simplement parce qu'on y découvre non seulement ce qui ne va pas dans sa vie, mais également ce qui permet de s'en sortir.

Le Dr Fowler attire notre attention sur les «rhumes émotionnels» dont souffrent les enfants qui se sentent en état d'insécurité. Il signale que beaucoup de cas de rhumes chroniques sont signalés chez les enfants issus de foyers brisés. Très souvent, un enfant qui se sent négligé et qui est jaloux de la naissance d'un petit frère ou d'une petite sœur réagira par des infections pulmonaires épisodiques.

Un garçon de neuf ans avait un père extrêmement autoritaire et une mère indulgente. Le conflit entre les caractères antinomiques de ses parents le perturbait, de toute évidence. Il redoutait particulièrement les représailles de son père. Pendant plusieurs années, cet enfant fut continuellement affligé de toux et de reniflements. On remarqua que ces rhumes disparaissaient chaque fois qu'il allait dans un camp de vacances, loin de ses parents.

Étant donné que l'irritation, la colère, la haine et le ressentiment sont de très puissants agents pathogènes, quel est donc leur antidote ? Il consiste évidemment à adopter une attitude d'esprit faite de bonne volonté, de pardon, de foi et d'amour. Il faut également parvenir à être stoïque et inébranlable. Comment donc accéder à tout cela ? Nous avons établi une liste de suggestions pratiques que nous vous soumettons. Beaucoup les ont essayées et ont obtenu d'excellents résultats, notamment lorsqu'il s'agit de lutter contre la colère. Une utilisation soutenue de ces suggestions peut procurer, à la longue, un sentiment de bien-être.

1. Rappelez-vous que la colère est une émotion et qu'une émotion est toujours violente et ardente. Voilà pourquoi il importe de refroidir sa véhémence. Mais comment y arrive-t-on ? Lorsque quelqu'un se met en colère, ses poings ont tendance à se serrer, sa voix à devenir stridente. (Le voilà dressé, prêt au combat, tendu par la montée d'adrénaline.) Toute l'agressivité primitive, ancestrale, est là. Il faut alors combattre délibérément l'ardeur de cette émotion en la refroidissant. Faites preuve de volonté et, consciencieusement, détendez vos doigts afin d'éviter de serrer les poings. Baissez le ton de votre voix jusqu'à ce que celle-ci ne soit plus qu'un murmure. Calez-vous dans un fauteuil ou, mieux, étendez-vous : il est difficile de perdre la tête dans de telles positions.

2. Dites-vous, à voix haute : « Ne fais pas l'imbécile, cela ne te mènera nulle part. Alors, du calme ! » Essayez de prier, même si, dans un moment pareil, cela peut sembler difficile. Tentez peut-être de vous représenter mentalement l'image du Christ en train de s'emporter, comme vous-même. Vous n'y arriverez pas, mais ce simple effort contribuera à conjurer la tempête qui gronde en vous.

3. L'une des meilleures techniques pour apaiser la colère nous vient de Mme Grace Oursler, qui a toujours eu recours à la vieille technique qui consiste à « compter jusqu'à dix ». Elle

avait remarqué, un jour, que les premiers mots du «Notre Père» étaient encore plus efficaces. «Notre Père qui êtes aux cieux, que Votre nom soit sanctifié.» Lorsque la colère vous envahit, répétez dix fois cette phrase et vous cesserez d'être sous son emprise.

4. La «colère» est un terme général qui désigne l'accumulation d'une multitude de petites frustrations qui peuvent sembler assez bénignes lorsqu'elles sont prises individuellement, mais qui, additionnées, acquièrent un pouvoir dévastateur considérable qui nous plonge dans un état de confusion totale. Par conséquent, pourquoi ne pas dresser la liste de tous ces petits conflits irritants? Peu importe qu'ils semblent, de prime abord, insignifiants ou sans conséquence. Dressez-en la liste. Cela permettra d'assécher les petits ruisseaux qui alimentent le grand fleuve de la colère.

5. Faites de chaque frustration l'occasion d'une prière. Plutôt que de tenter d'enrayer d'un coup toute la colère, qui, ainsi que nous l'avons indiqué, est une masse compacte, il vaut mieux couper court à chacune des vexations qui la composent, en se recueillant dans la prière. Vous réduirez ainsi le pouvoir cumulatif de la colère, qui deviendra alors maîtrisable.

6. Exercez-vous à vous dire, lorsque vous sentez naître en vous la colère: «Est-ce que ça vaut vraiment la peine de me mettre dans des états pareils? Émotivement, c'est bouleversant. Sans compter que je me rends ridicule et que je risque de perdre mes amis…» Afin de s'assurer que cette technique est pleinement efficace, il est recommandé de se faire, quelques fois par jour, la réflexion suivante: «Cela ne vaut jamais la peine de perdre les pédales pour quoi que ce soit, de se rui-ner en émotions pour de petites frustrations sans valeur.»

7. Tentez, lorsqu'une situation irritante se présente, de passer à travers le plus rapidement possible. Ne la laissez surtout pas couver une minute de trop. Agissez sur-le-champ! Ne vous

laissez pas aller à la bouderie ou à l'auto-apitoiement. Ne broyez pas du noir et n'entretenez pas de ressentiment. Dès qu'on est émotivement blessé, il faut réagir comme si on se blessait un doigt, en se soignant tout de suite, faute de quoi la situation risque de prendre des proportions démesurées. Il faut donc appliquer un baume spirituel sur ses blessures émotives en disant une prière pleine d'amour et de pardon.

8. Armez votre esprit de vigilance et ne lui permettez pas de garder en vous ce qui vous gêne et vous tracasse. Allez voir quelqu'un de fiable et videz votre cœur jusqu'à ce qu'il soit libéré de toute rancune. Après, vous n'avez plus qu'à oublier l'objet de votre ressentiment.

9. Priez pour la personne qui vous a blessé et persistez jusqu'à ce que la moindre malveillance présente en vous s'évanouisse. Cela peut prendre du temps parfois. Un homme qui a essayé cette méthode me disait qu'il avait compté le nombre de fois où il avait dû prier avant de voir la paix intérieure s'installer en lui. Il l'avait fait soixante-quatre fois! Il avait littéralement pulvérisé sa rancœur, grâce à la prière. L'efficacité de cette méthode est indéniable.

10. Récitez cette prière: «Puisse l'amour du Christ m'emplir le cœur.» Puis, ajoutez cette phrase: «Puisse l'amour du Christ pour… (indiquez le nom approprié) inonder mon âme.» Faites cette prière avec sincérité (en demandant à Dieu de vous procurer cette sincérité) et vous vous sentirez soulagé.

11. Prenez au pied de la lettre la recommandation que nous fait le Christ de pardonner soixante-dix fois sept fois, c'est-à-dire quatre cent quatre-vingt-dix fois. Il est sûr, après cela, que vous serez libéré de votre ressentiment.

12. Enfin, cette pulsion sauvage, indisciplinée et primitive qu'on a en soi et qui jaillit comme le feu et la flamme peut être apprivoisée si l'on permet tout simplement à Jésus-Christ d'en prendre le contrôle. Voilà pourquoi, en conclusion de

cet enseignement, je vous propose de vous adresser en ces termes à Jésus-Christ : « De même que Vous pouvez convertir quelqu'un sur le plan moral, je Vous demande d'agir sur mon tempérament. Comme Vous nous donnez le pouvoir de combattre les péchés de la chair, je Vous demande de m'accorder le pouvoir de combattre les péchés de mon âme. Gardez-moi sous votre contrôle et sous votre protection. Donnez-moi Votre paix afin que j'en fasse profiter aussi bien mon tempérament que mon âme. » Si vous êtes assailli par la mauvaise humeur, répétez dix fois par jour cette prière. Il serait bon de la transcrire sur une carte et de poser celle-ci sur votre table de travail ou votre comptoir de cuisine ou de la glisser simplement dans votre portefeuille.

CHAPITRE 13

Changez votre mode de pensée

William James, un des plus grands sages américains, nous a révélé une vérité essentielle lorsqu'il a dit: «La plus grande découverte de ma génération, c'est que les êtres humains ont la possibilité de changer le cours de leur vie en modifiant leur mode de pensée.» Vous êtes façonné par vos pensées; alors, débarrassez-vous de toutes celles qui sont stériles, usées, et remplacez-les par des pensées nouvelles, régénérées et créatrices, c'est-à-dire des pensées de foi, d'amour et de bonté. Cette démarche vous aidera à repartir sur un bon pied vers des lendemains qui chantent.

Et d'où nous viennent ces pensées susceptibles de réorienter notre vie?

Je connais un cadre d'entreprise, membre du conseil de direction, homme modeste et réservé mais pourvu néanmoins d'une mentalité de gagneur. Jamais abattu par les problèmes, les contrariétés et les oppositions auxquels il doit faire face, il aborde chaque difficulté avec optimisme et confiance, et ça marche! On dirait qu'il a une maîtrise magique de la vie.

À cause de cette qualité étonnante, cet homme m'a toujours intéressé. Je me doutais bien qu'il devait y avoir quelque chose là-dessous, et vous pensez bien que j'étais curieux d'en savoir plus long sur lui... ce qui n'était pas facile, compte tenu de sa modestie et de sa réserve.

Un jour qu'il était en verve, il m'a livré son secret, qui est fort simple, vous le verrez, mais très efficace. Je visitais alors son usine, un bâtiment tout neuf avec air climatisé, outillage et méthodes de production ultra-modernes; tout y était axé sur l'efficacité. En outre, bonne volonté et esprit de camaraderie, partout présents, rendaient harmonieuses les relations de travail.

Son bureau, ultramoderne, était sobrement décoré, meublé avec goût et raffinement.

Alors imaginez ma surprise lorsque je vis, sur ce magnifique bureau en acajou poli, une vieille Bible, usagée et en mauvais état. C'était le seul vieil objet de tout l'édifice. Je lui en fis la remarque.

«Ce livre, me rétorqua-t-il, est l'objet le plus à jour de toute l'usine. L'équipement s'use et les styles d'ameublement passent, mais ce livre est tellement en avance sur nous qu'il n'est, lui, jamais dépassé.

«Lorsque j'étais à l'université, ma bonne chrétienne de mère m'a donné cette Bible en me suggérant fortement de la lire et de m'en imprégner afin, disait-elle, que je réussisse dans la vie. Je percevais alors ma mère comme une gentille vieille femme – à l'âge que j'avais, elle me semblait vieille, mais ne l'était pas – et, pour lui faire plaisir, j'ai accepté sa Bible ; pendant des années, je n'ai pratiquement jamais ouvert ce livre. Pour tout dire, j'étais niais et stupide. Et ma vie est devenue peu à peu invivable.

«Tout allait mal, parce que, tout simplement, je faisais fausse route. Je pensais de travers, j'agissais de travers, je faisais tout de travers. Je ratais tout ce que j'entreprenais. Aujourd'hui, je me rends compte que ma manière d'appréhender les événements était négative. J'étais rancunier, orgueilleux et dogmatique. Nul ne pouvait me contester. Je croyais que je savais tout et que les autres n'y connaissaient rien. Pas surprenant que personne ne m'aimât. J'étais complètement anéanti par une situation qui me semblait sans issue.

«Voilà pour le côté sombre de mon histoire. Un soir que je mettais de l'ordre dans mes papiers, je suis tombé sur cette Bible, que j'avais depuis longtemps oubliée. J'ai commencé à la feuilleter distraitement en me remémorant mon enfance et, comme c'est étrange ! en l'espace d'un instant, tout est devenu brusquement différent. Une phrase m'a soudain frappé et a transformé ma vie. Et pour un changement, ce fut un changement, je vous assure ! »

J'ai évidemment voulu connaître cette phrase merveilleuse. Il me l'a citée lentement : «L'Éternel est ma lumière et mon salut... je serai plein de confiance.» (Psaumes 27,1-3)

«Je ne sais pas vraiment pourquoi ces lignes m'ont fait un tel effet, mais il est sûr qu'elles m'ont ébranlé. Je sais maintenant que j'étais faible et enclin à l'échec parce que je n'avais pas confiance en moi; je n'avais pas la foi. J'étais défaitiste et percevais tout de façon négative. Puis un changement s'est opéré dans mon esprit. J'ai eu ce qu'il est convenu d'appeler une expérience spirituelle. Ma perception des choses a changé du tout au tout. J'ai décidé d'avoir foi en Dieu et de mettre en pratique les principes décrits dans la Bible. C'est alors qu'une véritable métamorphose a eu lieu en moi: mes vieux schèmes de pensée ont progressivement disparu pour faire place à un élan nouveau positif et créateur. »

Ainsi concluait cet homme d'affaires. Et cette transformation radicale l'avait conduit tout droit au succès et à la réussite de son entreprise.

Ce témoignage illustre bien un des aspects de la nature humaine : il est possible de gérer sa vie à partir des pensées qui occupent notre esprit ; elles peuvent aussi bien conduire à l'échec et au malheur qu'à la joie et au succès. Le monde dans lequel nous vivons n'est pas uniquement le résultat de conditions extérieures, il est d'abord le fruit des pensées qui occupent notre esprit. À ce propos, Marc Aurèle, l'un des plus grands penseurs de l'Antiquité, disait : « Ce sont ses pensées qui façonnent la vie d'un homme. »

On peut attirer le succès

Pour beaucoup, l'homme le plus sage qui ait jamais vécu en Amérique s'appelait Ralph Waldo Emerson, surnommé le Sage de Concord. Il disait : « Les pensées qui habitent un homme tout au long de la journée font de lui ce qu'il est. »

Un psychologue de renom, quant à lui, a déjà dit : « Dans la nature humaine, on constate une forte propension à devenir précisément ce que l'on s'imagine être. »

Il est courant de dire que les pensées sont des entités dynamiques. Si l'on en juge par leur influence, il n'est pas difficile de le croire. Ainsi, au moyen du simple pouvoir de la pensée, on peut se rendre malade ou au contraire guérir. L'orientation d'une pensée crée les conditions nécessaires à la réalisation de cette pensée. Mieux: si les pensées influencent profondément les circonstances, il est étrange de constater que le contraire est beaucoup moins vrai.

En pensant de manière positive, on met en marche des vibrations saines qui attirent le succès. Les pensées positives créent, autour de la personne qui les cultive, une atmosphère propice à la réussite. De la même manière, les pensées négatives créent une atmosphère propice à la défaite.

Pour changer de cap, il faut donc changer sa façon de penser. Il faut cesser d'accepter passivement le mauvais sort, et se faire plutôt une image mentale du succès et de la réussite. Gardez cette image en tête, fignolez-en chaque détail, croyez-y, priez pour elle : elle finira par se concrétiser, conformément à l'image que vous en avez ; tout cela grâce au pouvoir de la pensée positive.

C'est là l'une des plus grandes lois de l'univers. Je ne sais pas ce que je donnerais pour l'avoir découverte quand j'étais tout jeune homme. Elle ne s'est manifestée à moi que plus tard et s'est trouvée être l'une des plus grandes révélations qu'il m'ait été donné d'avoir, à part celle de ma relation avec Dieu. Et, dans un certain sens, cette loi fait partie intégrante de la relation avec Dieu parce qu'elle permet de canaliser le pouvoir de Dieu dans la personnalité de chacun.

En résumé, cette loi nous dit que les pensées négatives suscitent des résultats négatifs. Si votre pensée est positive, vous parviendrez à des résultats positifs. Ces simples données constituent la base de la loi étonnante de la prospérité et du succès. En trois mots : croyez au succès ! Abraham Lincoln avait raison de dire : « La plupart des gens sont heureux dans la mesure où ils ont décidé de l'être. »

« Demandez et vous recevrez »

J'ai découvert cette loi d'une manière très intéressante. Il y a déjà un certain temps, un groupe dont je faisais partie fondait une revue d'aide spirituelle du nom de *Guideposts*. Nous visions deux objectifs. D'une part, nous voulions fournir des exemples de gens qui avaient réussi leur vie, triomphé de la peur, des événements, des obstacles, du ressentiment, bref, nous voulions enseigner comment la foi permet de surmonter tous les obstacles, quels qu'ils soient. D'autre part, grâce à cette publication non sectaire, servant de lien entre gens d'allégeances religieuses diverses, nous désirions faire ressortir le fait que Dieu fait partie intégrante du fil de l'histoire.

Au départ, nous n'avions aucune aide financière. Seule la foi nous animait. Dans nos premiers locaux, situés au-dessus d'une épicerie de Pawling (New York), on trouvait, en tout et pour tout, une vieille machine à écrire empruntée et quelques chaises branlantes! Plus la foi en une idée... Lentement, nous avons atteint le nombre de 25 000 abonnés. L'avenir semblait prometteur. Mais une nuit, un incendie se déclara et, en moins d'une heure, nos locaux et... notre liste d'abonnés disparurent. Nous n'avions pas pensé à en faire un double...

L'animateur de radio Lowell Thomas, qui nous avait toujours soutenus dès le début, annonça notre mésaventure à ses auditeurs, de sorte que nous retrouvâmes très vite la plupart de nos anciens abonnés plus quelques nouveaux, soit 30 000 en tout!

Quelque temps plus tard, nous comptions 40 000 abonnés, mais les coûts de production augmentaient proportionnellement. Nous dûmes faire face à de graves problèmes financiers, à tel point qu'il devint presque impossible de poursuivre notre action.

Nous avons donc convoqué tout le monde en assemblée générale; je suis certain que vous n'avez jamais assisté à une réunion aussi sombre, aussi empreinte de découragement. La déroute était au rendez-vous. Où allions-nous trouver l'argent pour régler nos factures? Nous en étions à vouloir soutirer de l'argent à l'un pour payer l'autre. Nous étions découragés.

Une femme, pour qui nous avions le plus grand respect, assistait à la réunion. Nous l'avions invitée parce qu'elle avait déjà contribué à lancer la revue *Guideposts* en versant la somme de 2000 $. Nous avions l'espoir secret qu'elle remettrait ça... mais, cette fois, contre toute attente, elle nous fit cadeau de quelque chose de plus appréciable que de l'argent.

Silencieuse pendant une bonne partie de la réunion, elle prit finalement la parole. «Je suppose que vous attendez mon aide financière. Autant vous le dire tout de suite: je n'ai pas l'intention de vous donner un sou de plus.» Nous étions littéralement effondrés.

«Je vais faire mieux, ajouta-t-elle, je vais vous donner une idée, une idée créatrice.

— Ouais, comment allons-nous payer nos dettes avec une idée? avons-nous répondu, sceptiques et démoralisés.

— Ah! mais c'est justement avec une idée que vous arriverez à vous sortir de là. Tout projet, ici-bas, a d'abord été le fruit d'une idée. Il y a d'abord eu l'idée, puis la foi en cette idée, puis les moyens de la mettre en œuvre : telles sont les phases du succès.

« Maintenant, dit-elle, voici l'idée. Quel est votre problème? Vous manquez d'argent. Vous manquez d'abonnés. Vous manquez d'équipement. Vous manquez d'idées. Vous manquez de courage. Pourquoi manquez-vous de tout cela? Tout simplement parce que vous pensez en termes de manque. En pensant de la sorte, vous créez les conditions propices à l'état de manque. En cultivant de façon constante l'idée de manque, vous avez inhibé en vous les forces créatrices qui pourraient donner le coup de pouce nécessaire au développement de votre revue. Vous avez travaillé dur dans bien des domaines, mais vous avez failli à la tâche la plus importante, celle qui aurait pu couronner tous vos efforts : vous n'avez pas eu recours à la pensée positive. Au lieu de cela, vous vous êtes concentrés sur le manque.

« Afin de corriger cet état, il suffit simplement de renverser la vapeur et de penser à la prospérité, à la réalisation et au succès. Vous aurez besoin de pratique, mais vous y arriverez vite si vous avez la foi. Le processus consiste à « voir le succès » de *Guideposts*, à créer en vous l'image d'un grand magazine populaire, soutenu par un grand nombre d'abonnés, tous avides de lire votre revue, tous transformés par la philosophie que vous y véhiculez.

« Chassez toute image de difficulté et de faillite, élevez plutôt votre esprit et sentez que vous dominez une entreprise prospère et fructueuse. Lorsque vous élevez votre esprit au-dessus des contingences matérielles, vous regardez vos problèmes de haut, avec distance et recul. Vous avez plus de prise sur eux parce que vous n'y êtes plus enlisés.

« J'irai plus loin. Combien d'abonnés seraient nécessaires à la bonne marche de *Guideposts* ?

— Cent mille, avons-nous répondu. (Nous en avions 40 000 à ce moment-là.)

— Bon, poursuivit-elle, c'est facile, il vous suffit d'imaginer 100 000 personnes en train de bénéficier des précieux conseils de votre revue, et voilà ! Ils sont là ! Du moment que vous pouvez les imaginer, vous les avez déjà !

« Norman, vois-tu 100 000 abonnés ? dit-elle en se tournant vers moi. Regarde en toi, ne vois-tu pas 100 000 abonnés ? »

Peu convaincu, je répondis : « C'est possible, mais je ne l'affirmerais pas… »

Visiblement peu satisfaite de ma réponse, elle reprit : « Norman, vois-tu 100 000 abonnés maintenant ? »

Je n'avais pas beaucoup d'imagination puisque je n'arrivais pas à voir autre chose que nos 40 000 abonnés.

Elle se tourna alors vers Raymond Thornburg, dont l'optimisme était connu, et lui demanda, en l'appelant par son surnom : « Pinky, peux-tu voir 100 000 abonnés ? »

Je doutais fort du pouvoir d'imagination de Pinky. C'était un simple ouvrier qui travaillait bénévolement, à ses heures perdues, à l'avancement du magazine. On le voyait mal adoptant ce mode de pensée, mais, à son regard fixe et fasciné, je remarquai qu'elle l'avait eu. Elle répéta alors : « Peux-tu voir 100 000 abonnés ?

— Oui, répondit-il avec empressement, oui, je les vois ! »

Électrisé, je lui demandai : « Où ça ? Montre-les-moi ! »

Alors, à ma surprise, je les vis aussi.

« Maintenant, recueillons-nous et remercions Dieu de nous avoir donné 100 000 abonnés. »

Je trouvais qu'elle y allait un peu fort, mais c'était justifié par un verset des saintes Écritures qui dit : « Tout ce que vous demanderez avec foi par la prière, vous le recevrez. » (Matthieu 21,22) Cela veut dire que, quand vous priez pour quelque chose, il faut en même temps que vous vous en fassiez une image mentale. Si c'est la volonté de Dieu et que la cause soit valable, et non pas égoïste, elle est accordée immédiatement.

S'il vous est difficile de suivre ce raisonnement, laissez-moi vous dire que, depuis ce moment, *Guideposts* n'a jamais plus manqué de rien. De nouveaux amis nous ont rejoints et nous ont soutenus. Nos comptes ont toujours été à jour, nous avons fait l'acquisition d'équipement neuf et nous nous sommes toujours autofinancés. Au moment où j'écris ces lignes, *Guideposts* a atteint le demi-million d'abonnés et les nouveaux abonnements arrivent régulièrement, parfois au nombre de trois ou quatre mille par jour.

Si je relate cette histoire, ce n'est pas dans le but de faire de la publicité pour *Guideposts,* mais plutôt pour montrer la nature et la puissance de la loi qui commande la victoire. Dans tous les domaines où j'en ai fait l'expérience, j'ai obtenu de merveilleux résultats; quand je ne l'ai pas suivie, j'ai eu à m'en repentir.

Confiez vos projets à Dieu

C'est aussi simple que cela: confiez vos problèmes à Dieu; remettez-vous-en à Sa volonté. Mais attention: n'espérez pas le succès de quelque chose de mauvais, que ce soit d'un point de vue moral, spirituel ou éthique. L'erreur ou le mal ne peut se transformer en bien.

Soyez certain que vous poursuivez un but juste et honnête, confiez-le à Dieu et imaginez la réussite de vos plans. Gardez, bien ancrée dans votre tête, l'idée de prospérité et de réalisation. Ne cultivez surtout pas l'échec! Si l'idée d'un échec vient effleurer votre esprit, chassez-la en l'assaillant de pensées positives et en affirmant, à voix haute s'il le faut: «Dieu me guide vers le succès et la réalisation de mes désirs.» La vision mentale deviendra réalité si vous la maintenez en vous et si vous y travaillez avec diligence. Ce processus créateur consiste à imaginer, à prier et à concrétiser ce qui est désiré et voulu profondément.

Dans toutes les couches de la société, on trouve des gens qui réalisent des projets admirables et qui suivent cette méthode.

Voici l'histoire que m'a racontée Henry J. Kaiser. Alors qu'il était en train de construire un quai le long d'une rivière, une tempête soudaine provoqua une inondation. Toute la machinerie fut engloutie dans la boue, sans parler du travail gâché. Venu sur place pour se rendre compte de l'étendue des dégâts, il trouva ses employés consternés devant le spectacle des machines enlisées dans la boue.

Il se dirigea alors vers eux, et il leur dit, avec un sourire: «Pourquoi faites-vous cette tête-là?

— Ne voyez-vous pas ce qui est arrivé? Toutes les machines sont recouvertes de boue!

— Quelle boue?

— Quelle boue? répétèrent-ils, stupéfaits. Mais regardez autour de vous! C'est une vraie mer de boue!

— Oh! répondit-il avec un sourire, je ne vois pas de boue.

— Comment pouvez-vous dire une telle chose?

— C'est bien simple. Je regarde le ciel bleu et le soleil étincelant. Et je sais que la boue sera bientôt sèche et que vous pourrez alors déplacer les machines, les récupérer et tout recommencer... »

Et comme il a raison! Si vous êtes obnubilé par l'échec et la défaite, vous courez tout droit à la catastrophe. Au contraire, une vision optimiste des choses, combinée à la prière et à la foi, suscite invariablement la réussite.

J'avais un ami, à l'école, qui était gauche et timide. Lorsque je l'ai rencontré bien des années plus tard, il était devenu un homme digne et respecté. Sa très grande intelligence ne pouvait à elle seule expliquer son nouveau statut. Je lui ai alors demandé le secret de son succès.

« Mon secret? C'est mon entourage, les gens avec qui j'ai travaillé au cours des années.

— Bien sûr, répondis-je. Mais tu dois bien avoir une technique personnelle; j'aimerais bien la connaître, lui avouai-je.

— Cela tient à ma façon d'envisager les difficultés, me répondit-il. Tout d'abord, j'essaie de les chasser de mon esprit, de les annihiler. J'investis pour cela toute ma force et ma détermination. Deuxièmement, je me recueille et je prie. Troisièmement, je visualise la réussite de mon projet. Quatrièmement, je me remets en question : est-ce que je ne fais pas fausse route? Cinquièmement, je fonce, tête baissée, tendu vers le succès! Comprends une chose essentielle : ne te laisse jamais envahir par des pensées négatives. Aie toujours en toi l'image du succès. C'est primordial pour qui veut réussir et s'épanouir pleinement. »

Foi et prospérité

À cette minute même, au moment où vous lisez ce livre, des idées de projet trottent dans votre esprit. Si vous les laissez se développer et si vous savez vous en servir, vous pourrez résoudre tous vos problèmes, qu'ils soient d'ordre personnel ou professionnel, et vous serez assuré du succès.

À une certaine époque, je croyais naïvement qu'il n'y avait aucune relation entre la foi, d'une part, et, d'autre part, la prospérité matérielle et la réussite professionnelle. Je croyais que seules comptaient, dans la vie, les valeurs d'ordre éthique, social et moral et que la foi se limitait à ce domaine. Maintenant, je me rends compte qu'un tel point de vue limite considérablement le pouvoir de Dieu et le développement de l'individu. La religion nous montre qu'il existe dans l'univers des forces insoupçonnées qui peuvent être utilisées par l'homme dans sa lutte contre l'échec.

Nous connaissons tous la force de l'énergie atomique. Nous savons également que l'univers regorge d'une énergie fabuleuse. Cette même force, cette même énergie réside dans l'esprit humain. L'individu moyen a donc la possibilité de faire beaucoup plus de choses qu'il ne l'imagine.

Cela est vrai pour quiconque lit ces lignes. Quand vous apprenez à libérer vos forces intérieures, vous êtes certain de ne plus manquer de rien. L'utilisation maximum de votre puissance, combinée à celle de Dieu, fera de votre vie une réussite.

Vous pouvez faire ce que vous voulez de votre vie – tout ce dont vous rêvez, tout ce qui fait l'objet d'une prière ou d'un travail de votre part, tout! Laissez monter tout ce qui se terre au fond de vous. Des merveilles insoupçonnées s'y trouvent!

Quelle que soit votre situation, vous avez toujours la possibilité de l'améliorer. Essayez d'installer le calme dans votre esprit afin que l'inspiration ait le loisir de se manifester. Croyez en l'intervention de Dieu. Imaginez la réussite de vos projets. Gérez votre vie selon des principes spirituels en accord avec les principes divins. Entretenez en vous une image de succès et non d'échec. Si vous faites cela, des pensées créatrices jailliront librement en vous. C'est une loi étonnante, qui a le pouvoir de changer la vie de tous, y compris la vôtre. Un flot de pensées nouvelles vous habitera et vous stimulera, quelles que soient les difficultés auxquelles vous faites maintenant face, je dis bien: quelles que soient les difficultés.

Pour une bonne gestion de ses pensées

En définitive, c'est la mauvaise gestion des pensées qui fait que quelqu'un n'arrive pas à vivre une vie créatrice. C'est pourquoi il lui faut alors recourir à la pensée positive. Lorsqu'il est dit, dans le 23e Psaume, qu'«Il me conduit dans les sentiers de la justice», cela signifie que Dieu guide aussi bien les actes que les pensées. Lorsque Ésaïe dit: «Que le méchant abandonne sa voie et l'homme de rien ses pensées» (Ésaïe 55,7), il ne veut pas simplement dire que le mal doit faire place au bien, mais aussi que l'on doit changer sa façon de penser, et guider l'esprit de l'erreur à la vérité, de l'injustice à la justice. Le grand secret de la vie réussie consiste à remplacer l'erreur en soi par la vérité. Un flot de pensées nouvelles, justes et saines, exerce une influence créatrice sur les événements, car la vérité engendre toujours les bons mécanismes qui, à leur tour, donnent les bons résultats.

Il y a quelques années, j'ai connu un jeune homme qui, pendant un certain temps, a été le symbole parfait de l'échec sous toutes ses formes. C'était un homme non dépourvu de qualités, mais il ratait tout, systématiquement. Il se trouvait facilement du travail, séduisait ses patrons, mais, très vite, les décevait et se trouvait congédié peu de temps après. Ce modèle d'échec se reproduisait dans sa vie professionnelle aussi bien que personnelle. Il ne pouvait rien faire correctement. Il me demanda un jour: «Que puis-je faire pour que cesse cette série d'échecs?»

Vaniteux et prétentieux, il avait la fâcheuse habitude de critiquer tout le monde, et rendait systématiquement les autres responsables de ses échecs. Il ne se remettait évidemment jamais en question, incapable qu'il était de penser qu'il pût être, lui-même, la cause de ses échecs.

Un soir, cependant, il manifesta le désir de me parler, et je l'invitai à venir avec moi à une réunion qui devait se dérouler à cent cinquante kilomètres de là. Au retour, vers minuit, nous nous arrêtâmes pour manger, sur le bord de la route. Je ne sais pas ce qu'il y avait dans le hamburger qu'on nous servit, mais j'ai, depuis cet incident, un respect particulier pour ce type de mets. Entre deux bouchées, il s'écria: «Ça y est, j'ai trouvé! J'ai trouvé!

— Trouvé quoi? lui demandai-je.

— J'ai trouvé la raison de mes échecs! Si tout va mal, c'est tout simplement parce que c'est moi qui ai tort.»

Je lui donnai une tape dans le dos en lui disant : « Bon ! Je crois que tu es sur la bonne voie !

— Mais c'est clair comme de l'eau de roche, renchérit-il. Ce sont mes pensées constamment négatives qui font que tout tourne mal ! »

En regagnant la voiture, sous le clair de lune, je lui dis : « Harry, tu devrais pousser un peu plus loin et demander à Dieu de t'éclairer pour trouver le bon chemin. » Je lui citai ce passage de la Bible : « ... vous connaîtrez la vérité et la vérité vous rendra libre. » (Jean 8,32) Faites place, vous aussi, à la vérité dans votre cœur et vous ne connaîtrez plus l'échec.

Depuis, il est devenu un disciple enthousiaste de Jésus-Christ. Grâce à sa foi profonde et au changement complet de son mode de pensée et de ses habitudes personnelles, ses échecs répétés et ses erreurs compulsives ont totalement disparu. Il s'est ressaisi, a développé une saine vision des choses et un esprit positif au lieu de s'enferrer dans l'erreur et dans l'échec. Sa vie s'en est trouvée métamorphosée.

L'attitude positive en sept étapes

Je termine ce chapitre en vous proposant sept étapes pratiques qui vous aideront à adopter une attitude positive. Vous verrez, de nouvelles pensées créatrices jailliront en vous. Faites-en l'essai, ça marche !

1. Pendant les vingt-quatre heures qui viennent, pensez à tout ce qui vous préoccupe (travail, santé, avenir) avec espoir. Pour une fois, envisagez tout avec optimisme. Ce ne sera pas facile, surtout si vous êtes naturellement enclin au pessimisme. Faites preuve de volonté !

2. Après vous être imprégné de cet optimisme pendant vingt-quatre heures, pratiquez cette méthode pendant une semaine, puis revenez à ce que vous preniez autrefois pour du « réalisme » pendant un ou deux jours. Vous découvrirez que ce « réalisme » était en fait du pessimisme. Celui d'aujourd'hui est totalement différent, il est, au contraire, le point de départ d'une nouvelle vision des choses, positive celle-là. Le prétendu « réalisme » de la plupart des gens, c'est tout simplement de la pensée négative.

3. L'esprit, autant que le corps, a besoin d'être nourri sainement, donc de pensées optimistes et positives. Au moment de commencer une journée, imprégnez-vous d'idées positives et envisagez les choses avec sérénité. Prenez le Nouveau Testament à la première page; soulignez chaque phrase qui parle de foi. Faites de même avec les quatre Évangiles, et notez particulièrement les versets 22, 23 et 24 du chapitre 11 de saint Marc. Ils serviront d'exemples à fixer dans votre conscient.

4. Mémorisez ensuite les passages soulignés, à raison de un par jour jusqu'à ce que vous puissiez tous les réciter par cœur. Cela prendra du temps, surtout si vous avez connu longtemps un esprit négatif.

5. Établissez une liste de vos amis afin de déterminer ceux qui sont les plus dynamiques, les plus entreprenants, les plus optimistes. Fréquentez-les pendant quelque temps, jusqu'à ce que vous soyez pris par la contagion. Retournez ensuite auprès de ceux que vous avez momentanément délaissés pour les aider à acquérir, à leur tour, une mentalité de gagneur, sans que vous risquiez d'être pour autant influencé ou déstabilisé par eux.

6. Évitez toute argumentation, mais dès qu'on exprime une attitude négative, contrez-la immédiatement par une opinion optimiste, positive.

7. Priez beaucoup; votre prière doit être, en fait, une action de grâces, des remerciements pour les plaisirs divers que Dieu vous accorde. Quelle que soit la conception que vous vous faites de Lui, ne doutez pas de Son existence. Il vous manifestera sa gratitude en fonction de votre ferveur. «Qu'il vous soit fait selon votre foi.» (Matthieu 9,29)

Le secret d'une vie meilleure et réussie consiste à se débarrasser de toute pensée malsaine et stérile, et à y substituer un mode de pensée dynamique et dominé par la foi. Un flot d'idées nouvelles et une inspiration inattendue régénéreront alors votre vie.

CHAPITRE 14
La détente, prélude à la force tranquille

« Chaque soir, les Américains avalent plus de six millions de comprimés pour trouver le sommeil. »

Telle est la stupéfiante révélation que me fit, voilà plusieurs années, l'un des participants à un congrès réunissant des fabricants de médicaments et au cours duquel j'avais été invité à prendre la parole. Bien que ces propos me parussent absolument incroyables, ils me furent confirmés maintes fois, par la suite, par des personnes dont la crédibilité ne pouvait être mise en doute. Certaines estimaient même que les chiffres étaient en deçà de la réalité.

En fait, la consommation quotidienne de somnifères, aux États-Unis, serait de l'ordre de douze millions de comprimés, de quoi apporter le sommeil à un Américain sur douze. Les chiffres révèlent que la consommation de somnifères s'est accrue de mille pour cent au cours des dernières années et ne fait que s'accroître depuis. Selon le vice-président d'une importante compagnie spécialisée dans la fabrication de produits pharmaceutiques, sept milliards environ de cachets sont consommés chaque année, soit l'équivalent de dix-neuf millions par jour.

Quelle situation navrante! Le sommeil étant une activité naturelle, on pourrait croire que, après une journée de travail, chacun devrait être en mesure de s'endormir facilement. Mais il semble que ce ne soit pas le cas. En fait, les gens sont tellement tendus, tellement nerveux, que même un sermon – et c'est un pasteur qui vous le dit – n'arrive plus à les endormir. Voilà des années que je n'ai vu quelqu'un somnoler dans une église. Et c'est bien triste, je dois le dire!

Un fonctionnaire de Washington, qui aime bien jongler avec les chiffres, surtout lorsqu'il s'agit de nombres astronomiques, me confiait qu'aux États-Unis, voici quelques années, on avait pu dénombrer un total de sept milliards et demi de maux de tête, soit cinquante migraines par année par citoyen. Comment en était-il arrivé à ce chiffre-là ? Je l'ignore. Mais peu de temps après cette conversation, je tombai sur un rapport indiquant que l'industrie pharmaceutique avait vendu onze millions de livres d'aspirine au cours de l'année qui venait de s'écouler. Pourquoi n'appellerait-on pas cette période, comme l'a déjà fait quelqu'un, d'ailleurs, l'« Ère de l'aspirine » ?

Selon une source officielle, la moitié des patients hospitalisés le sont non pas à cause d'un accident, d'un virus ou d'une maladie organique, mais bien parce qu'ils sont victimes de leurs émotions.

Sur les 500 patients d'une clinique à qui on fit passer des examens, 386, soit 77 p. 100, étaient atteints de maladies psychosomatiques, c'est-à-dire de maladies causées par un état dépressif. Une autre clinique fit une étude portant sur des cas d'ulcères. Or, il s'avéra que près de la moitié de ceux-ci étaient attribuables à une trop grande inquiétude, à la haine, à la culpabilité, ou encore à une tension excessive.

Un médecin me fit observer que la science, malgré ses progrès extraordinaires, ne permet de traiter efficacement que moins de la moitié des patients. Selon lui, cela s'explique par le fait que les tourments de l'esprit, comme l'anxiété et la tension, affaiblissent considérablement le corps et le rendent même malade.

La situation est devenue à ce point préoccupante que, à notre centre de New York, nous avons dû faire appel aux services de nombreux psychiatres. Pourquoi une église engage-t-elle des psychiatres ? Tout simplement parce que la psychiatrie est une science précise, avec des règles et des procédés dont l'efficacité est parfaitement établie. Son objet est l'analyse, le diagnostic et le traitement des souffrances humaines intérieures, souffrances de l'âme et de l'esprit.

Le christianisme : une science

Le christianisme peut, lui aussi, être considéré comme une science. C'est une philosophie, un système théologique et métaphysique qui s'appuie sur un culte. Il a développé son propre code de valeurs éthiques et morales. Mais il présente aussi certaines caractéristiques propres aux sciences, comme le fait d'être fondé sur un texte qui contient des techniques destinées à comprendre la nature humaine et à en guérir les maux. Ses règles sont si claires et ont si souvent fait leurs preuves que la philosophie chrétienne peut être considérée comme une science exacte.

Lorsque quelqu'un se présente à notre clinique, il rencontre d'abord un psychiatre qui, avec attention et bienveillance, se penchera sur son problème. Le thérapeute expliquera ensuite à cette personne «pourquoi elle agit comme elle le fait»: c'est le stade primordial, qui soulève bien des interrogations. Pourquoi, par exemple, une personne entretient-elle, depuis toujours, un complexe d'infériorité? Pourquoi est-elle dominée par la peur ou nourrit-elle du ressentiment? Pourquoi a-t-elle toujours été timide et hésitante? Pourquoi fait-elle des bêtises ou profère-t-elle des inepties? De tels comportements ne se manifestent pas comme ça, sans raison. Ils reposent sur des motifs précis qu'il importe d'identifier. Lorsqu'on y parvient enfin, on vient de franchir une étape importante de son évolution personnelle, dont l'influence sera déterminante pour l'avenir. La connaissance de soi marque le début du processus de réhabilitation personnelle.

L'étape suivante consiste, pour le psychiatre, à confier son patient aux bons soins du pasteur qui lui indiquera la marche à suivre pour travailler sur lui-même et réussir sa vie dans tous les domaines. Le pasteur s'attaque à chaque cas, en ayant recours, scientifiquement et systématiquement, à des thérapies basées sur la prière, la foi et l'amour. Le psychiatre et lui mettent leurs connaissances en commun, et la conjugaison de leurs traitements fait en sorte que beaucoup de gens connaissent enfin une vie plus riche, plus épanouie et heureuse. Le psychiatre ne tente pas de jouer au pasteur, pas plus que celui-ci n'essaie de jouer au psychiatre. Chacun accomplit son propre travail, mais toujours en étroite collaboration avec l'autre.

Là où le christianisme intervient, c'est dans l'application intégrale de l'enseignement de Jésus-Christ, Seigneur et Sauveur de l'humanité. Nous sommes absolument convaincus du caractère pratique de Ses enseignements ainsi que de leur efficacité. Nous croyons en effet que «nous pouvons tout par Celui qui nous fortifie». (Philippiens 4,13) L'Évangile, comme outil de travail, promet de nous révéler «ce que l'œil n'a pas vu, ce que l'oreille n'a pas entendu, et ce qui n'est pas monté au cœur de l'homme, tout ce que Dieu a préparé pour ceux qui l'aiment». (Corinthiens 2,9) Croyez en Jésus-Christ, croyez en Son système de pensée et en son application, croyez et vous surmonterez toute peur, toute haine, tout sentiment d'infériorité, toute culpabilité, et vous viendrez à bout de la défaite sous toutes ses formes. En d'autres termes, vous ne pouvez pas imaginer un seul instant tout ce que Dieu a préparé pour ceux qui l'aiment.

La tension est un problème très répandu parmi la clientèle de notre clinique. C'est même la maladie prédominante du peuple nord-américain. Voilà quelque temps, la Banque Royale du Canada consacrait sa lettre mensuelle à ce problème. Sous le titre «Ralentissons!», les auteurs écrivaient notamment ceci: «Cette lettre mensuelle n'a pas la prétention de conseiller ses lecteurs en matière de santé physique et mentale. Nous tentons simplement de mettre le doigt sur un problème qui touche toute la population adulte canadienne.»

La lettre se poursuit ainsi: «Nous sommes presque tous victimes d'une tension croissante; nous éprouvons de la difficulté à nous détendre. Pris quotidiennement comme nous le sommes dans une course contre la montre qui dure toute la journée et jusque tard dans la nuit, nous n'arrivons pas à vivre pleinement. Nous devons nous souvenir de ce que Carlyle appelait "la calme suprématie de l'esprit sur les événements".»

Lorsqu'une institution bancaire de premier plan prend la peine d'attirer l'attention de ses clients sur le fait qu'ils sont en train de gâcher leur existence, soumis qu'ils sont à une trop grande tension, c'est très certainement l'indice d'un malaise et le signe qu'il est grand temps de réagir.

Je me rappelle ma réaction lorsque, de passage à St. Petersburg, en Floride, je vis, pour la première fois, l'une de ces machines où l'on introduit une pièce de monnaie afin de pouvoir connaître sa tension artérielle. «Découvrez votre tension artérielle», indiquait une inscription. Quand on en est rendu à acheter un relevé de sa pression sanguine comme s'il s'agissait d'une simple friandise, c'est qu'«il y a quelque chose de pourri au royaume de Danemark», comme disait Shakespeare.

La détente dans l'action

L'une des méthodes les plus simples pour diminuer la tension consiste à «prendre son temps». Faites tout plus lentement, de façon moins trépidante et sans pression. Mon ami Branch Rickey, figure légendaire du base-ball, me disait n'avoir jamais engagé un joueur hypertendu, quelles que fussent ses qualités au bâton, sur les buts, ou à la défensive. S'il veut espérer réussir dans les ligues majeures, un joueur de base-ball doit «prendre son temps». Il doit être animé d'une force tranquille aussi bien moralement que physiquement. La meilleure façon de frapper une balle consiste à rester détendu. Tous les muscles de l'athlète atteignent alors leur souplesse maximale et leur puissance peut se manifester de façon coordonnée. Tenter de «défoncer les clôtures» donne, la plupart du temps, de bien piètres résultats. Ou bien on rate la balle, ou bien on ne fait que l'effleurer. Cela est vrai du base-ball, du golf et, en fait, de tous les sports.

De 1907 à 1919, si l'on fait exception de la saison 1916, le joueur de base-ball Ty Cobb domina la Ligue américaine pour la moyenne au bâton. Il offrit en cadeau à l'un de mes amis le bâton qui lui avait servi à accomplir ses exploits extraordinaires. Cet ami m'autorisa à l'«essayer». Inutile de vous dire que j'étais terriblement impressionné. Je pris le bâton et adoptai la position caractéristique d'un frappeur, comme s'il s'agissait d'une vraie partie de base-ball. Sans doute ma position au bâton était-elle loin d'évoquer celle du célèbre Ty Cobb, car mon ami, qui avait déjà été gérant d'un club de base-ball dans une ligue mineure, s'esclaffa en me voyant. «Mon pauvre vieux, fit-il, jamais Ty Cobb n'aurait pris une posture pareille. Tu es beaucoup trop raide, beaucoup trop tendu. De toute évidence tu en fais trop! Tu serais probablement retiré sur des prises.»

C'était un réel enchantement, par contre, que de voir évoluer Ty Cobb. Le joueur et le bâton ne faisaient qu'un. C'était une véritable leçon de rythme et on ne pouvait que s'émerveiller devant la facilité avec laquelle il s'élançait. Il était passé maître dans l'art d'utiliser sa force tranquille. Telle est, depuis toujours, la caractéristique du succès. Observez attentivement les gens qui sont vraiment efficaces et vous découvrirez qu'ils ont toujours l'air de faire les choses avec facilité, avec un minimum d'efforts. C'est ainsi qu'ils parviennent à libérer une énergie optimale.

Un de mes amis, homme d'affaires avisé à la tête d'importantes entreprises, semble toujours à son aise. Il mène à bien tout ce qu'il entreprend, avec célérité, sans jamais se mettre dans tous ses états. On n'aperçoit jamais, sur son visage, cet air anxieux, crispé, caractéristique des gens qui ne savent planifier ni leur temps ni leur travail. Je lui demandai un jour quel était le secret d'une force tranquille aussi évidente.

«Je n'ai pas de secret, me répondit-il en souriant. J'essaie simplement de rester en harmonie avec Dieu. C'est tout. Chaque matin, au réveil, ma femme et moi nous installons dans notre salon où nous nous accordons une période de tranquillité. L'un d'entre nous lit à haute voix un texte qui nous permet d'atteindre un état d'esprit favorable à la méditation. Puis nous allons tranquillement nous asseoir et, chacun à sa façon et selon son humeur, nous prions. Après quoi nous proclamons notre conviction que Dieu nous emplit de force et d'une tranquille énergie. Pour nous, ce petit quart d'heure est un rituel très important, auquel nous sommes très attachés et dont rien au monde ne pourrait nous priver. Nous ne pourrions plus nous en passer. Il en résulte que je me sens toujours animé d'une énergie bien supérieure à celle dont je pourrais avoir besoin.»

Je connais plusieurs personnes qui utilisent des techniques similaires afin de diminuer leur tension. Cette pratique tend à s'étendre de nos jours.

Apprendre à ne rien faire

Un matin de février, je me précipitais sur la vaste véranda d'un hôtel de Floride, les mains chargées d'un imposant courrier qui venait tout juste d'arriver de mon bureau new-yorkais. J'étais venu en Floride, au milieu de l'hiver, pour prendre des vacances, mais je n'arrivais pas à me libérer de ma routine matinale qui consistait à dépouiller mon abondant courrier. Comme je m'efforçais d'en finir avec cette corvée le plus rapidement possible, ma fébrilité fut interrompue par un ami de Géorgie, descendu dans le même hôtel que moi. Bien calé dans une chaise longue, le chapeau ostensiblement enfoncé sur le nez, il me lança, de son mélodieux accent traînant du Sud : « Où courez-vous donc comme ça, docteur ? Avez-vous oublié que vous êtes sous le soleil de Floride ? Approchez-vous, prenez place à côté de moi et venez m'aider à m'adonner à l'un des plus grands arts qui soient !

— Vous aider à vous adonner à l'un des plus grands arts qui soient ? répétai-je, stupéfait.

— Oui, répondit-il. Un art qui se perd et qui est de moins en moins connu aujourd'hui.

— Eh bien, fis-je, peut-être pourriez-vous m'expliquer ce dont il s'agit. De quel art parlez-vous donc ? On ne peut pas dire que vous fassiez grand-chose en ce moment !

— Détrompez-vous, mon cher. Je m'adonne à l'art qui consiste à s'asseoir simplement au soleil. Prenez donc place et laissez-vous caresser par les rayons du soleil. Sentez le calme intérieur vous envahir. Avez-vous déjà essayé de penser au soleil ? Jamais il ne se hâte ni ne s'énerve ; il fait tranquillement sa petite affaire, sans un bruit. Jamais il n'appuie sur un klaxon ou n'a à répondre à des appels téléphoniques ; il n'actionne aucune sonnette. Il se contente de briller et, pourtant, il accomplit plus de travail en une fraction de seconde que nous ne pourrions le faire, vous et moi, dussions-nous y consacrer le reste de nos jours. Songez à tout ce que fait le soleil. Il permet aux fleurs d'éclore, aux arbres de croître ; il réchauffe notre planète, rend possible la maturation des fruits et des légumes, aide les récoltes à mûrir, aspire l'eau de la terre et la lui rend, sous forme de pluie, nous calme enfin et nous apaise.

« Je découvre que, lorsque je m'assois et que je le laisse me pénétrer de ses rayons, ceux-ci m'emplissent d'énergie. Voilà ce qui se passe lorsque je prends le temps de m'asseoir au soleil. Alors, voulez-vous me faire le plaisir de laisser tomber ce courrier et de venir vous installer près de moi ? »

J'obtempérai et, lorsque finalement je regagnai ma chambre, je retrouvai mon courrier que j'ouvris et lus en un rien de temps, ce qui me permit de consacrer le temps ainsi gagné à cette fantastique activité qui consiste à rester simplement assis au soleil, art dont à mon tour je découvrais les vertus.

Bien sûr, je connais bon nombre de paresseux qui ont passé leur vie écrasés au soleil et n'ont jamais rien fait. Mais si, par contre, vous prenez la peine de vous asseoir, de vous détendre en pensant à Dieu et en vous mettant en contact avec Lui afin qu'Il fasse affluer son pouvoir dans votre esprit, cela n'a plus rien à voir avec la paresse. Votre détente est active et reste sans doute la meilleure façon de reprendre des forces. L'énergie qui en résulte est d'un type bien particulier : véritable, authentique, ce n'est pas elle qui nous contrôle, mais c'est nous qui, au contraire, la contrôlons. Voilà toute la différence !

Le secret consiste à garder l'esprit tranquille, à éviter toute réaction hâtive, et à s'exercer à penser calmement. L'essence même de cet art réside dans l'aptitude à maintenir un rythme d'activité qui reste dans les limites du bon sens, à s'acquitter rationnellement de ses responsabilités, à éviter de gaspiller inconsidérément son énergie. Il est bon d'avoir recours à une ou deux méthodes éprouvées qui permettent de devenir un maître dans l'art de la détente et du contrôle de soi.

L'une de ces méthodes me vient du capitaine Eddie Rickenbacker. Toujours très occupé, il essaie de s'acquitter de ses tâches avec un grand calme et une grande maîtrise de soi. C'est de façon tout à fait fortuite que je découvris un jour l'un des éléments de son secret.

Je m'étais assuré de sa participation à une émission que nous tournions pour la télévision. Avant l'enregistrement, j'avais pris soin de tout planifier correctement afin que mon invité pût respecter son emploi du temps très chargé.

Malgré cela et contre toute attente, le tournage s'avéra beaucoup plus long que prévu. Je remarquai toutefois que le capitaine ne s'en montrait nullement contrarié, acceptant même de bonne grâce, semblait-il, ce mauvais coup du sort. Aucun va-et-vient intempestif, aucune précipitation vers un téléphone afin de prévenir son bureau, aucun geste d'impatience. Rien. Dans le studio, il y avait quelques chaises laissées là par une autre équipe de tournage. Le capitaine alla s'asseoir sur l'une d'elles, tout à fait détendu.

J'ai toujours été l'un de ses plus fervents admirateurs. Assis auprès de lui, je commentai sa totale absence de tension. « Je sais que vous êtes très occupé, lui dis-je. Aussi, je tiens à vous exprimer mon admiration à vous voir assis là, tout simplement, comme si de rien n'était. »

J'étais, quant à moi, très embarrassé par cette situation, gêné que j'étais de lui faire perdre ainsi son temps. « Comment pouvez-vous demeurer aussi imperturbable ? lui demandai-je.

— Oh ! vous savez, je ne fais que mettre en pratique ce que vous prêchez. Allez, mon vieux, venez vous asseoir et détendez-vous », me répondit-il en souriant.

Je tirai vers moi l'une des chaises et m'y installai. Peu à peu calmé, je m'enquis à nouveau : « Eddie, je sais que c'est grâce à certaines techniques que vous parvenez à une si impressionnante sérénité. J'aimerais bien que vous m'en parliez. »

Le capitaine Rickenbacker n'a pas l'habitude de se mettre en avant, mais, devant mon insistance, il consentit à me faire part d'une formule dont il faisait un usage fréquent et que j'ai depuis reprise pour mon propre compte avec des résultats concluants. Elle peut être décrite comme suit :

Premièrement, déliez votre corps plusieurs fois par jour. Relâchez tous vos muscles. Imaginez-vous dans la peau d'une méduse et laisser aller votre corps dans un état de total abandon.

La seconde partie de l'opération consiste à faire le vide dans votre esprit, plusieurs fois par jour, afin d'en chasser toute irritation, tout ressentiment, toute déception, toute frustration et toute contrariété. Si cela n'est pas fait régulièrement, ces tristes dispositions s'accumuleront et finiront par vous démolir. Débarrassez votre esprit de tout ce qui constitue une entrave à la détente.

Enfin, adonnez-vous à la pensée spirituelle, c'est-à-dire pensez à Dieu, avec ferveur, au moins trois fois par jour. Levez les yeux vers le ciel. Cela vous permettra d'établir un contact conscient avec Dieu qui vous apaisera.

Ce programme en trois points me fit une vive impression. Je le suis à la lettre depuis un certain temps déjà. C'est une excellente méthode de détente qui permet de rompre le rythme des activités quotidiennes.

Prendre le temps

J'ai beaucoup appris de mon ami le docteur Z. Taylor Bercovitz dans l'art de travailler dans la détente. Souvent, alors que les patients s'entassaient dans sa salle d'attente et que son téléphone ne dérougissait pas, il s'arrêtait, toutes affaires cessantes, pour s'adresser à Dieu avec spontanéité et déférence. J'aimais sa façon de prier. Il disait à peu près ceci: «Regardez-moi, Seigneur. J'en ai trop sur les épaules. Je commence à me faire peur. Je conseille aux gens de prendre le temps de vivre alors que c'est précisément ce qu'il me faudrait faire. Alors, Seigneur, j'ai besoin que Vous me communiquiez Votre paix réparatrice. Procurez-moi le calme, la tranquillité, la force dont j'ai besoin et faites en sorte que j'aie les nerfs assez solides pour venir en aide à tous ces gens.»

Puis il s'accordait encore une minute ou deux de quiétude, remerciait Dieu et reprenait ses activités mû, cette fois, par une nouvelle force tranquille.

Il lui arrivait souvent de se retrouver en plein milieu d'un bouchon de circulation lorsqu'il filait, d'urgence, au secours de quelqu'un. Aussi avait-il trouvé le moyen de transformer en occasions de détente ces interminables minutes d'attente qui auraient fort bien pu le rendre fou de nervosité et d'impatience. Éteignant alors le moteur de sa voiture, il se calait confortablement sur son siège, laissait aller sa tête sur l'appuie-tête et fermait les yeux comme pour s'endormir.

Ces courts intermèdes de détente absolue, dans la tourmente des rues engorgées, ne duraient généralement qu'une minute ou deux, mais lui suffisaient pour renouveler son énergie. On est toujours étonné par l'abondance de ces courts moments qui émaillent une journée et que l'on pourrait consacrer judicieusement à la détente, où que l'on soit.

Si l'on s'en remet consciencieusement au pouvoir de Dieu, même à l'occasion de brefs instants de répit, on peut se maintenir dans un état de détente appréciable. C'est l'intensité et non la durée de la relaxation qui est efficace.

Le statisticien Roger Babson se rend souvent, me dit-on, dans une église déserte pour s'y recueillir dans le calme. Peut-être y lit-il un psaume ou deux et, ce faisant, il trouve le repos et renoue avec lui-même.

Quant à Dale Carnegie, lorsqu'il commençait à se sentir surchargé et débordé, il se rendait à une église située non loin de son bureau, à New York, afin de s'y consacrer, pendant un quart d'heure, à la prière et à la méditation. Il disait choisir, pour cette activité, les moments où il était le plus occupé. Voilà un bel exemple de ce que l'on entend par «contrôler son temps plutôt que de se laisser contrôler par lui». Cela signifie également qu'il savait se montrer assez vigilant pour ne perdre, en aucun cas, sa maîtrise de soi.

Alors que je me trouvais à bord d'un train entre Washington et New York, je tombai sur un ami politicien. Il se rendait à une réunion qui se tenait dans sa circonscription pour y prendre la parole devant certains de ses électeurs particulièrement hostiles à son programme et qui n'allaient sans doute pas lui faire de cadeau. Bien qu'il sût que ces gens-là ne constituaient qu'une minorité, il était néanmoins décidé à faire face à la musique. «Ce sont des citoyens de ma circonscription et je suis leur représentant élu. Ils ont parfaitement le droit de me rencontrer si telle est leur intention.

— Cela ne semble pas vous inquiéter outre mesure, fis-je.

— Non, répondit-il. Si je commence à m'inquiéter, je vais m'énerver et je ne serai alors plus en mesure de maîtriser la situation.

— Mais comment comptez-vous faire alors? Avez-vous un truc?

— Bien sûr, répondit-il. Ce sera une foule houleuse. Mais j'ai une façon bien à moi d'affronter ce genre de situation sans trop de tension. Je vais respirer profondément, m'adresser à eux calmement et avec sincérité, me montrer amical et respectueux tout en gardant mon sang-froid et en faisant confiance à Dieu afin qu'Il me permette de passer à travers cette épreuve. J'ai appris une chose importante, poursuivit-il, c'est d'être détendu, de rester calme, d'adopter une attitude amicale, d'avoir la foi et de faire de mon mieux, quelle que soit la situation. Généralement, cela porte fruit et les événements prennent le plus souvent une tournure favorable.»

Je ne doute pas que mon ami soit capable de vivre et de travailler sans tension et, qui plus est, d'atteindre avec succès ses objectifs.

Un jour, alors que nous exécutions des travaux de construction sur ma ferme située à Pawling dans l'État de New York, je me surpris à surveiller le travail d'un ouvrier qui, pelle en main, s'affairait sur un tas de sable. Sans s'en douter, cet homme offrait un spectacle magnifique.

Il était torse nu, ce qui permettait de voir à l'œuvre sa puissante et parfaite musculature. Sa pelle allait et venait suivant un rythme alerte et précis. Il la posait sur le monticule, y appuyait son corps puis l'enfonçait dans le sable. Dans un élan net et franc, il la ressortait ensuite pour en épandre le contenu dans un mouvement continu. Puis il recommençait cette manœuvre, son geste dessinant une courbe parfaite. On aurait pu chanter en suivant ce rythme. Et, effectivement, cet ouvrier chantait en travaillant.

Je ne fus pas autrement surpris lorsque le contremaître m'apprit qu'il considérait cet homme comme l'un de ses meilleurs ouvriers. Il le décrivit comme un être heureux, de bonne humeur, avec lequel il était agréable de travailler. C'était un homme détendu, animé d'une puissance joyeuse, passé maître dans l'art d'agir dans la détente.

Un nouvel art du travail

La détente est le résultat de la re-création. L'être humain doit être alimenté par un courant continu d'énergie venue de Dieu et retournant à Lui. Quand on vit en contact direct avec ce courant, on découvre les vertus de la détente et du travail accordé à ce calme intérieur.

Comment en vient-on à maîtriser cet art ? Voici une méthode en dix points permettant de travailler efficacement sur soi et de se débarrasser de ses mauvaises habitudes, sources de tension. Mettez-la à l'épreuve ; elle vous aidera à vous détendre et à découvrir cette force tranquille qui vous permettra de travailler dur mais avec aisance.

1. Cessez de vous imaginer que vous êtes Atlas portant le monde sur ses épaules. N'en faites pas tant. Prenez-vous un peu moins au sérieux.
2. Prenez la décision d'aimer votre travail. Travailler deviendra alors un plaisir et non plus une corvée. Il n'est pas forcément

nécessaire que vous changiez de métier. Opérez donc, avant tout, un changement sur vous-même et votre travail vous semblera ensuite très différent.

3. Planifiez avec soin votre travail : c'est le manque d'organisation qui crée souvent le sentiment d'être débordé.

4. Évitez de vouloir tout faire à la fois. Le temps n'existe pas pour rien : il faut savoir le gérer et, justement, « prendre son temps ». Suivez cet avis judicieux que nous donne la Bible : « Voici ce que je dois faire. »

5. Adoptez une attitude mentale adéquate en vous rappelant que c'est la façon dont vous envisagez votre travail qui vous le rendra agréable ou ardu. Si vous vous dites que ce sera difficile, ce le sera ; si vous vous dites que ce sera facile, ce le sera aussi.

6. Devenez efficace au travail. Appliquez cet adage : « Le savoir, c'est le pouvoir. » Il est toujours moins compliqué et plus économique de bien faire les choses.

7. Exercez-vous à la détente. Agir sans précipitation est la clé du succès. Laissez-vous aller sur votre lancée.

8. Imposez-vous, comme discipline, de ne jamais remettre au lendemain ce que vous pouvez faire aujourd'hui. L'accumulation de tâches laissées en friche rend le travail plus difficile. Soyez à jour.

9. Priez pour votre travail. Cela vous rendra plus efficace parce que plus calme.

10. Prenez, comme associé, le « partenaire invisible ». À votre grand étonnement, Il allégera votre fardeau et vous libérera. Dieu se sent autant chez Lui dans les bureaux, les usines, les magasins ou les cuisines que dans les églises. Il en connaît plus long que vous sur votre propre travail. Son concours vous sera d'une aide précieuse.

CHAPITRE 15
Comment se faire aimer

Autant l'admettre sans détour, nous désirons tous être aimés. Et ceux qui prétendent le contraire ne disent sûrement pas la vérité.

Pour le psychologue William James, le désir d'être apprécié est essentiel chez l'être humain et nécessaire à son développement et à son équilibre.

Au cours d'un sondage effectué auprès d'un groupe d'adolescents, la question suivante fut posée : «Quel est votre plus grand désir ?» La majorité des participants affirmèrent vouloir avant tout être aimés. Pourquoi n'en serait-il pas de même de leurs aînés ? Qui ne désire pas, en fait, être estimé, admiré et aimé par tous les gens de son entourage ?

Soyez naturel et vous arriverez sûrement à vos fins. Si vous vous acharnez, par contre, à essayer de vous faire aimer, vous n'y parviendrez pas. Essayez plutôt de compter parmi ceux dont on dit qu'ils ont du charme, qu'ils ont un petit quelque chose, qu'ils sont attirants et vous serez à coup sûr sur la bonne voie.

Sachez cependant que, quel que soit votre degré de popularité, vous n'arriverez jamais à être aimé par tout le monde. Il est naturel que vous ayez, quoi que vous fassiez, des ennemis. Ces vers, inscrits sur un mur, à Oxford, expriment à merveille cette réalité :

Je ne t'aime pas, Dr Fell
Pourquoi ? Le dire je ne saurais
Mais tout ce que je sais
C'est que je ne t'aime pas, Dr Fell

Le Dr Fell était sans doute quelqu'un de très sympathique et si l'auteur de ces vers l'avait mieux connu, il l'aurait probablement découvert et apprécié. Mais ce rapprochement n'eut jamais lieu faute d'affinité entre eux.

La Bible même reconnaît l'existence de ces antagonismes et de ces antipathies. Ne dit-elle pas : « S'il est possible, et si cela ne dépend que de vous, soyez en paix avec tous les hommes » (Romains 12,18) ? La Bible est un livre à la mesure de l'homme où l'être humain est présenté tel qu'il est, avec ses qualités, ses défauts et ses limites. Jésus a attiré l'attention de ses disciples sur ce phénomène : « Partout où les gens ne vous reçoivent pas, secouez la poussière de vos pieds en sortant de chez eux. » (Luc 9,5) Voilà une façon de vous dire de ne pas vous en faire inutilement si vous n'êtes pas aimé de tous.

Il existe cependant des moyens qui peuvent vous permettre de devenir cette personne très recherchée que vous rêvez d'être ; et même si vous êtes timide, secret, voire insociable. Vous êtes parfaitement capable d'avoir des relations satisfaisantes et agréables.

Je n'insisterai jamais assez sur l'importance qu'il y a à savoir se faire aimer. C'est une démarche indispensable pour connaître la joie et le succès. Il ne s'agit ni d'orgueil ni de présomption. L'importance qu'il y a à entretenir avec les autres des relations normales et satisfaisantes, même si elles sont inséparables du succès, dépasse largement ces considérations.

Ne plus se sentir rejeté et inutile

Le sentiment de rejet a des effets franchement dévastateurs sur l'être humain, qui a besoin de se sentir désiré et apprécié pour s'épanouir pleinement. Rien n'est plus pénible que la solitude. Souvent les gens qui s'isolent le font pour se protéger ; mais en agissant ainsi, ils se ferment à toutes sortes d'expériences enrichissantes. L'être humain a besoin de se sentir important aux yeux de ses semblables ; il y va de son bien-être. Le sentiment d'être inutile engendre frustration, aigreur et maladie. Si vous vous trouvez dans cette situation, réagissez au plus vite. Votre santé physique et mentale en dépend.

Voici une anecdote qui illustre bien ce propos. J'assistais un soir à un dîner organisé pour une association de bienfaisance. Assis à la même table que moi se trouvaient un homme âgé, à la retraite, et un jeune médecin. Ce dernier, arrivé en retard, maugréait contre son téléphone qui n'arrêtait pas de sonner. « Les gens m'appellent sans arrêt. Je n'ai plus de temps à moi », se plaignait-il.

Le vieux médecin à la retraite renchérit : « Estime-toi heureux d'être si sollicité. Plus personne ne m'appelle, moi. On n'a plus besoin de mes services ; j'aimerais tellement entendre mon téléphone sonner. Je suis devenu parfaitement inutile », dit-il, accablé.

Ces paroles nous firent réfléchir, nous tous qui, à un moment ou à un autre, nous plaignons d'être trop occupés.

Une femme d'un certain âge me confia un jour : « Mon mari est mort. Mes enfants vivent leur vie d'adultes. Les gens me traitent gentiment, mais froidement. Il n'y a plus de place pour moi nulle part. Personne n'a plus besoin de moi. Peut-être que tous mes malaises viennent de ce sentiment d'abandon et d'inutilité ? » Elle ne pensait pas si bien dire.

Je me souviens d'une conversation, un jour, dans le bureau d'une multinationale. L'homme que j'étais venu voir était occupé au téléphone ; j'avais devant moi son père, le fondateur de la société, maintenant à la retraite. « Pourquoi n'écrivez-vous pas un livre sur l'art de prendre sa retraite ? me dit-il. Je croyais qu'être libéré de mes responsabilités me ferait le plus grand bien. Mais je trouve difficile de voir que les gens ne s'intéressent plus à moi. Mon fils m'a remplacé et fait du très bon boulot ; rien à redire là-dessus. J'aimerais seulement qu'on ait encore besoin de moi. »

Tous ces gens souffrent de ne pas être appréciés et de ne plus être utiles ; et l'indifférence ne blesse pas uniquement les retraités.

Une jeune fille de vingt et un ans me confia qu'elle se sentait rejetée depuis sa plus tendre enfance. Elle avait développé un sentiment d'infériorité qui la rendait timide et craintive. Elle souffrait de solitude et ressentait un grand manque affectif. Elle dut changer complètement son état d'esprit et se libérer de ses comportements anciens pour pouvoir se sentir enfin acceptée et désirée.

Devenez populaire !

Bien des gens ne savent pas ce que c'est qu'être populaire, aimé et admiré. Et ce n'est souvent pas faute d'avoir essayé, loin de là.

La popularité, pourtant, est à la portée de tous si l'on sait s'y prendre.

Il faut d'abord être simple, avenant, naturel et spontané; non seulement cela vous rendra attirant, mais vous créerez autour de vous un climat de confiance et de bien-être. Les gens aiment ceux qui les mettent à l'aise et ont tendance à éviter les gens fermés ou d'un abord difficile. Généralement, une personne simple et bien dans sa peau est généreuse et ouverte; alors que les esprits étroits et jaloux sont grincheux et susceptibles.

La faculté de psychologie d'une université américaine a fait une étude pour essayer de déterminer les qualités requises pour devenir populaire. La conclusion de cette enquête fut qu'il fallait, pour cela, posséder quarante-six traits de caractère particuliers. Quarante-six! De quoi vous décourager définitivement.

Le christianisme, quant à lui, prétend que la possession d'une seule vertu peut permettre de conquérir le cœur des autres. C'est la charité. Si vous cultivez cette qualité, peut-être acquerrez-vous toutes les autres naturellement.

Si vous êtes de ceux avec qui les gens se sentent mal à l'aise, il serait bon que vous vous auto-analysiez. Ce qu'il faut surtout éviter, c'est d'en rejeter la faute sur les autres. Car c'est vous qui êtes certainement l'artisan de votre impopularité. Pour reconnaître ses torts, et y remédier, il faut d'abord une bonne dose d'honnêteté. Souvent, vos côtés négatifs ont été acquis au fil des ans: ils vous servaient de défense ou étaient là depuis votre petite enfance. Quoi qu'il en soit, il est possible de s'en défaire moyennant l'aide d'un thérapeute compétent et le désir sincère de s'en sortir.

Un homme vint un jour à notre clinique pour que nous l'aidions à régler ses problèmes de relations personnelles. Il souffrait de solitude et se sentait constamment rejeté. Comment un jeune homme comme lui, beau et distingué, pouvait-il donc se sentir exclu et délaissé? C'était pourtant le cas.

«Je fais de mon mieux, dit-il. J'essaie désespérément de m'attirer la sympathie des gens, mais en vain. Je souffre de ce que les autres ne m'aiment pas.»

Il suffisait de parler un peu avec ce jeune homme pour comprendre son problème. Son esprit critique, son air hautain et quelque peu dédaigneux ne pouvaient que rebuter son entourage.

«Que puis-je faire pour que les gens m'aiment? Comment se fait-il que je les repousse au lieu de les attirer?»

De toute évidence, cet homme souffrait d'égocentrisme; la seule personne qu'il aimât vraiment, c'était lui-même. Il devait donc apprendre à s'oublier au profit des autres, ce qui ne serait pas facile compte tenu du fait qu'il ne s'était jamais remis en question et que ses comportements étaient fortement ancrés en lui. Le processus thérapeutique permit de mettre en lumière la cause de son isolement: d'une part, il condamnait et rejetait mentalement tout le monde; d'autre part, ceux-là mêmes qu'il «attaquait» se protégeaient de son agressivité en érigeant une barrière entre eux et lui.

Son attitude mentale se reflétait dans ses rapports avec les gens. Il ne fallait donc pas s'étonner de voir les autres s'éloigner de lui. Cet homme s'aimait trop et avait besoin de dénigrer les autres pour se valoriser. Il lui fallut donc renoncer momentanément à lui, s'ouvrir aux autres et apprendre à les aimer.

Il fut d'abord stupéfié quand il comprit le nœud de son problème. Mais comme il était extrêmement désireux de changer, il appliqua strictement nos principes et réussit à modifier complètement son comportement.

Une des méthodes utilisées consistait à lui faire établir, chaque soir, une liste des personnes rencontrées dans la journée (chauffeur d'autobus, livreur, etc.) pour qu'il puisse leur envoyer des pensées positives et prier pour elles avant d'aller se coucher.

La première personne qu'il rencontrait, dès le matin, était le garçon d'ascenseur de son immeuble. Jamais auparavant il ne lui avait adressé la parole, sauf échange minimal de politesse. Il prit maintenant le temps de bavarder avec lui, de s'enquérir de sa famille et de ses intérêts. Il découvrit que celui qu'il avait toujours considéré comme un robot était, en fait, tout à fait digne d'intérêt, et ce dernier put à son tour voir le jeune homme d'un autre œil. Ils finirent par devenir de bons amis.

Le jeune homme s'intéressa ainsi à tous les gens qu'il avait l'occasion de croiser ou de rencontrer.

«J'ai découvert que les gens sont prodigieusement intéressants», me dit-il un jour. Sa remarque prouvait qu'il s'effaçait au profit des autres;

en même temps qu'il se révélait à lui-même il découvrait ses amis. Les gens apprenaient à l'apprécier.

Le fait de prier pour autrui l'aida certainement à changer son comportement. Il entretenait désormais avec les autres des pensées positives qui permirent un enrichissement considérable de ses relations humaines.

Aimer pour être aimé

Pour amener les gens à nous aimer, il suffit de les aimer. Celui qui adopte une attitude empreinte d'amour voit les gens s'épanouir en sa présence tels que des fleurs au soleil.

Certains objecteront qu'il est impossible d'aimer tout le monde. C'est vrai qu'il existe des affinités… et des antipathies naturelles et spontanées. Mais chacun d'entre nous recèle néanmoins des qualités qui ne demandent qu'à être découvertes.

Un homme me confia comment il avait réussi à chasser la haine qu'il entretenait à l'égard de certaines personnes de son entourage. Il dressa la liste de celles qu'il détestait le plus et fit un inventaire complet de leurs qualités respectives. Il se surprit à compter tant de qualités chez les individus qu'il croyait haïr qu'il se demanda comment il en était venu à les trouver aussi détestables. Bien entendu, pendant qu'il faisait cette découverte, les autres faisaient de même avec lui. Chacun remontait ainsi dans l'estime de l'autre.

Si vous êtes de ceux qui n'ont jamais connu de relations vraiment satisfaisantes, ne vous laissez pas aller au découragement. Il est possible de changer tout cela. Avec des efforts soutenus, vous pourrez, vous aussi, connaître la popularité, la reconnaissance et l'estime des autres. La première chose à faire consiste à se défaire de cette manie inhérente à la nature humaine, qui consiste à entretenir ses erreurs et à obéir aux mêmes comportements compulsifs tout au long de sa vie. Débarrassez-vous de votre propension à gâcher vos relations et cultivez plutôt votre pouvoir d'établir des amitiés durables et enrichissantes.

Une autre façon d'attirer la sympathie des gens consiste à leur accorder de l'importance. Les êtres humains recherchent tous la reconnaissance ; si vous les respectez et les mettez en valeur, ils vous en sauront gré et rechercheront votre compagnie. Par contre, si vous les rabaissez, il est peu probable qu'ils vous aimeront et vous apprécieront. On ne sait jamais jusqu'à quel point une remarque désobligeante peut blesser quelqu'un ; il faut donc faire attention à ne jamais diminuer qui que ce soit.

En écrivant ce chapitre, je me suis souvenu d'un ami très cher, ancien recteur de l'université Wesleyan de l'Ohio, et des paroles réconfortantes qu'il m'avait adressées, la veille de la remise des diplômes.

C'était une magnifique soirée de juin. Pendant que nous marchions au clair de lune, il me parla de la vie et de l'avenir qui m'attendaient. Puis il posa sa main sur mon épaule et me dit : « Norman, je vous aime bien ; j'ai confiance en vous. Je sais que je serai toujours fier de vous. Vous êtes une personne de grande valeur. » Il me surestimait, mais n'était-ce pas mieux que de me déprécier ? Ému aux larmes, je lui souhaitai le bonsoir et m'en allai chez moi le cœur léger et plein d'espoir.

Bien des années ont passé depuis, mais je garde un souvenir vivant de cette soirée et de ses paroles encourageantes. Je lui en saurai toujours gré. J'appris plus tard que je ne fus pas le seul à profiter de ses encouragements ; bien des adultes lui doivent leur assurance et lui en sont reconnaissants. Des années plus tard, il écrivait encore à chacun d'entre nous pour nous féliciter dès que l'occasion s'en présentait. Il ne faut donc pas être surpris d'apprendre que tant de gens lui vouent une admiration sans bornes.

Comme on vient de le voir, il suffit d'aider les gens à devenir meilleurs et à s'épanouir pleinement pour qu'ils vous en soient éternellement reconnaissants. Faites-le et vous ne manquerez jamais d'amis. Donnez-leur votre amour et vous récolterez en retour affection et estime.

Dix règles pour mieux se faire aimer

Les principes fondamentaux de l'art de se faire aimer sont si simples qu'ils n'exigent pas de longues explications. Néanmoins, voici dix règles qui, si vous les appliquez, vous aideront à gagner l'estime des gens et à ne plus jamais vous sentir seul.

1. Apprenez à retenir les noms des personnes de votre entourage. Un oubli de votre part peut en froisser plus d'un.

2. Soyez une personne de compagnie facile, qui met les gens à l'aise.

3. Soyez détendu, calme et serein.

4. Ne soyez pas égocentrique. Gardez-vous de donner l'impression de tout savoir. Restez modeste.

5. Cultivez l'art d'être intéressant pour que les gens recherchent votre compagnie.

6. Éliminez tous les aspects irritants de votre personnalité.

7. Dissipez tout malentendu passé ou présent; n'entretenez pas de rancune.

8. Appliquez-vous à aimer votre prochain jusqu'à ce que cela devienne une habitude.

9. Ne manquez jamais une occasion de féliciter quelqu'un pour un succès, ou de compatir à ses souffrances.

10. Ayez une vie spirituelle riche et servez-vous-en pour aider les gens à mieux affronter la vie; vous recevrez en retour une amitié sincère et profonde.

CHAPITRE 16
Comment surmonter le chagrin et le deuil

« Je vous en prie, prescrivez-moi un traitement pour calmer mon chagrin. »

L'homme qui formula cette singulière et pathétique requête savait que la médecine était impuissante à le soulager. Il avait d'abord cru que ses malaises, qui provenaient en fait de son impuissance à surmonter son chagrin, étaient d'origine physiologique.

C'est son médecin qui l'avait incité à consulter un conseiller spirituel. Aussi réitéra-t-il sa demande, en ajoutant : « Le chagrin n'épargne personne, je le sais, et je devrais pouvoir le surmonter, comme tout le monde... Mais j'ai tout essayé, en vain. Pouvez-vous m'aider ? »

Le chagrin se « traite », sans aucun doute, et l'activité physique constitue, dans ce cas, une thérapeutique de base. En effet, la personne en détresse doit résister à la tentation de ruminer son chagrin dans l'oisiveté. L'effort musculaire occupe l'esprit, l'empêchant de cultiver des idées noires et de sombrer dans la souffrance.

Quelle que soit la nature de votre chagrin, essayez en premier lieu d'échapper au climat de pessimisme dans lequel vous baignez, même si cela exige de vous un grand effort, et reprenez le cours normal de votre existence : vaquez à vos occupations quotidiennes ; continuez à voir vos amis ; faites-vous-en d'autres ; pratiquez la marche, l'équitation, la natation, en résumé, activez votre circulation sanguine. Consacrez-vous à une œuvre utile ; livrez-vous à des activités, en insistant sur l'exercice physique ; recourez à un dérivatif, intellectuel ou spirituel, mais veillez à ce qu'il soit constructif et valable. S'étourdir dans les mondanités et l'alcool, par exemple, ne procure qu'un apaisement passager et ne favorise nullement la « guérison ».

Avez-vous songé à donner libre cours à votre peine ? Voilà un excellent moyen, naturel de surcroît, de se soulager. L'interdit social frappe malheureusement l'expression spontanée du chagrin, surtout s'il s'agit de pleurer ou de sangloter. Or les larmes sont une soupape de sûreté dont le Tout-Puissant nous a pourvus pour alléger, entre autres, la souffrance morale. Pourquoi ne pas s'en servir si cela est nécessaire? Manquer de le faire n'équivaut-il pas à refuser d'utiliser un « outil » que Dieu nous a donné?

Il faut, à l'instar de toute fonction naturelle, apprendre à contrôler ses larmes, mais tous, hommes ou femmes, ont le droit de pleurer tout leur soûl, à l'occasion. Ils y trouveront un soulagement bénéfique. Il faut évidemment éviter que cela ne devienne une habitude ou de s'y laisser aller à l'excès, car les conséquences pourraient en être désastreuses et même conduire à la psychose. Comme en tout, la modération est de mise.

Je reçois un courrier volumineux de personnes qui ont perdu un être cher et qui disent combien il leur est pénible de fréquenter les endroits et de rencontrer des gens qui réveillent le souvenir du disparu. Ils évitent ainsi leurs anciens amis communs et les endroits où ils avaient coutume d'aller ensemble ou en famille.

Voilà à mon avis une erreur importante. Un des meilleurs moyens de surmonter son chagrin consiste à continuer à se livrer à ses occupations habituelles, sans qu'il y ait là manifestation de déloyauté ou d'indifférence. C'est même un impératif si on désire éviter de sombrer dans un désespoir maladif. Personne n'est à l'abri du chagrin ; cette épreuve inévitable est si naturelle que chacun finit, et c'est normal, par reprendre le cours normal de son existence.

Guérir les blessures de l'âme

Mettre sa confiance en Dieu apporte non seulement un apaisement réparateur, mais constitue aussi le remède le plus efficace contre la mélancolie. Nous prescrivons inévitablement, dans un tel cas, de se tourner vers Dieu avec foi et de faire le vide dans son cœur et dans son esprit pour L'accueillir. C'est cette pratique persévérante qui viendra à bout de toutes les peines. Les nouvelles générations, durement éprouvées dans leurs amours, doivent réapprendre la grande vérité que les sages de tous les temps ont prêchée, à savoir que seule la foi guérit véritablement les souffrances humaines.

Le frère Lawrence, une des plus belles âmes de notre époque, a dit : « Pour connaître la sérénité ici-bas, nous devons arriver à avoir, en toute humilité, une affectueuse intimité avec Dieu. » Il est déraisonnable de vouloir porter le fardeau du chagrin et de la souffrance sans le secours divin, car c'est une charge trop lourde. La façon la plus simple et la plus efficace de guérir le chagrin causé par le deuil est donc de s'appliquer à sentir la présence de Dieu. Cette pratique vous soulagera et, finalement, vous aidera à cicatriser vos blessures. Des hommes et des femmes qui ont traversé de rudes épreuves se sont tournés vers Dieu pour sentir enfin leurs souffrances s'alléger, et, finalement, disparaître.

Voici une autre façon de guérir ses blessures : acquérir une philosophie saine et apaisante de la vie, de la mort et de l'immortalité. Pour ma part, j'ai ressenti une grande satisfaction et un profond soulagement quand j'ai acquis la conviction inébranlable que la mort n'existe pas, que la vie est indivisible, que l'ici et l'au-delà ne font qu'un, que le temps et l'éternité sont inséparables et que l'univers est sans frontières.

Ces convictions, inspirées entre autres de la Bible, reposent sur des bases solides. Je crois que la Bible nous donne très subtilement plusieurs indices, qui seront certainement prouvés scientifiquement dans l'avenir, sur ce qui se passe après la mort. Et ce n'est pas tout. La Bible nous suggère, de plus, que ces vérités nous sont accessibles grâce à la foi. Selon le philosophe Henri Bergson, il faut passer par différentes étapes pour saisir la vérité : la perception, l'intuition, le raisonnement (jusqu'à un certain point), puis, pour atteindre enfin cette vérité, faire un « bond moral » et se fier à son intuition. Ainsi parvient-on au moment rempli de gloire ou l'on sait que l'on « sait ». C'est ce qui m'est arrivé.

Je suis absolument, profondément et sincèrement convaincu de la vérité de ce que j'écris, et je n'ai, à cet égard, même pas l'ombre d'un doute. Et, bien que je sois parvenu progressivement à cette foi positive, je peux dire que la « certitude » s'est imposée soudainement à moi : il y a eu un moment où j'ai *su*.

Même si cette façon de comprendre la mort n'empêche pas le chagrin de vous envahir à la disparition d'un être cher, elle vous permettra de vous en détacher. Vous comprendrez mieux ce phénomène naturel, et vous saurez que celui ou celle que vous aimez ne vous a pas vraiment quitté. Croyez en cette vérité : vous serez en paix et votre souffrance s'allégera.

Gravez dans votre cœur l'un des plus beaux passages de la Bible : « Ce que l'œil n'a pas vu, Ce que l'oreille n'a pas entendu, Et ce qui n'est pas monté au cœur de l'homme, Tout ce que Dieu a préparé pour ceux qui l'aiment. » (1 Corinthiens 2,9)

Ce passage signifie que vous n'avez rien vu de comparable aux splendeurs que Dieu réserve à ceux qui L'aiment et qui ont confiance en Lui. De plus, vous n'avez jamais rien entendu qui égale les prodigieuses merveilles qu'Il a préparées pour ceux qui suivent Son enseignement et qui vivent en harmonie avec Lui. Enfin, vous n'avez même jamais imaginé ce qu'Il fera pour vous. Cette citation de la Bible contient toutes les promesses réunies : le réconfort, l'immortalité, la réunion de ceux qui s'aiment et tout ce qu'il y a de mieux pour ceux qui consacrent leur vie à Dieu.

J'ai passé des années à lire la Bible et j'ai accompagné des centaines de gens à toutes les étapes de la vie. C'est ainsi que j'ai pu constater, sans équivoque possible, que cette promesse biblique est absolument vraie, et qu'elle se réalise sur cette terre même. Les choses les plus extraordinaires arrivent à ceux dont la vie est calquée sur celle du Christ.

Ce passage de la Bible se rapporte aussi à ceux qui vivent maintenant de l'« autre côté » et à nos rapports avec ceux qui ont franchi, les premiers, cette barrière appelée mort. J'emploie le mot barrière en m'en excusant quelque peu. Avec notre manie de tout classer, d'avoir des concepts spécifiques pour chaque événement de la vie, nous avons toujours pensé à la mort en terme de barrière.

Les savants qui se penchent aujourd'hui sur des phénomènes comme la parapsychologie, les perceptions extrasensorielles, la prémonition, la télépathie et la clairvoyance (manifestations autrefois associées au charlatanisme, mais qui font maintenant l'objet d'études scientifiques) croient que l'âme survit aux barrières spatio-temporelles. En effet, nous sommes sur le point de prouver scientifiquement – ce qui s'avérera l'une des plus grandes découvertes de l'histoire – l'existence de l'âme et son immortalité.

La mort : une transition

Depuis des années, je rassemble des témoignages qui renforcent ma conviction que nous habitons un univers dynamique dans lequel la vie, et non pas la mort, est le principe fondamental. Ces témoignages, dignes de confiance et en tout point véridiques, portent sur des expériences qui montrent l'existence d'un monde juxtaposé ou étroitement mêlé au nôtre, dans les mailles duquel les esprits humains, des deux côtés de la mort, restent en relations ininterrompues. De l'autre côté de la barrière, les conditions de vie, telles que nous les connaissons, sont extrêmement différentes. Ceux qui ont franchi cette barrière vivent dans un monde supérieur au nôtre, c'est certain, et leur compréhension des événements dépasse de beaucoup la nôtre. Néanmoins, tous les faits concourent à prouver non seulement la survivance de ceux qui nous ont quittés, mais également leur proximité. À cela il faut ajouter l'indication (non moins réelle) que nous les retrouverons un jour. En attendant, nous vivons en communion spirituelle avec ceux qui nous ont précédés, dans le monde des esprits.

Après une vie consacrée à l'étude, William James affirmait que le cerveau humain n'était que le siège provisoire de l'âme et que l'esprit acquérait à la fin une intelligence capable de saisir tout l'univers. Notre être spirituel, qui se développe au fil de notre vie terrestre, prend de plus en plus conscience du vaste monde qui l'entoure. La mort n'est en réalité que l'accession à une compréhension élargie.

Euripide, l'un des plus grands penseurs de l'Antiquité, était convaincu que la vie, après la mort, était infiniment supérieure à celle-ci. Socrate, qui partageait cette opinion, nous a laissé une des plus réconfortantes déclarations qui aient jamais été faites: «Aucun mal ne peut arriver au juste, dans cette vie ou la suivante.»

Natalie Kalmus, une scientifique spécialiste du procédé technicolor, nous raconte ici les derniers instants de sa sœur Eleanor.

«Ma sœur se savait perdue et m'avait dit: "Natalie, promets-moi de faire en sorte que je ne sois pas assommée par les médicaments et les sédatifs. Les médecins cherchent à calmer mes souffrances, je le sais, mais je veux rester lucide et éprouver pleinement toutes les sensations qui m'attendent. Je suis convaincue que la mort sera une belle expérience."

« Je promis, continue Natalie Kalmus. Seule chez moi, je sanglotai en pensant au courage d'Eleanor. Puis, je compris que ma sœur voulait transformer en victoire ce que je considérais comme une calamité.

« Dix jours plus tard, elle vivait ses derniers instants. J'avais passé des heures à son chevet. Nous avions parlé de tout, et sa confiance tranquille en la vie éternelle ne cessait de me fasciner. La torture physique ne réussit pas une seule fois à miner sa force spirituelle. Les médecins n'avaient pas compté sur cet élément. "Dieu de bonté, gardez mon esprit clair et donnez-moi la paix", avait-elle murmuré maintes et maintes fois pendant ces derniers jours.

« Après une interminable conversation, j'eus l'impression, à un moment donné, que ma sœur s'était endormie. Je quittai la chambre pour me reposer un peu. Quelques minutes plus tard, Eleanor m'appela. J'accourus à son chevet. Elle se mourait.

« Je m'assis sur le lit et lui pris la main. Elle était brûlante. Puis Eleanor se souleva, s'assit presque :

— Natalie, dit-elle, qu'ils sont nombreux ! Je vois Fred… et Ruth… que fait-elle là ? Oh ! je sais !

« Un frisson me parcourut. Ma sœur avait nommé Ruth, notre cousine décédée subitement la semaine précédente. Mais nous lui avions caché cette mort ! J'étais interdite. Je me sentais sur le seuil d'une grande – et presque effrayante – révélation.

« Sa voix était étrangement claire :

— C'est très troublant, dit-elle. Ils sont si nombreux !

« Soudain, elle étendit les bras, une expression radieuse éclairant son visage :

— Je monte, dit-elle.

« Eleanor laissa retomber ses bras autour de mon cou… Et elle se détendit dans les miens. La volonté de son esprit avait transformé l'agonie finale en extase.

« Un sourire calme et heureux inondait son visage quand je reposai sa tête sur l'oreiller. Ses cheveux brun doré s'y répandirent. Je pris une fleur blanche dans un vase et la piquai dans ses cheveux. Avec son visage aminci, ses cheveux ondulés, la fleur blanche et son doux sourire, ma sœur avait retrouvé – définitivement – sa jeunesse. »

Le fait que la mourante ait nommé sa cousine Ruth et qu'elle l'ait de toute évidence vue distinctement est un phénomène très courant parmi les cas portés à mon attention. La constance et la similitude de ce phénomène rapporté par tant de gens dignes de foi constituent une preuve substantielle de la présence réelle de ceux que le moribond nomme et voit.

Où sont-ils ? Quel est leur état ? Quelle forme ont-ils ? Ces questions restent sans réponse. L'idée d'une dimension différente paraît être la plus plausible. À moins qu'il ne soit plus exact de croire que ces êtres vivent dans un univers qui nous est totalement étranger.

Il est impossible de voir au travers des ailettes d'un ventilateur électrique quand ce dernier est arrêté. Mais, quand l'appareil tourne à toute vitesse, les ailettes paraissent transparentes. Peut-être en est-il de même pour nos chers disparus : la différence de perception et d'univers leur permettrait de distinguer les qualités impénétrables et les mystères de l'univers. Aux moments les plus profonds de notre vie terrestre, il est possible que nous ayons, jusqu'à un certain point du moins, accès à cette perception particulière. Dans une des plus belles phrases de la littérature anglaise, Robert Ingersoll évoque cette image poétique : « Dans la nuit de la mort, l'espoir voit une étoile et l'amour aux écoutes peut entendre le bruissement d'une aile. »

La mort en toute simplicité

Un éminent neurologue nous rapporte le cas d'un homme qui était à l'article de la mort et qui se mit à citer des noms ; le docteur les prit en note. Il n'en connaissait aucun. Par la suite, il demanda à la fille du défunt : « Qui sont ces personnes ? Votre père en a parlé comme s'il les voyait.

— Ce sont tous des parents décédés depuis longtemps, répondit-elle. »

Ce neurologue affirme être convaincu que son patient les vit réellement.

J'avais, au New Jersey, de bons amis chez qui j'allais souvent. Monsieur Sage, que sa femme appelait Will, mourut le premier. Quelques années plus tard, sa femme, à l'agonie, manifesta soudain une profonde surprise, puis un merveilleux sourire éclaira son visage et elle dit simplement : « Mais oui, c'est bien Will. » Ceux qui entouraient le lit où elle allait rendre le dernier soupir ne doutent pas un seul instant qu'elle ait vu son mari à ce moment-là.

Nous tenons l'histoire suivante d'une personnalité célèbre de la radio, Arthur Godfrey. C'était pendant la Première Guerre mondiale ; il dormait dans sa couchette à bord d'un destroyer quand, brusquement, son père se trouva debout près de lui. Il lui tendit la main, sourit et dit : « Au revoir, mon garçon. » « Au revoir, papa », répondit Godfrey.

Plus tard, on le réveilla pour lui remettre un câblogramme lui annonçant le décès de son père. L'heure du décès y était indiquée et correspondait au moment même où Godfrey avait « vu » son père dans son sommeil.

Une autre célébrité de la radio, Mary Margaret McBride, nous raconte combien elle avait été désespérée par la mort de sa mère adorée. Éveillée en sursaut, une nuit, elle s'assit au bord du lit. Brusquement, pour citer ses propres mots, « j'eus l'impression que maman était là, près de moi ». Elle ne vit pas sa mère et ne l'entendit pas parler, mais, depuis lors, elle a la certitude que sa mère n'est pas morte et qu'elle vit à ses côtés.

Le regretté Rufus Jones, l'un des plus grands leaders spirituels de notre temps, eut la douleur de perdre son fils Lowell, auquel il tenait comme à la prunelle de ses yeux. À l'âge de douze ans, ce dernier tomba malade pendant que son père voguait vers l'Europe. La dernière nuit de la traversée, étendu sur sa couchette, le docteur Jones fut envahi par une tristesse indéfinissable et inexplicable. Puis il eut l'impression d'être enveloppé dans les bras de Dieu. Une grande paix le submergea et il eut le sentiment profond d'être en contact avec son fils.

En débarquant à Liverpool, le docteur Jones apprit la mort du jeune Lowell, survenue à l'heure précise où il avait senti la présence de Dieu et le resserrement, pour toujours, des liens qui l'unissaient à son fils.

Une de mes paroissiennes me raconta l'histoire d'une tante dont le mari et les trois enfants avaient péri dans l'incendie de leur maison. Sa tante, cruellement brûlée, vécut pendant trois autres années. Quand son heure sonna enfin, la pauvre femme fut comme transfigurée. «Que c'est beau! dit-elle. Ils viennent à ma rencontre. Laissez-moi dormir.»

H.B. Clarke, un vieil ami ingénieur, voyagea aux quatre coins du monde pour exercer son métier. Doué d'un esprit scientifique, c'était un homme objectif et pondéré, l'opposé d'un émotif. Une nuit, son médecin m'appela en disant qu'il n'en avait que pour quelques heures. Son cœur faiblissait, sa tension artérielle était très basse, il n'avait plus de réflexes. Il n'y avait donc plus d'espoir.

Nous priâmes pour lui. Le lendemain, il rouvrit les yeux et, au bout de quelques jours, retrouva la parole. Son cœur et sa tension redevinrent normaux et il reprit progressivement des forces. C'est alors qu'il me fit part de ces réflexions:

«À un certain moment, lorsque j'étais au plus mal, il m'est arrivé quelque chose de très particulier, d'inexplicable. J'ai eu l'impression d'être très, très loin, dans un éden plus beau que toutes les merveilles du monde. Il y avait des lumières partout, et elles éclairaient doucement des visages rayonnant de bonté. J'étais très heureux et inondé de paix. Je me dis que j'étais peut-être en train de mourir ou que j'étais peut-être déjà dans l'au-delà. Alors, j'ai ri et me suis demandé pourquoi j'avais tant redouté la mort tout au long de ma vie. Elle n'a rien d'effrayant…

— Quels étaient vos sentiments? demandai-je. Désiriez-vous revenir à la vie? Aviez-vous envie de vivre, puisque vous étiez seulement aux portes de la mort?

— Ça m'était complètement égal, répondit mon ami, avec un sourire. Mais si j'avais eu le choix, je crois que j'aurais préféré rester dans cet endroit merveilleux.»

Hallucination, rêve, vision… Je ne le crois pas. Depuis des années, je reçois les confidences de personnes qui sont arrivées à la frontière de «quelque chose», qui ont jeté un coup d'œil de l'autre côté et qui ont toutes, sans exception, parlé de beauté, de lumière et de paix. Elles m'ont convaincu.

Un univers dynamique

Le Nouveau Testament enseigne l'indestructibilité de la vie de façon simple et intéressante. Il nous montre Jésus-Christ, après Sa crucifixion, dans une série d'apparitions, de disparitions et de réapparitions. Certains Le virent, puis Il s'évanouit sous leurs yeux. Puis d'autres Le virent à leur tour, et Il disparut de la même manière. C'est une façon de dire : « Vous me voyez, et puis vous ne me voyez plus. » À nous de saisir ce qu'Il cherche à nous faire comprendre, à savoir que, lorsque nous ne Le voyons pas, cela ne signifie pas qu'Il n'est pas près de nous. Hors de la vue ne signifie pas hors de la vie. Les apparitions mystiques qui se produisent de temps en temps viennent appuyer la même vérité. N'a-t-Il pas dit : « Parce que moi je vis, et que, vous aussi, vous vivrez. » (Jean 14,19) En d'autres termes, nos bien-aimés, morts dans cette foi, sont tout près de nous et peuvent même, à l'occasion, se rapprocher de nous pour nous réconforter.

Un jeune militaire en service en Corée écrivit à sa mère pour lui parler de son père mort depuis dix ans : « Il m'arrive des choses étranges. De temps en temps, la nuit, quand j'ai peur, j'ai l'impression que papa est près de moi. Croyez-vous vraiment que papa puisse être ici, avec moi, sur les champs de bataille coréens ? »

Et pourquoi pas ? Comment se fait-il que notre esprit scientifique refuse d'admettre une telle vérité ? N'y a-t-il pas de plus en plus de preuves que notre univers est dynamique, chargé de forces mystiques, électriques, électroniques et atomiques… tellement prodigieuses qu'elles dépassent notre entendement actuel ? L'univers est un gigantesque édifice spirituel, vivant et vital.

Albert E. Cliff, auteur canadien bien connu, me raconta la mort de son père qui était dans le coma depuis un certain temps quand, brusquement, il parut ressusciter. Il regarda la pancarte accrochée au mur où étaient inscrits ces mots : « Je sais que mon Rédempteur vit. » Le moribond ouvrit les yeux, regarda cette devise et dit : « Je *sais* que mon Rédempteur vit, car tous les miens sont ici avec moi. Mon père, ma mère, mes frères et sœurs… » Tous avaient depuis longtemps quitté ce monde, mais celui qui allait les rejoindre les voyait manifestement. Qui osera prétendre le contraire ?

De la regrettée épouse de Thomas A. Edison, je tiens que son célèbre mari, à son dernier soupir, murmura ces mots : « C'est très beau, là-bas. » Edison, le plus grand physicien du monde, avait passé sa vie à étudier des phénomènes physiques, tangibles. C'était un esprit objectif, pratique, qui n'acceptait jamais un fait non explicable. Jamais il n'aurait annoncé : « C'est très beau, là-bas », s'il n'avait été certain de ce qu'il avançait.

Voici des années, un missionnaire se rendit dans les îles des mer du Sud pour évangéliser une tribu de cannibales. Le vieux chef, qui s'était converti au bout de plusieurs mois, lui demanda un jour : « Vous souvenez-vous de votre arrivée parmi nous ?

— Certes, répondit le missionnaire. En traversant la forêt je me suis senti entouré de forces hostiles.

— Et vous aviez raison, dit le chef. Nous vous cernions, prêts à vous tuer. Mais quelque chose nous en a empêchés.

— Et quoi donc ?

— Maintenant que nous sommes amis, vous pouvez bien me le dire, père. Qui étaient ces deux êtres lumineux qui vous accompagnaient ? » s'enquit le chef.

Mon ami Geoffrey O'Hara, le célèbre compositeur, me raconta d'où lui était venu le titre de l'un de ses plus grands succès : *There Is No Death* (« La mort n'existe pas »). C'était pendant la Première Guerre mondiale. Un colonel dont le régiment venait d'être décimé dans un sanglant combat arpentait la tranchée avec mon ami. « Leurs mains me frôlent, dit-il en parlant des hommes qui venaient de tomber. Je sens leur présence. Croyez-moi, *la mort n'existe pas.* »

Là-dessus, je n'ai, personnellement, aucun doute. Je crois fermement à la vie après l'événement que nous appelons la mort. Je crois que ce phénomène a deux côtés : celui que nous connaissons et dans lequel nous vivons actuellement et l'autre… dans lequel nous continuerons à vivre. L'éternité ne commence pas avec la mort, nous sommes déjà citoyens de l'éternité. Nous changeons seulement la forme de l'expérience appelée « vie » ; et, j'en suis persuadé, ce changement est pour le mieux.

Ma mère, une bonne âme, eut une influence prépondérante dans ma vie. Personne au verbe facile, intelligente et vive, elle avait voyagé aux quatre coins du monde et avait noué de très nombreuses relations en qualité de missionnaire. Sa vie était remplie et fertile. Son merveilleux sens de l'humour, son entrain, sa personnalité exceptionnellement séduisante et tonique faisaient que les gens recherchaient sa compagnie.

Une fois adulte, j'allais lui rendre visite le plus souvent possible... Et avec quelle joie j'envisageais ces retours dans la maison familiale! Les heureuses réunions, les bons moments autour de la grande table de la salle à manger où tout le monde parlait à la fois! Puis ma mère mourut et, tendrement, nous déposâmes son corps dans le joli cimetière de Lynchburg, la ville où elle avait vécu sa jeunesse. C'était en plein été. J'avais le cœur bien lourd quand il fallut partir et la laisser dormir dans ce petit coin de l'Ohio.

L'automne arriva. Ma mère me manquait; je désirais intensément me retrouver à ses côtés. Je partis donc pour Lynchburg et, toute la nuit, dans le train, je pensais aux jours heureux envolés à jamais.

Il faisait froid à Lynchburg; je gagnai le cimetière à pied, sous un ciel chargé. Je franchis la vieille grille; les feuilles mortes crissèrent sous mes pas. Triste et solitaire, je m'assis près de la tombe familiale. Puis, d'un seul coup, les nuages se dissipèrent et le soleil illumina les collines de l'Ohio, dans toute leur splendeur automnale. Ces chères collines de mon enfance, où ma mère avait elle-même joué, jadis...

Et, soudain, je crus entendre sa voix. Sans l'entendre «réellement», je perçus son message; il était clair et distinct, prononcé sur ce ton que je chérissais tant. «Pourquoi cherches-tu parmi les morts celui qui est vivant? Je ne suis pas ici. Crois-tu que je resterais en ce lieu triste et sombre? Je suis toujours près de toi et de mes bien-aimés.» Je fus submergé d'une joie radieuse. Je savais que ce que je venais d'entendre était la vérité. J'aurais eu envie de crier mon bonheur. Je posai la main sur la pierre tombale et vis que cette tombe n'était... qu'une fosse destinée à recevoir des restes mortels. Le corps était là, bien sûr, mais ce n'était qu'un manteau dont le propriétaire s'était dépouillé, n'en ayant plus besoin. Elle, ma mère, cet esprit glorieusement pur, n'y était pas.

Je quittai le cimetière et n'y retournai que rarement. J'aime m'y recueillir à l'occasion, pour penser à ma mère et aux beaux jours de mon enfance; mais ce n'est plus un pèlerinage empreint de tristesse. Elle est avec nous, ses bien-aimés. «Pourquoi cherchez-vous parmi les morts celui qui est vivant?» (Luc 24,5)

Lisez la Bible et croyez ce que vous y lisez sur la bonté de Dieu et l'immortalité de l'âme. Priez sincèrement et avec foi. Faites de la prière et de la foi une habitude. Apprenez à vivre réellement en compagnie de Dieu et de Jésus-Christ. Si vous le faites, la conviction que tous ces prodiges sont réels emplira votre esprit.

«… Sinon, je vous l'aurais dit: car je vais vous préparer une place. (Jean 14,2) Vous pouvez vous fier au Christ et à Sa parole. Comment pourrait-Il vous induire en erreur?»

Ainsi, c'est dans la foi, cette perception rationnelle et véridique de la vie et de l'éternité, que vous trouverez le meilleur remède contre le chagrin et le deuil.

CHAPITRE 17

Comment tirer parti de la puissance divine

Quatre hommes discutaient de la partie de golf qu'ils venaient de jouer quand la conversation s'orienta vers les difficultés et les problèmes personnels. Un des joueurs était particulièrement abattu. D'ailleurs, ses trois amis avaient organisé cette partie dans l'espoir que ces quelques heures passées au grand air lui feraient le plus grand bien. Mais rien n'y fit.

Finalement, un des joueurs se leva pour partir. Ce dernier avait lui-même connu plus que sa part de difficultés, mais il avait trouvé la solution à tous ses problèmes. Après une seconde d'hésitation, il posa la main sur l'épaule de son ami et lui dit : « George, ne va pas croire que je veux te faire un sermon, au contraire. Mais je voudrais te suggérer un moyen… celui qui m'a sorti de mes embarras personnels. Pourquoi n'essaies-tu pas de tirer parti de la puissance divine qui est en nous ? »

Il tapota affectueusement le dos de son ami et s'en alla, laissant les autres à leurs réflexions. « Je sais ce qu'il veut dire, et je sais où se trouve cette force supérieure, dit enfin George. Si seulement je savais comment en profiter ! Notre camarade a raison. C'est ce qu'il me faut. »

Il finit par trouver à son tour le moyen de profiter de cette force supérieure, et cette découverte changea le cours de sa vie. C'est maintenant un homme heureux et bien portant.

Trop de gens sont malheureux, déprimés et désemparés comme des navires en perdition. Pourtant, rien ne les y oblige. Il s'agit de savoir utiliser ces forces supérieures cachées en nous. Mais comment, me direz-vous ?

Laissez-moi vous relater une expérience personnelle. Très jeune encore, je fus nommé ministre du culte dans une ville universitaire ; parmi mes paroissiens se trouvaient de nombreux professeurs et quelques personnalités locales très en vue. Voulant prouver à mes supérieurs qu'ils avaient eu raison de me faire confiance, je travaillai dur, trop même, et finis par me surmener. Chacun doit donner son maximum, mais il faut connaître et respecter ses limites, sinon les efforts déployés ne conduisent pas aux résultats escomptés… Fatigué, nerveux, j'étais complètement anéanti.

Je décidai donc d'aller voir un de mes amis très chers, excellent professeur, fervent de la vie au grand air, chasseur et pêcheur émérite. Je le trouvai sur le lac en train de pêcher et lui fis signe de venir. Il accosta et me fit monter à bord de son embarcation : « Le poisson mord, m'annonça-t-il. Venez. »

« Qu'y a-t-il, mon garçon ? » me demanda-t-il avec compassion. Je lui fis part de mon problème : « Je n'ai plus d'élan, plus de dynamisme, ajoutai-je.

— Vous voulez peut-être trop bien faire ! dit-il en riant. Cela peut s'arranger… Venez. »

Il amarra la barque, m'emmena chez lui et m'ordonna de m'étendre sur le divan. « Fermez les yeux et détendez-vous. Je veux vous lire quelque chose. »

J'obéis, en pensant qu'il allait me lire un texte philosophique ou humoristique. Mais je me trompais. « Écoutez et imprégnez-vous de ces paroles, me dit-il : "Ne l'as-tu pas reconnu ? Ne l'as-tu pas entendu ? C'est le Dieu d'éternité, l'Éternel, qui a créé les extrémités de la terre ; Il ne se fatigue ni ne se lasse ; Son intelligence est insondable. Il donne de la force à celui qui est fatigué et Il augmente la vigueur de celui qui est à bout de forces. Les adolescents se fatiguent et se lassent, les jeunes hommes trébuchent, mais ceux qui espèrent en l'Éternel renouvellent leur force. Ils prennent leur vol comme les aigles ; ils courent et ne se lassent pas, ils marchent et ne se fatiguent pas." (Ésaïe 40,28-31) Savez-vous ce que je vous lis ? me demanda mon ami.

— Oui, le quarantième chapitre d'Ésaïe.

— Je suis heureux que vous connaissiez la Bible. Pourquoi ne mettez-vous pas en pratique ces préceptes alors ? Relaxez-vous. Inspirez et expirez trois fois, profondément. Apprenez à vous en remettre à Dieu. Apprenez à dépendre de Sa force supérieure. Croyez qu'Il vous la communique maintenant, et ne vous éloignez pas de ce flot d'énergie; abandonnez-vous à ce courant vivifiant. Laissez-le vous inonder.

« Donnez-vous tout entier à votre travail, c'est important. Mais faites-le avec confiance, sachant que vous disposez d'une grande réserve d'énergie. "Mais ceux qui espèrent en Dieu renouvellent leur force", mon jeune ami. Inscrivez cela dans votre mémoire.»

Il y a longtemps de cela, mais je me souviens encore très bien de la leçon que ce professeur me donna ce jour-là. Il m'apprit à tirer parti de cette force supérieure et, croyez-moi, je suis ce conseil depuis vingt ans et je n'ai jamais manqué d'énergie pour poursuivre mes diverses activités.

Une deuxième façon de puiser à même cette force supérieure consiste à aborder positivement tous les problèmes de l'existence. « Qu'il vous soit fait selon votre foi.» (Matthieu 9,29), voilà bien les prémices d'une vie réussie.

Le pouvoir illimité du divin

Non seulement la force supérieure existe, mais elle peut tout pour vous. Il suffit que vous en profitiez. Pourquoi vous laisser abattre quand vous avez à votre disposition une source intarissable d'énergie ? Exposez votre problème; exigez une réponse précise et soyez sûr que Dieu vous la donnera. Vous pouvez être certain que vous recevrez la force nécessaire pour surmonter votre difficulté, quelle qu'elle soit.

J'eus un jour la visite d'un couple. Le mari, ancien rédacteur de magazine, était très connu et universellement apprécié dans les milieux artistiques et musicaux. La femme jouissait de la même estime, mais elle souffrait de problèmes de santé; pour cette raison, le ménage s'était retiré à la campagne où il vivait dans une quasi-réclusion.

Le mari, qui avait été lui-même victime de deux crises cardiaques, dont une sérieuse, s'inquiétait beaucoup de l'état de santé précaire de sa femme. « Pourrait-on capter une force quelconque qui saurait nous aider, ma femme et moi, à retrouver une bonne forme physique, le courage et l'espoir ?» me demanda-t-il. Leur situation, telle qu'il me l'exposa, se résumait en une suite d'échecs et de déceptions.

Je crus d'abord que ces gens manquaient de cette simplicité intellectuelle qui leur aurait permis de pratiquer la «foi du charbonnier», source de toutes les grâces, selon la formule chrétienne.

Mes visiteurs me rassurèrent sur ce point: ils étaient prêts à suivre toutes les directives que je voudrais bien leur donner. Je sentis qu'ils étaient sincères. Mon ordonnance fut très simple: je leur demandai de lire le Nouveau Testament et les psaumes jusqu'à saturation et d'abandonner en toute confiance leur vie à Dieu. Enfin, je leur recommandai de croire au pouvoir curatif de Jésus-Christ.

J'avais rarement rencontré deux personnes aussi réceptives à cet enseignement. Par leur foi et leur confiance aveugle, ils redevinrent de vrais «enfants de Dieu». Ils me téléphonaient souvent pour me parler d'un merveilleux passage qu'ils venaient de lire dans la Bible... Grâce à eux, je redécouvrais une autre dimension des saintes Écritures.

Je les rencontrai le printemps suivant. La femme me dit: «Je n'ai jamais connu printemps aussi beau. Les fleurs sont plus éclatantes, le ciel plus éblouissant, le chant des oiseaux plus mélodieux.» Je voyais, à la clarté de ses yeux, l'effet de son renouveau spirituel. De plus, son état physique s'était grandement amélioré. Elle était animée d'une énergie toute neuve; elle amorçait en somme un nouveau départ.

Quant au mari, finis les troubles cardiaques. Sa vigueur physique et intellectuelle lui était revenue. Tous deux jouaient un rôle important dans leur communauté et rayonnaient de cette force qui émanait d'eux.

Quel secret avaient-ils découvert? Ils avaient appris à tirer parti de la force supérieure.

J'ai souvent été témoin de l'effet bénéfique de cette force. Je pourrais citer des milliers d'exemples de gens qui ont su en profiter.

Ce qu'il y a de plus extraordinaire, c'est qu'elle est accessible à tous. Abandonnez-vous à elle, et elle vous inondera avec la force d'une marée, balayant sur son passage la peur, la haine, la maladie, la faiblesse, la lassitude... pour les remplacer par la santé, le bonheur et la bonté.

Un exemple de foi

Je m'intéresse depuis des années au problème de l'alcoolisme et à l'organisation appelée Alcooliques Anonymes. Un de leurs principes fondamentaux est qu'un individu ne peut être aidé que s'il reconnaît son alcoolisme et son impuissance à se guérir par lui-même. Alors seulement il peut recevoir l'aide d'autres alcooliques et de la puissance divine. Il doit aussi accepter de s'en remettre entièrement à cette force supérieure.

L'effet de cette force sur la vie humaine est le fait le plus émouvant et le plus stimulant qui soit au monde. Aucune autre manifestation de force matérielle, si remarquable soit-elle, n'y est comparable. Les savants découvrent des lois, énoncent des formules et captent des quantités d'énergie prodigieuses. La force spirituelle obéit elle aussi à des lois. Connaître ces lois et les appliquer opère des prodiges et transforme la nature humaine.

Voici l'histoire d'un homme telle qu'il me la raconta un jour. Il s'était mis à boire à seize ans «pour faire comme les autres». Vingt-trois ans plus tard, le 24 avril 1947, il arrivait «au bord du précipice». Sa haine et son ressentiment grandissant contre sa femme, qui l'avait quitté, et contre sa belle-mère et sa belle-sœur l'avaient poussé à vouloir les tuer toutes les trois.

«Pour me donner le courage nécessaire, je décidai de prendre quelques verres. J'entrai dans un bar où je rencontrai un homme de ma connaissance que je détestais depuis ma jeunesse. Sa tenue impeccable me frappa, et je fus surpris de le voir boire du café dans un bar où il avait l'habitude de dépenser une fortune en alcool. Attiré par son rayonnement, j'allai à lui.

«Tu bois du café, maintenant? demandai-je. Qu'est-ce qu'il t'arrive?

— Je n'ai pas bu une goutte d'alcool depuis un an, répondit Carl.

«Mon compagnon occasionnel de beuverie, au régime sec! Je n'en croyais pas mes oreilles. Curieusement, malgré mon antipathie pour lui, j'étais ému.

— As-tu jamais voulu cesser de boire? me demanda-t-il.

— Oui, j'ai arrêté plus de mille fois.

« Carl sourit et dit : "Eh bien ! si tu veux réellement régler ton problème, arrange-toi pour être sobre samedi et viens à l'église presbytérienne à vingt et une heures. C'est une réunion des Alcooliques Anonymes."

« Tout en déclarant que la religion ne m'intéressait pas, je répondis que je viendrais peut-être. Je n'étais pas réellement impressionné par ses propos, mais son regard lumineux m'intriguait, lui, au plus haut point.

« Il n'insista pas pour que je vienne à la réunion, mais me renouvela son aide : si je voulais faire quelque chose pour m'en sortir, ses associés et lui pouvaient m'aider. Carl me quitta là-dessus, et je m'approchai du bar pour commander un whisky. Mais je n'en avais plus envie. Je rentrai chez ma mère, le seul foyer qui me restât depuis mon divorce.

« En effet, après dix-sept ans de mariage, ma femme, qui avait perdu toute confiance en moi à cause de mon alcoolisme, avait demandé le divorce. J'étais donc sans foyer et sans emploi.

« Chez ma mère, je luttai avec une bouteille jusqu'à six heures du matin pour finalement y renoncer… Le samedi matin, j'allai voir Carl et lui demandai comment je pouvais résister au désir de boire jusqu'à la réunion du soir.

— Chaque fois que tu passeras devant un bar, dis simplement : "Je vous en prie, mon Dieu, empêchez-moi d'entrer." Puis prends tes jambes à ton cou. Ainsi, tu coopéreras avec Dieu. Il répondra à ta prière et tu t'aideras toi aussi en t'éloignant de la tentation.

« Je suivis son conseil à la lettre. Anxieux, tremblotant, j'errai pendant plusieurs heures à travers la ville, accompagné de ma sœur. Enfin, à vingt heures, celle-ci me dit : "Ed, il y a sept bars d'ici à l'église où la réunion a lieu. Va seul, maintenant. Si tu succombes et rentres ivre, nous t'aimerons quand même ; mais je sens que cette réunion-ci sera différente de toutes celles auxquelles tu as assisté jusqu'à présent."

« Grâce à Dieu, je résistai à la tentation. Mais sur le seuil de l'église, je me retournai et l'enseigne lumineuse de mon bar préféré attira mon regard. Jamais je n'oublierai cet instant où il me fallut choisir entre la beuverie et la réunion… Mais une force supérieure me poussa dans la bonne direction.

« Dès mon entrée dans la salle de réunion, je fus chaudement accueilli par Carl ; mon ressentiment à son égard disparut progressivement. Il me présenta aux participants, un échantillonnage de toutes les couches sociales ; il y avait là des médecins, des avocats, des ouvriers, des professeurs, etc., dont quelques-uns avaient déjà trinqué avec moi. Et ils étaient tous sobres, en ce samedi soir ! Mieux encore, ils semblaient heureux.

« Je ne garde qu'un vague souvenir de ce qui se passa à cette réunion ; je sais cependant qu'elle marqua le début d'une époque nouvelle pour moi.

« Je quittai la réunion dans un état euphorique. Pour la première fois depuis cinq ans, je passai une excellente nuit. À mon réveil, j'entendis une voix me dire : "Il existe en toi une force insoupçonnée. Si tu veux remettre ta vie entre les mains de Dieu, tu recevras Sa force."

« C'était dimanche ; je décidai donc d'aller au service religieux. Le prédicateur était un ministre presbytérien que je détestais, sans raison valable, depuis ma plus tendre enfance. (La haine est inévitablement associée aux maladies émotionnelles et spirituelles. Quand l'esprit a été débarrassé de la haine, c'est qu'un grand pas vers la guérison a été amorcé. L'amour est une puissante force curative.) J'assistai nerveusement au début de l'office. Puis le prédicateur lut l'Écriture et fit un sermon sur le thème : "Ne minimisez jamais l'expérience d'autrui." Je n'oublierai jamais ce sermon. Il m'apprit à respecter mon prochain et à ne pas porter de jugement sur son comportement.

« Par la suite, j'appris à aimer ce ministre du culte pour sa sincérité et sa grandeur.

« Quand ma nouvelle vie a-t-elle débuté ? Je suis incapable de le préciser avec certitude. Fut-ce quand je rencontrai Carl au bar ? Quand je résistai à la tentation de boire ? À la réunion des Alcooliques Anonymes ? Ou encore à l'église ? Je ne saurais le dire. Tout ce que je sais, c'est que moi, alcoolique invétéré depuis vingt-cinq ans, je suis devenu brusquement un homme sobre. Or j'avais déjà essayé, sans succès, de cesser de boire. J'ai réussi parce que j'ai pu compter sur la force divine. »

Je connais Carl depuis plusieurs années. Depuis qu'il est sobre, il a dû faire face à de graves problèmes, mais il n'a jamais faibli. Une conversation avec lui m'émeut toujours. Cela ne vient pas de son discours, ni même du ton qu'il emploie, mais bien de la force qui émane de lui. Ce n'est qu'un modeste vendeur, qui travaille dur, mais on le sent mû par une force supérieure qu'il transmet aux autres. Il me l'a communiquée.

Une demande sincère

Ce chapitre n'est pas un essai sur l'alcoolisme ; laissez-moi cependant vous citer un autre exemple pour vous démontrer que, s'il existe une force capable de guérir un individu de l'alcoolisme, cette même force peut aider à surmonter n'importe quelle autre difficulté... d'autant plus que l'alcoolisme est sûrement un des plus graves problèmes qui soient. Voici donc cet autre témoignage, tel que me l'a raconté un homme, devenu depuis mon ami. Quand je l'ai rencontré, cela faisait deux ans qu'il avait cessé de boire.

Avant cela, ses affaires allaient relativement bien, car c'était quelqu'un de très compétent, mais il était conscient du tort que lui causait l'alcool. À la lecture de mon ouvrage *Ayez confiance en vous*, il comprit qu'il pouvait guérir s'il venait à New York. Charles, c'est son nom, se mit en route... et arriva ivre mort. Un ami le conduisit à un hôtel ; il retrouva assez de lucidité pour demander au chasseur de le conduire au Townes Hospital, une institution pour alcooliques dirigée par le docteur Silkworth.

Après lui avoir volé le contenu de son portefeuille, le portier conduisit Charles à l'hôpital où il fut soumis à une cure de désintoxication. Un jour, le docteur Silkworth vint le voir : « Charles, lui dit-il, je crois que nous avons fait tout ce que nous pouvions pour vous. J'ai l'impression que vous êtes guéri maintenant. »

Ce n'était pas là la façon habituelle d'agir du docteur Silkworth ; comment expliquer ce changement d'attitude sinon par l'intervention d'une force supérieure ?

Encore ébranlé, Charles erra dans les rues de New York, pour se retrouver finalement devant une église. C'était un jour de fête civile et l'église était fermée. Mon ami hésita, il aurait aimé pouvoir prier dans cette église. Trouvant la porte close, il fit une chose surprenante : il glissa sa carte de visite dans la boîte aux lettres.

Au même instant, il sentit la paix et le soulagement l'envahir. La tête appuyée contre la porte, il sanglota comme un enfant; il se savait libéré. Il sentait qu'un bouleversement s'était opéré en lui. De fait, à partir de cet instant, il n'eut plus jamais de rechute... Charles est parfaitement sobre depuis ce jour.

Cette anecdote est remarquable sur plus d'un point. D'abord, il y a l'intervention inhabituelle du docteur Silkworth; qu'il ait signifié son congé à son patient, à cet instant précis, prouve que le docteur était lui-même guidé par Dieu.

Quand Charles me conta son histoire, j'eus l'impression de l'avoir déjà entendue dans ses moindres détails. Me l'avait-il écrite? Je lui posai la question. Mais non, il ne m'avait jamais écrit, m'assura-t-il. Je lui demandai alors s'il l'avait racontée à une personne de mon entourage, secrétaire ou associé. Non plus. Il ne l'avait confiée qu'à sa femme, que je voyais pour la première fois ce soir-là. Apparemment l'incident fut transmis à mon subconscient à l'époque où eut lieu l'événement, car au moment où il me le racontait je m'en souvenais.

Pourquoi Charles glissa-t-il sa carte dans la boîte aux lettres de l'église? Je crois qu'en agissant ainsi il s'en remettait à une force supérieure qui le prit immédiatement en charge et le guérit.

Cet exemple démontre, sans l'ombre d'un doute, que toute recherche sincère de l'aide divine reçoit une réponse favorable.

Dans ce chapitre, je vous ai présenté des récits véridiques de victoires sur soi-même. Chacun montre, à sa façon, la disponibilité constante d'une force qui nous dépasse quoiqu'elle soit en nous. Votre problème personnel n'est peut-être pas l'alcoolisme, mais le fait que la force supérieure puisse guérir une personne atteinte de ce terrible mal témoigne de sa puissance. Il n'y a pas de problème, de difficulté ou d'échec qui puisse résister à la foi, à la pensée positive et à la prière. Les méthodes sont faciles à suivre et efficaces. Et Dieu vous aidera toujours, comme Il aida l'auteur de cette lettre.

« Cher docteur Peale,

« Quand nous pensons à toutes les choses merveilleuses qui nous sont arrivées depuis que nous vous avons rencontré et que nous avons commencé à fréquenter la Marble Church, nous avons envie de crier au miracle. Songez donc! Il y a six ans, ce mois-ci, j'étais accablé de dettes; physiquement, j'étais au plus mal et mes amis m'avaient abandonné parce que je buvais trop… Pour toutes ces raisons, nous sommes obligés de nous pincer de temps en temps pour nous convaincre que notre bonne fortune actuelle n'est pas un rêve.

«Sans compter que l'alcoolisme n'était pas mon seul problème, vous le savez. Ne m'aviez-vous pas dit que j'étais une des personnes les plus négatives que vous eussiez jamais rencontrées? J'étais plein de rancune et de colère, et cela faisait de moi l'individu le plus impatient et, pour tout dire, le plus odieux qu'il vous ait été donné de trouver sur votre chemin, au cours de tous vos voyages.

«N'allez pas croire, je vous prie, que je suis maintenant sans défaut. Loin de là. Je suis de ceux qui doivent travailler constamment sur eux-mêmes. Mais progressivement, et grâce à votre enseignement, j'apprends à me dominer et à voir mes semblables d'un œil moins critique. C'est comme si j'étais soudain libéré de prison. Jamais je n'avais rêvé que la vie pût être à ce point remplie et merveilleuse.

«Sincèrement vôtre,

DICK.»

Pourquoi ne pas tirer parti, à votre tour, de cette force supérieure?

Épilogue

Vous voilà à la fin de ce livre. Qu'y avez-vous lu ?

En résumé, une série de méthodes pratiques et efficaces destinées à vous aider à réussir votre vie. Vous avez appris à avoir confiance en vous et à faire de vos défaites des victoires.

On vous a cité l'exemple de personnes qui ont cru aux méthodes indiquées et les ont appliquées. Ces histoires ont servi à prouver que vous pouvez, vous aussi, obtenir les mêmes résultats. Mais une simple lecture ne suffit pas. Je vous prie maintenant de reprendre ce livre et d'appliquer chacune des méthodes qui y sont présentées. Persévérez jusqu'à ce que vous obteniez les résultats souhaités.

J'ai écrit ce livre avec le désir sincère de vous aider. Je serai très heureux de savoir qu'il y a réussi. J'ai une confiance absolue dans les principes exposés ici. Leur efficacité a été confirmée et vérifiée par le laboratoire des expériences spirituelles.

Nos routes peuvent ne jamais se croiser… Mais, grâce à ce livre, on peut dire que nous nous sommes rencontrés. Nous sommes désormais des amis spirituels. Je prie pour vous. Dieu vous aidera. Ayez la foi et soyez heureux.

NORMAN VINCENT PEALE

Table des matières

Achevé d'imprimer au Canada
sur les presses des Imprimeries Transcontinental Inc.